本书受到江西省社会科学规划项目青年项目"大学英语教科书他者话语变迁研究"（18YY25）的课题资助。

# 新中国
## 大学英语教科书中的"他者"变迁研究

肖岚 著

图书在版编目（CIP）数据

新中国大学英语教科书中的"他者"变迁研究 / 肖岚著. -- 北京：中国书籍出版社，2021.9
ISBN 978-7-5068-8654-3

Ⅰ.①新… Ⅱ.①肖… Ⅲ.①英语—教材—研究—高等学校 Ⅳ.①H319.3

中国版本图书馆CIP数据核字(2021)第177967号

## 新中国大学英语教科书中的"他者"变迁研究

肖岚 著

| 责任编辑 | 盛 洁 朱 琳 |
|---|---|
| 责任印制 | 孙马飞 马 芝 |
| 封面设计 | 东方美迪 |
| 出版发行 | 中国书籍出版社 |
| 地 址 | 北京市丰台区三路居路97号（邮编：100073） |
| 电 话 | （010）52257143（总编室） （010）52257140（发行部） |
| 电子邮箱 | eo@chinabp.com.cn |
| 经 销 | 全国新华书店 |
| 印 厂 | 北京九州迅驰传媒文化有限公司 |
| 开 本 | 787毫米×1092毫米 1/16 |
| 印 张 | 17.5 |
| 字 数 | 255千字 |
| 版 次 | 2022年2月第1版 2022年2月第1次印刷 |
| 书 号 | ISBN 978-7-5068-8654-3 |
| 定 价 | 59.00元 |

版权所有 翻印必究

# 摘　要

　　大学英语教科书是培养跨文化交际能力和实现跨文化理解的重要载体。大学英语教科书如何阐释和建构他者，对塑造大学生的他者文化观、引导大学生如何看待他者、与他者相处、形成跨文化理解力具有不可替代的作用。研究大学英语教科书中的"他者"变迁不仅有利于推进批判教科书研究中有关"他者问题"的研究，对认清大学英语教科书中的他者内涵、理解大学英语教科书文化变迁的本质、改进大学英语教科书文化选编现实、实现大学英语跨文化教育旨归均有重要意义。

　　本研究基于文化表征理论，以他者为切入点，将大学英语教科书视为一个有关他者的文化表征系统，在共享文化信码的作用下使大学英语教科书中的他者产生意义。为分析大学英语教科书中的他者变迁轨迹并诠释变迁背后的文化政治学意义，本书建构了大学英语教科书"他者"文化分析框架，对新中国成立70多年来有代表性的12套40册大学英语教科书中的465篇他国篇目进行了纵向历史考察、横向比较分析以及综合表征理论探讨。本书分别从"变了什么""怎么变的""变得如何""应该如何变"四个层面探究大学英语教科书中的他者变迁轨迹以及变迁背后的深层意义。具体而言，采用内容分析法辅以历史考察法和比较分析法，在教科书知识选择的三个背景因素"社会、学科、育人标准"的历史考察和教科书"他者"文化分析的基础上，揭示不同历史时期大学英语教科书中的他者变迁历程、特征，探讨他者表征和文化意义制造的过程和本质，并基于变迁可能带来的问题，构建理想的大学英语教科书文化选编路径，主要有以下发现：

第一，大学英语教科书利用他者表征策略建构了自我想象的西方他者。本书基于对465篇他国篇目数据的统计分析，借鉴外语教育史文献中对于大学英语教材历史发展阶段的划分，将本书中的大学英语教科书他者变迁的历史发展分为初步形成期(1949—1965年)、严重破坏期(1966—1977年)、恢复发展期（1978—1998年）和稳定发展期（1999—2019年）四个阶段。基于他国篇目中所提及国家的频次数据的整理和统计，确定7个主要西方强国作为内容分析的基本对象。通过对每一历史时期能够影响教科书知识选择和对西方文化态度的社会背景、学科背景和育人标准的历史考察，结合在他者文化分析框架下对每一时期的代表性教科书中主要西方国家文化的内容分析总结出每一时期他者的特征。研究发现，70多年来大学英语教科书在社会政治、外交、经济和文化等因素的共同作用下，利用不同的他者表征策略，形成了四个时期不同的他者特征。分别是：二元对立策略下"对立的资本主义他者"，排除与否定策略下"不在的资产阶级他者"，简化和约化策略下"对等的英美化科技他者"，以及本质化策略下"共在的美国化人文他者"。

第二，大学英语教科书以国家意识形态为本建构了唯我性"他者"。在分阶段历史考察他者变迁的基础上，本书进一步横向比较分析归纳70多年来大学英语教科书中的"他者"变迁特征。从教科书内部主要七国文化内容演变特征、教科书外部影响因素与他者变迁的互动关系特征以及变迁向度和程度的总体特征三个方面，再一次比较分析归纳后发现，我国大学英语教科书内容呈现出一个"积极取向、美国文化主导、科技先进、社会不平等"的他者形象；教科书内外部互动关系变迁呈现出一种以国家意识形态为本的唯我性"他者"特征，具体表现为社会主义政治意识形态下的以社会制度分歧为呈现他者角度的变迁时期和社会主义文化意识形态下的以社会文化差异为呈现他者角度的变迁时期；总体来看，大学英语教科书中的他者变迁呈现出一个突变与渐变交织的非线性发展过程。

第三，反思他者变迁的历程与特征，大学英语教科书中的"他者"变迁从本质上反映出国家权力主导下的唯我性"他者化"过程。借助霍尔的有关表征差异与权力、表征差异与认同之间的关系理论，本书将权力/知识和认同看作是表征的一体两面，从理论和实践两个层次，分别对大学英语教科书中的他者化表征与国家权力的关系，以及大学英语教科书中他者化表征与国家认同的关系进行具体论述，以此来论证大学英语教科书在国家权力主导下完成的唯我性"他者化"表征实践过程的本质。文章发现，大学英语教科书中的他者总是处于自我中心主义的唯我性自我与他者关系中，即要么处于主体性的自我与他者关系中，与自我是对立的关系，他者处于依附于主体文化的地位；要么处于主体间性的自我与他者关系中，与自我形成互惠平等的利益关系。同时，文章就他者化表征实践可能产生的不平等问题做了更深层次的分析，为进一步突破大学英语教科书中的他者化困境奠定了基础。

第四，本书提出了"他者性"大学英语教科书文化选编的路径构想。依据对新中国成立以来的代表性大学英语教科书中的他者变迁历程、特征、本质及其问题的分析，本书认为为了解决大学英语教科书中的他者化表征实践带来的不平等问题，大学英语教科书文化选编首先应该平衡社会需求与人的主体性关系，注重教科书文化选编中的人的主体性发挥；其次应该平衡好民族文化和世界文化的关系，构建教科书文化的"文化多样、世界一体"多元一体化格局。在处理好两大关系的基础上，本书基于列维纳斯的他者性理论，从"肯定他者性""建立对他者负责的非对称关系"和"面对他者"三个层面，论述了以肯定他者性为基础，确立自我对他者负责的非对称性自我与他者的伦理关系模式，以便建构"差异与共生"并存的文化共生有机体，达成文化间真正平等的交流、对话和理解的"他者性"大学英语教科书文化选编路径。

**关键词**：大学英语教科书；他者；文化表征；内容分析

# 目 录

摘 要 ·················································································· 1

1 绪论 ················································································ 1
　1.1 问题缘起 ····································································· 1
　1.2 研究意义 ····································································· 8
　1.3 重要概念界定 ······························································ 11
　1.4 文献综述 ···································································· 30
　1.5 研究对象、思路与方法 ·················································· 64

2 理论基础与"他者"文化分析框架 ············································· 70
　2.1 理论基础 ···································································· 71
　2.2 大学英语教科书中的"他者"文化分析框架 ························· 94

3 大学英语教科书中的"他者"变迁历程 ······································· 98
　3.1 大学英语教科书中的"他者"变迁历史分期和文化分析对象 ··· 98
　3.2 初步形成期（1949—1965）：对立的资本主义他者 ············· 105
　3.3 严重破坏期（1966—1977）：不在的资产阶级他者 ············· 122
　3.4 恢复发展期（1978—1998）：对等的"英美化"科技他者 ····· 126
　3.5 稳定发展期（1999—2019）：共在的"美国化"人文他者 ····· 151

4 大学英语教科书中的"他者"变迁特征 …………………… 189
　　4.1 从教科书内部演变视角看：呈现出"积极取向、美国文化为主导、科技先进、社会不平等"的他者 ………………… 189
　　4.2 从教科书外部影响因素与他者变迁的互动关系看：呈现出以国家意识形态为本的"唯我性"他者 ……………… 203
　　4.3 从总体变迁向度与程度看：呈现出突变与渐变交织的非线性发展过程 ……………………………………………… 206

5 大学英语教科书中的"他者"变迁反思与启示 ……………… 210
　　5.1 大学英语教科书中的他者变迁反思 …………………… 211
　　5.2 大学英语教科书中的他者变迁启示 …………………… 233

6 结语 …………………………………………………………… 245
　　6.1 主要结论 ………………………………………………… 245
　　6.2 创新点 …………………………………………………… 249
　　6.3 研究不足 ………………………………………………… 251

参考文献 ………………………………………………………… 253

# 1 绪论

## 1.1 问题缘起

他们无法表述自己；他们必须被别人表述。

——卡尔·马克思：《路易·波拿巴的雾月十八日》

无论是在中国，还是非中国，一个群体，一个民族，若要成其社会，成其文化，则都必定有其超越自我且内在于自我的他者存在。

——王铭铭：《西方作为他者——论中国"西方学"的谱系与意义》

### 1.1.1 他者问题是批判教科书研究领域的重要议题

继批判教育学家迈克尔·阿普尔（Michael W. Apple）的《教科书政治学》《官方知识》《意识形态与课程》《教育与权力》等一系列批判主义教育学著作问世之后，教科书研究者开始聚焦教科书的政治学、社会学意义，用批判分析的立场与研究方法看待教科书的文化权威、意识形态，以及教科书的合法性知识与权力之间的关系。近年来，借用 Foster[①] 教科书研究的批判传统立场（Critical tradition），"他者"问题成为批判教科书研究的焦点。教科书中的他者问题研究主要涉及人文社会科学领域的教科书，诸如历史

---

[①] Foster S. Dominant traditions in international textbook research and revision[J]. Educational Inquiry, 2011, 2(1): 5-20.

教科书①等等。此时的教科书不再是传统意义上中立客观的真理来源、事实的传输系统。相反，它成为批判教科书研究学者眼中的正式知识（Formal knowledge）②，人为筛选的内容和"被选编的文化"③。它参与决定社会上什么样的知识被认为是合法和真实的，体现了整个社会的主流文化价值取向。正如阿普尔所说："在确定用谁的文化去教育孩子这个问题上，教科书起了很重要的作用。"④

作为教科书中讨论知识、政治与权力问题的重要议题，批判教科书中的他者（Others / The other）可以说是知识控制和主流社会文化意识形态主导教科书文本的产物，也是阿普尔眼中政治、经济、文化等因素共同作用的结果⑤。教科书中常见的他者有被边缘的文化、被忽略的女性、被排挤的亚文化群体、被意识形态扭曲的他国意象和形象等等。特别是英语教科书，作为学习西方文化的窗口和重要载体，它不仅是相应历史环境下政治、经济、文化活动的产物，更是一国建构他者的主阵地。他国文化作为英语教科书中文化内容的重要组成部分，不仅反映了一国对他国文化的选择过程，也折射出本土主流文化价值观对他国文化的价值取向，更是学生认识他者，引导学生构建他者的文化观、世界观、价值观的重要载体。因此，套用Foster教科书研究的批判传统立场，结合英语教科书这一研究对象，笔者认为批判英语教科书研究的旨趣在于对知识控制与主流社会文化意识形态的影响提出以下问题：英语教科书中的主要他国文化有哪些？在他国文化的选择和书写过程中，是否存在被意识形态扭曲的"他者"文化现象？在不同历史阶段，教科书是如何建构他者的？历史、文化、政治、经济等因素是如何、用什么方式影响教科书中的他国文化书写？谁又在他者的最

---

① 蒋柳. 断裂的"他者"：美国当代社会历史教科书中的中国形象[J]. 电子科技大学学报（社会科学版），2015, 17（1）：95-100.
② 阿普尔. 教科书政治学[M]. 侯定凯，译. 上海：华东师范大学出版社，2005：4.
③ 冯向东. 我们在如何"选编"思想文化：一个审视教育自身的视角[J]. 高等教育研究，2010, 31（11）：4-8.
④ 阿普尔. 教科书政治学[M]. 侯定凯，译. 上海：华东师范大学出版社，2005：1.
⑤ 阿普尔. 教科书政治学[M]. 侯定凯，译. 上海：华东师范大学出版社，2005：2.

终表征形态的生成过程中发挥着重要作用？这些问题都有待进一步探讨。

## 1.1.2 "他者"是自我建构的产物和自我认同的必要条件

文化是一种他者思想，没有任何一个文化群体的存在不需要借由观察另一个文化群体氛围而生[①]。在文化人类学中，他者常被当作他国文化或异文化的同义词加以使用。对于西方文化来说，中国文化就是"他者"；同样，对于中国文化而言，西方文化就是"他者"。这意味着，中国文化与西方文化互为"异己"，并通过确立自己的对立面和"他者"来完成对自我的认知与反思。

正如萨义德在《东方学》中指出的那样："东方是欧洲最深奥、最常出现的他者形象之一。"[②] 中西文化比较专家、汉学家于连在思考中欧对话时，更是直接将"中国"作为欧洲文明的"他者"。西方树立东方他者形象有利于西方参照东方他者来界定自己的形象、观念、人性和经验[③]。在西方人眼中，东方被排除在"人类经验"之外，被构建为一个与自身完全不同的异类。与此同时，"西方作为他者"则可被视为东方对西方文化理解的产物，是一种西方的东方化。目前中国视阈下的西方他者出现了两种截然不同的文化想象。一种情况是西方人建构的"西方文明中心论"，将西方他者视为世界格局中的"强者"和"中心"，并自在地以西方的视角来看待西方文明及其他文明；另一种情况是"西方妖魔论"，将西方他者视为物质化、浅薄且傲慢的东方想象。然而，西方强者论和西方妖魔论均隐含着以西方的视角或理论来理解西方的内涵。西方文明来自于西方本土，它和其他文明一样，有许多现象是它所特有的，并非所谓的"普世价

---

① 弗雷德里克·詹姆逊.快感：文化与政治[M].王逢振等，译.北京：中国社会科学出版社，1998.

② 爱德华·W. 萨义德.东方学[M].王宇根，译.北京：生活·读书·新知三联书店，1999：2.

③ 爱德华·W. 萨义德.东方学[M].王宇根，译.北京：生活·读书·新知三联书店，1999：2.

值"①。正如任剑涛所言，西方文明不仅是西方建构的西方，非西方如何看待西方是更重要的一环②。因此，本研究采用任剑涛老师的观点，试图摆脱"对西学本身之强势的借重、依仗或认可"、学术上的"西化派"的基本姿态，融入中国的主体立场，从中国社会的内部来考察中国西学的变迁，并认为西方他者是中国主动建构的产物。

进一步来看，西方他者的主体建构最终将以实现文化的自我认同为目的。对他者与文化自我身份构建之间的关系及其重要性，萨义德有明确的论述："我们采取的立场试图表明，每一文化的发展和维护都需要一种与其相异质并且与其相竞争的另一个自我的存在。自我身份的建构——因为在我看来，身份，不管东方的还是西方的，法国的还是英国的，不仅显然是独特的集体经验之汇集，最终都是一种建构——牵涉到与自己相反的'他者'身份的建构，而且总是牵涉到与'我们'不同的特质的不断阐释与再阐释。每个时代和社会都重新创造自己的'他者'。"③

可见，任何一种文化的自我认同想要真正实现决不能缺失他者之维。他者不仅是自我身份确认的参照系，也是自我身份构建的必要条件。自我身份的构建往往是以对他者的表述和书写来达成的。因而，"初看像是异己的非我者，到头来往往不是别人，正是自己的自我"④。总之，不管是西方看东方抑或东方看西方，他者问题一直存在于东西文化相遇过程中。"西方作为他者"的视角敦促我们承认"西方作为他者"不仅是我们自己主动建构的对象，也是认清、构建自我身份的必然产物。"我的认同是通过与他者半是公开半是内心的对话协商而形成的……我的认同本质性地依

---

① 钱乘旦.还"西方文明"一个真实的面貌[N].北京日报，2015-10-19.
② 任剑涛.中国对"西方"的建构[EB/OL]. http://www.cssm.org.cn/view.php?id=31936.
③ 爱德华·W.萨义德.东方学[M].王宇根，译.北京：生活·读书·新知三联书店，1999：427.
④ 张隆溪.非我的神话——西方人眼里的中国[M]// 史景迁.文化类同与文化利用：世界文化总体对话中的中国形象.北京：北京大学出版社，1990：152-153.

赖于我和他者的对话关系。"①我们的大学英语教科书中到底建构了一个怎样的西方他者呢？这其中的自我与他者的关系模式又如何呢？

### 1.1.3 大学英语教科书中的"他者"变迁研究有利于实现跨文化理解的教育旨归

全球化时代的浪潮、网络媒体信息技术的发展，使英语成为世界通用语，促成了东西方文化交流的日益频繁。语言的发展使西方控制了部分主流媒体和学术界的话语权，出现全球文化同质化现象。可以说，在一定意义上，英语的全球化发展促成了当代西方的文化殖民和文化帝国主义。面对这样的文化全球化局势，各国的文化民族主义和文化安全意识被广泛激起。从我国外语教育界来看，大学英语作为我国高等教育中覆盖面广、学习人数多、影响广泛的一门课程，近年来围绕大学英语教育中的文化安全、中国文化失语、文化意识形态、文化认同、文化价值观甚至文化霸权等问题的研究备受关注。早有学者对当前大学英语教科书进行文化内容分析后发现大学英语教材存在"西方文化霸权现象"，导致中国文化严重缺失。而在大学英语教材中增加东方文化，特别是中国文化元素成了大部分学者认同的解决方案。可见，学者们大都将大学英语教材看成是东西方文化交流互动的平台，希望实现大学英语教材中东西方文化的平等交流和借鉴，以培养学生的跨文化交际能力。然而，大部分类似的研究仅停留在浅层的单向度研究范式，要么研究教材中的西方文化内容安排是否合理，要么研究教材中的中国文化内容安排是否合理，将东西方文化的合理化呈现看成是教材编写的愿景，很少有人将中西方关系视角作为切入点，深入看待大学英语教材文化内容背后所隐含的中西方或自我与他者之间的关系互动，并展开相关研究。

想要真正实现跨文化理解，就必须拥有他者视角。然而，从自我世界跳到他者世界，不是简单的换位思考，即完全站在他者的角度出发，

---

① 查尔斯·泰勒.承认的政治[M]//汪晖,陈燕谷编.文化与公共性.北京：生活·读书·新知三联书店，2005：290-298.

使我们同质化，或是站在自我的立场，将他者自我化，而是要保持自我的立场，找到双方文化的舒适区集点。所以，靠单纯的他国文化输入或者部分中国文化元素的输出可能都无法达到真正的跨文化理解。或许跳出"自我还是他者"现象背后所隐藏的自我与他者的二元对立关系模式，找到自我与他者关系真正舒适的相处模式才是关键。本研究试图在这一点上有所突破，从批判教科书立场出发，不仅以西方作为他者，采用中国主体立场来探究大学英语教科书中的"他者"变迁过程，并在此基础上试图探明大学英语教科书中的"他者"变迁背后所隐含中西方文化关系的互动模式及其真正的意义和内在本质，以有利于进一步找到自我与他者关系相对适宜的相处模式和发展路径，实现大学英语课程"跨文化理解"的教育旨归。

### 1.1.4 极端社会事件的反思

研究问题的提出也是一个自我成长的过程。笔者一直致力于大学生跨文化交际能力的培养，也一直坚持以教科书为纲，以社会主流文化价值观引领大学生走向跨文化理解。一路走来，自我感觉良好。直到笔者开始读博研究英语教育，直到笔者走出国门遇见他者，亲身体验他者，并看见更多和笔者一样来自世界各地关心和研究"他者"文化的人，笔者才逐渐开始用不同的视角和视野关注身边发生的"他者"文化教育现象与事件，重新审视自己的教育历程，特别是手上的教科书。

在这个过程中，有两件事对笔者触动最大。一个是已尘埃落定的美国伊利诺伊大学香槟分校中国留学生章莹颖失踪案，另一个是备受争议的美国马里兰大学中国留学生杨舒平毕业演讲事件。关注美国伊利诺伊大学香槟分校（UIUC）失踪案有一部分原因是由于这所学校为笔者访学近一年半的校园。还记得笔者满怀憧憬地来到UIUC的第一天，一位韩籍留美博士非常善意地提醒，晚上八点之后不要出门，不要和陌生人说话。当时笔者很诧异地听完他的告诫，但心里很不理解，他是不是多虑了？后来才知道，原来他觉得任何一个女孩子只身来到陌生的他者环境都需要开启自我保护系统，保护自己应该是"常识"。再加上美国的校园与中国不同，没有校门和门卫，更像是一个小城市，各色人群都游走在这座大学城里，加强自我防范意识是再正常不过的一件事。事实证明，UIUC不是有些人眼中的圣洁之地，每隔几周笔者都会收到当地警察局发来的近期犯罪事件知悉邮件。这个地方可能和我们正在生活的城市并没有不同，也有阴暗面。正因为这样，笔者听到章莹颖失踪消息的第一反应是心痛及惋惜，也在反思：是不是因为人们对一个异国学校抱有美好的幻想，以致一旦破灭就万分震惊呢？作为一名高才生，是不是多一些防范意识，就不会发生这样的悲剧呢？

还有杨舒平事件。作为一名留美毕业生，为了表达对美国学校的热爱在毕业典礼上赞美自己的美国母校无可厚非，但为什么连异国的空气都变甜了呢？看似两个毫不相干且结局不一的事件却有惊人的相似点。一是两个中国学生都带着对一个异国文化无限美好的幻想来到了这个国度。他们憧憬着学习这个国家的文化，融入这个国家的人文环境，感受这个国家美好的自然环境，以致一个一下飞机就感觉"美国的空气是甜的"，另一个没有多想就上了一个并不熟悉的白人的车。二是两个中国学生都是国内外公认的优等生。章莹颖毕业于中国顶尖大学，同时在申请国外的教授职位，杨舒平毕业于中国优秀高中，在国外的表现也相当优异。因此，我们不禁要问：为什么中国的优秀学生对一个陌生的他者国度有着如此先天的好感？他们的好感从何而来？是不是正像有些学者所言，"在文化大他者操纵或迷惑的意识形态下，总觉得外国的月亮特别圆呢？"要知道他们是接受我国优秀教育的年轻人，本该是其他年轻人学习的标杆。

诚然，这两起极端社会事件本身具有偶然性，并不具有普遍性，但其背后总是隐含着某种普遍性的症候。换言之，每一个极端事件发生的背后隐含着某种普遍性的问题。例如：这些对他者文化的提前判断（好感或偏见）是从哪里来的？是不是我们的教育塑造了这样冲突而又矛盾的他者文化观？已有中国学者指出，我们的教育图书中，到处充斥着英美文化，被西方话语及其价值观所主宰。那么，大学英语作为培养我国大学生他者文化观最直接、最重要，也是影响比较广泛的一门课程，我们的大学英语教科书中到底建构了一种怎样的西方他者及其文化观呢？

《大学》开篇始于言"道"：大学之道，在明明德，在亲民，在止于至善……物有本末，事有终始。知所先后，则近道矣。社会历史变迁的过程中，教育不会缺席任何一场社会事件。放在英语教育历史变迁的场域，梳理和掌握大学英语教科书中"他者"发展变迁的"本末"和"终始"，才能"近道"，即找到实现跨文化理解的大学英语教育旨归之路。本研究将以"他者"为切入点，以探究我国大学英语教科书中的"他者"内涵及其与自我关系的变迁轨迹和变迁背后的文化意义为目的，从"变了什么？怎么变的？变得如何？应该如何变？"四个层面来全面立体地呈现我国大学英语教科书中的"他者"变迁。具体而言，本研究将围绕以上问题采用批判教科书研究范式辅以内容分析法、历史考察法和比较分析法，对大学英语教科书中的他者变迁历程、他者变迁所呈现的显著特征及其背后所隐含的深层本质进行探究，并在此基础上构建大学英语教科书文化选编的理想路径。

## 1.2 研究意义

李有成[①]在《他者》中写道："环绕着他者的议题虽然古老，但却并不过时……与他者相关的文化议题始终盘踞着我们的文化想象。"李先生笃定："在一个仍然充满偏见、无知与仇恨的世界里，如何面对他者、了解他者、承认他者、悦纳他者、视他者为自我的映照，不仅是学术问题，也是伦理问题。"正如李先生所言，有关他者的研究非但不古老，反而是生活在全球化、互联网、人工智能化的人们正面临着的挑战。以下将从理论和现实两个层面阐述大学英语教科书中的他者变迁研究意义。

---

① 李有成. 他者 [M]. 杭州：浙江大学出版社，2013.

### 1.2.1 理论意义

本书以新中国成立以来具代表性的大学英语教科书为研究对象，以他者为切入点，基于批判教科书研究的范式，借助文化表征理论和教科书知识选择理论，采用内容分析法辅以历史考察法、比较分析法来诠释和理解教科书文本中的"他者"变迁轨迹及其深层含义，具有重要的理论意义。

第一，开创性地以"西方作为他者"的中国西方学研究取向分析大学英语教科书中的他者问题，本身拓展了大学英语教科书的研究视角。中国的西方学研究取向本质上是"中国中心论"的研究取向，它试图摆脱"对西学本身之强势的借重、依仗或认可"、学术上的"西化派"的基本姿态，融入中国的主体立场，从中国社会的内部来考察中国西学的变迁。本书采取此研究取向，从中国的主体立场来看待教科书中的他者建构，实际上是将中国的西方学看作是带有中国人的立场与理解的"西学"，是完全属于中国的学问。研究取向的不同，带来了研究问题、研究内容的不同，预期的研究结果能够在一定程度上突破以往的大学英语教科书研究取向单一的局限性。

第二，本研究试图检验文化表征理论在教科书研究特别是英语教科书中的有效性。本书试图应用霍尔的文化表征理论中有关语言、表征、差异、意义与权力、认同关系等理论观点来建构服务于本书的"他者"文化分析框架，阐释他者变迁的历程和特征，探寻他者化过程的变迁本质。试图考察上述理论是否适用于大学英语教材研究，从而根据研究结论对理论的应用范围进行修正或拓展，为理论提供新的经验证据。

第三，本研究可以丰富大学英语教科书批判研究。本书运用批判教科书研究的范式，研究大学英语教科书中的他者，包括他者的内涵以及其与自我的关系，考察和批判大学英语教科书表征他者的文化实践过程中所涉及的权力性因素和认同机制。本研究可以看作是实践水平上的对大学英语课程与社会权力关系进行的微观个案分析。其不仅打破以往浅层的单向度教科书文化研究范式，有助于批判教科书研究的理论建设，同时也可以推进我国极为匮乏的大学英语教材文化变迁实证研究。

### 1.2.2 现实意义

本研究以文化表征理论为基础，通过深描代表性大学英语教科书表征他者的内涵及其与自我关系的变迁轨迹，让读者不仅能够清晰地认识到教科书中的他者形成的脉络、特征，更重要的是能够通过挖掘"他者"变迁的文化政治学意义及其内在本质，看清他者变迁可能带来的问题，并为大学英语教科书的编写和使用实践提供一定的启示和借鉴作用。

一方面，对教科书使用者而言，有助于他们了解大学英语教科书他者的本质和变迁的逻辑，以批判的眼光重新审视手中的教材。在今后的英语教学过程中更理性地对待和解读教科书中的他者文化，特别是教师在使用教材时，应改变教材文本简单的"忠实执行者"身份，运用"仲裁""转译""开发"[1]等创造性手段合理使用教材中的文化教学内容，使文化教学过程成为教科书文化内容持续生成与文化意义建构的过程。另一方面，对教科书编者而言，有助于他们更清晰地意识到教科书编撰过程中存在的"他者化"现象及其不平等问题。在今后的教科书文化知识处理过程中，应当跳出自我与他者二元对立的认知框架，更好地发掘和运用他者的智慧，关注以跨文化比较的形式呈现同一主题下的不同文化定式，让学生批判认识自我和异己的文化定式，培养学生的"发现技能"和"文化思辨力"[2]。同时，在今后的教科书文化选编过程中，能够主动发挥教科书研制者的主体身份，在教科书文化内容的确定、文化内容的结构化组织、文化内容的精致化改编、文化内容支架系统的创编等方面，充分发挥教科书编者研制的主体性和创新性。

---

[1] 王世伟.论教师使用教科书的原则：基于教学关系的思考[J].课程·教材·教法，2008（5）：15-16.

[2] 郑晓红.跨文化交际视角下的教材评价研究——与 Michael Byram 教授的学术对话及其启示[J].外语界，2018（2）：80-86.

## 1.3 重要概念界定

### 1.3.1 他者

（1）中西语系中的"差异性、多样化"词义

"一个字词的意义是它在语言中的用法，而一个名称的意义有时是由指向它的拥有者来解释的。"[①] 可见，讨论他者的意义其实就是在讨论他者在不同语境下不同拥有者对它的使用方法。这里分别从中西语系中探寻他者的词义。

他者在英文中为 other / the other / others，在印欧语系中的基本意义为"差异"（difference）[②]。其中，英文中的 other 大体有两种意思[③]，对应两种不同的词性，即代词和限定词。当 other 为代词时，表示的是两者中的另一个，其余的。通常写作"the other"或"the others"；当 other 用作限定词时，基本意义为 different，不同的。例如 other way 表示不同的方法。相应地，otherness 表示的是 the quality of being different（不同性）或不同物。在英文中常被用来指具有不同特质的一类群体或异者。可见，他者在英文中常常指代的是另一个、相对的、相反的、不被包含者、不同者、相异者等，强调的是差异性和多样化。

在中国的汉字中，"他"最初为"它"。《说文解字》[④]中写道："它，虫也。从虫而长，象冤曲垂尾形。上古艸木居患它，故相问无它乎。凡它之属皆从它。蛇，它或从虫。"意思是：它就是蛇，由虫字延长笔画而成，字象形体弯曲尾巴下垂的样子。上古时人们住在草野中，害怕蛇，所以见面的问候语是"没遇到蛇吧"。凡是和"它"义有关的字都以它为构件。

---

① 维特根斯坦.哲学研究[M].汤潮，范光棣，译.北京：生活・读书・新知三联书店，1992：31.
② The Oxford English Dictionary, 2nd, Vol. X[Z]. Oxford: Clarendon Press, 1989:982.
③ 剑桥国际英语词典[Z].上海：上海外语教育出版社，2001：1767.
④ 胡安顺.说文部首段注疏义下册[M].北京：中华书局，2018：704.

它或以虫为构件。段玉裁注①："它，其字或叚（假）'佗'为之，又俗作'他'；经典多作'它'，犹言'彼'也。"上古时期，神农以前，见面问"无它"，就像今人说"不恙，无恙"。这时的它不单指蛇患，更多的是泛化为一般的忧患。黄玉顺教授②在探究"他者"的词源时认为，部族之间战争频繁时，"它"在问候语中常常指代的是作为敌对势力的外族。他举出"必兹君之子孙实续之，不出于它矣。"韦昭注："类，族也"；"它，它族也"。"不出于它"即不出自外族。所以，他认为"无它乎"的通常意思是问：没有外族来犯吧？相反，如遇外族侵犯，便是"有它"。可见，"他"字的古义有"敌对的外族"之义。后"他"演化为不分性别的第三人称代词，表示除你、我以外的第三人，别的人或其他人。与专指人以外的事物的"它"区别开来，和英文中的 he、she 同义。如《诗经·小雅·巧言》："他人之心，予忖度之。"此外，"他"还能表示指称，表示别的，其他的。这时的"他"可视作"彼"，与"此"相对。如《管子》："心无他图。"黄教授认为以"彼之称"的"他"是一种远指，蕴含着一种疏远的态度，正是以他者为一种"异己"（alienated：异化、疏远）的在者的意思。因此，用黄教授的话说："从存在论的角度来看，他者乃是异己的在者；从价值论的角度来看，则'他'或'它'乃是邪恶不正的东西。"③正如李有成教授在《他者》的自序中坦言，如今的"他者"是洋腔洋调规训或驯服的结果，中文里早有自己的词语，那就是异己，也就是"非我族类"的意思④。

从中西语系他者的词源来看，中西方他者均有"另一个、其他的"意思，有多样性的潜在内涵。同时，中西方都注重他者的差异性、多样化的内涵，古代中国的他者不仅陌生，且带有先天的危险性和邪恶性。

---

① 许慎撰，徐铉校定，愚若注音. 注音版说文解字[M]. 北京：中华书局，2015：286.
② 黄玉顺. 中国传统的"他者"意识——古代汉语人称代词的分析[J]. 中国哲学史，2003（02）：91-98.
③ 同上.
④ 李有成. 他者[M]. 杭州：浙江大学出版社，2013.

（2）西方哲学史中的"关系性"概念

他者存在的场域多种多样，胡亚敏教授戏称他者拥有"多副面孔"。近年来，他者一词频繁出现在哲学、人类学、后殖民主义、女性主义、文化研究、文学批评等西方人文学科的众多领域中。不同语境下，他者的含义也随之变化。想要真正探清什么是他者，就必须追溯哲学中的他者渊源。

他者是西方哲学史上的重要概念。在西方哲学论述中，他者是一个关系概念，主要存在于同一（one）或同者（same）与他者，主体（subject）或自我（self）与他者，这两组二元关系中。

第一，"唯我论"中的"非存在"和"不在的他者"。

西方古典哲学中的他者是相对的"非存在"（non-being）。古希腊哲学通过对世界本源的探寻企图使万物归一。这里的"一"就是"存在"（being），是永恒的、不动的，是事物的本质，是只能被思想所把握的整体的"一"[①]。比如柏拉图使人的全部经验世界归于最高的理念"善"，中世纪哲学将世间一切归于"上帝"。对于另一存在物的体悟和领会体现了古人对大自然以及神秘事物的敬畏或恐惧，对于更高存在物的想象和憧憬。而"非存在"具有两种含义：一指具体的个别事物；二指相对的"非存在"[②]。柏拉图批判了巴门尼德的"不可想象的不可言说的'无'"[③]或绝对的不是者（非存在）。他认为"非存在"相对于"一"而言，以"异者"的姿态出现，而当他者成为柏拉图眼中异于"存在"的"相对的不是者"时，"不是者"在某种意义上也是"是者"或者说"非存在"在一定意义上"存在"，因为"相对的不是者"与"绝对的不是者"不同，前者是有其所是的。[④] 在《智者篇》中，

---

[①] 胡亚敏.西方文论关键词与当代中国[M].北京：中国社会科学出版社，2015：461.
[②] 同上.
[③] 鲍海敏.关于"非存在"问题的研究[D].华东师范大学硕士学位论文，2007：26-28.
[④] 鲍海敏.关于"非存在"问题的研究[D].华东师范大学硕士学位论文，2007：26-28.

柏拉图更进一步全面地指出，存在之所以能够与非存在相对立，首先是由于非存在是一种存在者，因此，存在的概念涵括了非存在的存在；其次只有有"存在"或"一"，这一普遍性的存在，"非存在"或个别性的具体事物才有可能存在[①]。可见，西方古典哲学史上的他者主要表现为存在与非存在关系中，并且他者这一相对的非存在者因为"一"，这一普遍性的存在才有了意义。因此可以说，西方古典哲学史中的他者概念往往位于"一"之下，处于同一（one）或同者（same）与他者二元关系的从属和次要的地位。自笛卡尔的"我思故我在"开始，西方哲学确立了"我"的中心"主体"地位，主体或自我与他者的二元关系也随之确立。其中，"我"的主体性就表现为"我"对他人、他物的征服和占有。在这种"唯我论"的认识框架中，主体将把外在于"我"的一切都纳入到我的意向性框架之中，他人和他物都是根据"我"这个主体才得以规定的。因此，他人或他物很可能变成唯我性的他者。

第二，主奴关系中的从属他者。

黑格尔是近代西方哲学他者理论的代表人物，从某种意义上讲，他开启了现代意义上的他者理论。在他的《逻辑学》中，黑格尔对"他者"作了较为明确的界定。他认为，"假如我们称一实为甲，另一实为乙，那么乙就被规定为他物了。但是甲也同样是乙的他物。用同样的方式，两者都是他物"[②]。可以看出，黑格尔认为他人或他物与某物自身并非绝对对立，而是可以在某种条件下相互转化。黑格尔在其《精神现象学》中进一步把自我意识的发展分为三个阶段：第一个阶段是"单个自我意识"，即只意识到自身存在、自己的同一性与其他客体的区别；第二个阶段是"承认自我意识"，即人意识到自己是为他人存在的；第三个阶段是"普遍自我意识"，即个体意识向普遍的自我意识的回归，个体与类的统一。单个的自我意识是不成熟的自我。"自我意识需要通过其他的自我意识才获得它

---

[①] 姜维端.柏拉图在《智者篇》中对巴门尼德存在论的批判与发展[D].复旦大学硕士学位论文，2014：29-34.
[②] 黑格尔.逻辑学下卷[M].杨一之，译.北京：商务印书馆，1976：111.

的满足"①。在这种情况下，两个自我意识都渴望得到对方的承认来确立自己的地位，都想要将对方设定为"非存在"。黑格尔的主奴辩证法可看作是自我与他者二元关系的具体表现。主人无疑居于主要地位，奴隶居于次要的他者地位，然而，主人与奴隶紧密相连，只有在一定条件下主人才能成为主人，奴隶才成为奴隶。这里的主奴并非绝对的对立关系，更重要的是主奴关系在一定条件下会相互转化。可以看出，黑格尔眼中的他者仍然处于自我与他者或同一与他者二元关系中的不平等的从属次要地位，但他者在黑格尔眼中第一次获得了自我意识，且在一定条件下可以与自我发生相互转化。

第三，与自我"共在"的此在他者。

先验现象学理论的开创者胡塞尔在1929年撰写的《笛卡尔式的沉思》里详尽地处理了关于他者的问题。他的先验自我在摆脱唯我论的基础上试图走向他人的超越性。从先验自我出发，他人的意识并不可能直接向我呈现出来，他人的意识必须要被我所意向到才能被我所意识到。尽管胡塞尔的现象学促使了他者问题意识的觉醒，但他始终没能逃离唯我论的束缚。正如萨特所指出的，胡塞尔的他人是作为"构成世界的增补的范畴"。

存在主义哲学家海德格尔反对胡塞尔仍以"先验自我"为首要确定性的对纯粹自我的考察，从现象学转向存在论，直指他人的存在问题。海德格尔②在《存在与时间》中认为，自我是作为与他者共在的自我。他人具有在世性，是作为另一个"此在"（Dasein）而在世的。"此在是一种存在者，但并不仅仅是置于众存在者之中的一种存在者。从存在者层次上看，其与之不同之处在于：这个存在者在它的存在中与这个存在本身发生交涉。"③他人之存在是作为构成"此在"之存在而存在的，他人的存在

---

① 黑格尔. 精神现象学上卷 [M]. 贺麟，译. 北京：商务印书馆，1979：121.
② 海德格尔. 存在与时间 [M]. 陈嘉映，王庆节，译. 北京：生活·读书·新知三联书店，1987：70-71.
③ 海德格尔. 存在与时间 [M]. 陈嘉映，王庆节，译. 北京：生活·读书·新知三联书店，1987：15.

在构成"此在"之存在的"在"之中,共同地构成"此在"的"在世界之中"。换句话说,"此在"的他者以"在世界之中"的方式存在着。它作为在世的存在就其本身而言就是敞亮的,不是由于其他存在者来照亮,而是"它本身就是敞亮的"①。海德格尔突破二元认知模式,从一个内在的主观角度出发把他者看成是一个认知的客体,把他者看成是在生存上与我者"共在"的此在。由于这种有共同性的在世,此在的世界是共同世界,自我向来不是孤立的,世界总是我和他人共有的世界,"在世界之中"的存在论就是与他人共同存在。因此,他者作为另一个"此在",即共在。至此,胡塞尔的如何超越我者的视域进入他者的视域这个难题被海德格尔从存在论的角度解决了。通过"此在"他者与我者"共在"论,海德格尔从存在论的角度超越了唯我论的意识困境,揭示了一个广阔的主体间的空间。正是通过将他者认识为一个与自我共在的此在本体,自我的实践无法避免地会与"此在"的他者相遇,从而建立理解和交往等各种关系。

综上,西方哲学史上的他者概念主要存在于两组关系语境中。一组为存在与非存在的同一与他者关系中,另一组是相互联系、相互反映的自我或主体与他者的关系中。大致经历了从柏拉图时代的"一"之下不同的相反的他者,体现的是他者异于存在,同时又低于存在的从属关系;到黑格尔时代的奴隶他者,体现的是可以相互转化的主奴辩证关系;再到海德格尔的共在他者,体现的是他者与自我同一化的此在本体关系。

(3)现当代西方哲学中的"建构性"概念

真正的当代意义上、最具力量的他者出现在激进的后现代理论的批判话语中。他者的建构性,主要体现在他者对主体的建构甚至掌控之中②。其中,现当代西方哲学的主要代表人物是拉康、福柯和德里达。

1936年,拉康提出了著名的"镜像"理论,即婴儿通过镜中形象,认

---

① 海德格尔.存在与时间[M].陈嘉映,王庆节,译.北京:生活·读书·新知三联书店,1987:15.
② 胡亚敏,肖祥."他者"的多副面孔[J].文艺理论研究,2013(04):170.

识到自己身体的整体性，进而确立对自我身份的认同。拉康将他者分为小写的他者（the other）和大写的他者（the Other）。借用法国儿童心理学家亨利·瓦隆的"镜子测试"研究结果，拉康认为小写的他者出现在镜像阶段，是指自我的反映和投射。小写的他者标志着自我主体意识的觉醒，但也是自我异化的开始。大写的他者是拉康晚期的核心概念，指的是不可简约为任何想象性或主观性认同的一种根本他性。大写的他者经由语言进入象征域，拉康将说话的主体所必然指称的语言的场所称为大他者。大他者似乎掌握主体的真理，凌驾于主体之上，无所不在，形成一个巨大的网络。语言主体被以语言为代表的象征符号所建构，被大他者所控制。拉康认为"没有他者，就不可能有主体"[①]。此时，自我与他者不是简单的、分离的、自治的范畴，更不是二元对立中两个完全独立分离的主体。主体及其主权在相互共存的关系中消失，即不存在与他性的踪迹截然分离的绝对自我，同时，自我在某种程度上总是从他者那里汲取营养。可见，拉康眼中的大写他者和小写他者均在自我认同的过程中起到了一种引导者和建构者的作用。

福柯沿着拉康的去主体化道路，始终关注权力凭借知识将主体客体化的模式。福柯在《主体和权力》一文中指出，主体一词具有双重含义，一重为屈从于他人的控制和依赖关系，一重为通过良心和自知之明而束缚于他自身的认同。可见，主体一词本身体现出一种"权力形式的征服性"[②]。福柯反对个体自我束缚并因此而屈从于他人的行为。在他的《疯癫与文明》中认为，现代社会以自由解放之名对社会个体实施控制，属于人自我空间的一切特质、细节都在强大的理性主流话语中不断被边缘化、驱逐化成为令人侧目的"他者"。这里的社会个体看似是社会的主体，实则是权力/知识类型的承载者和权力传递的客体，是由权力与话语共同塑造和规训的"他者"。在福柯看来，个人就是权力的他者，疯癫就是文明的他者，他

---

① 于连·沃尔夫莱.批评关键词：文学与文化理论[M].陈永国，译.北京：北京大学出版社，2015：222.
② 米歇尔·福柯.主体和权力（上）[J].汪民安，译.美术文献，2011（04）：100-103.

们是实施控制的对象。福柯的权力/知识理论认为与权力相联的知识不只拥有真理的权威，而且有权使其自身真实[①]。这里的真理被还原为话语，话语与权力结盟而形成的真理的力量成为凌驾于主体的"大他者"。权力因而利用变身为真理的话语获得存在的合法性。而福柯的主体及其背后特定的知识和意义通过不同历史时期的话语体系建构出来[②]。这一权力/知识/话语体系主宰下的主体客体化模式及其"他者"的概念对后续的后殖民主义、女性主义、西方批评主义以及文化研究都产生了极其深远的影响，并由此诞生了一系列不同语境下他者的内涵。如：女性主义中受男权控制下的女性他者、萨义德东方学中受西方话语控制的东方他者等等。

20世纪60年代，法国学者德里达提出了解构主义哲学思想。德里达的他者概念建立在其创造的新词"延异"（différance）之上。德里达认为名词的差异（difference）只能指空间上的"异"，而未能表示时间上的"延"，因此，德里达通过把 e 拼写为 a 而使其不同于习惯使用的差异。他认为任何差异都始终是也只能是空间和时间结构的结果[③]。因此，差异实际上是动词延异生产出来或推延出来的结果，而延异不是客体更不是物，它是一种过程或运动。"延异"打破了差异在原始意义上的固定性。他关注作为构成因素的各种存在者的特殊性、历史性或事实性。意义虽来自于符号间的差异，但始终没有一个永恒的、自足的意义主体，因而，他性（Alterity）[④]和全然的他者（the wholly other）就成了不可避免的存在。德里达试图用解构的方式进一步冲破二元对立，以解决他者的两难处境，并以非中心化

---

[①] 斯图亚特·霍尔. 表征——文化表象与意指实践[M]. 徐亮, 陆兴华, 译. 北京: 商务印书馆, 2003: 49.
[②] 斯图亚特·霍尔. 表征——文化表象与意指实践[M]. 徐亮, 陆兴华, 译. 北京: 商务印书馆, 2003: 56-57.
[③] Derrida Jacques. Différance[M]. In Alan Bass (trans.). Margins of Philosophy. Chicago, IL: University of Chicago Press, 1982: 1-28.
[④] 他性（alterity）是指批评和哲学话语中绝对激进的他者性（otherness）状态。在德里达和列维纳斯的《时间他者》所谈到的绝对他性，是一种绝对的完全相异，以一种非互补的关系出现（Emmanuel Levinas. Time and the Other[M]. Pittsburgh, PA: Duquesne University Press, 1987: 83.）。

的方式揭示其历史建构中"可能掩盖了什么，可能排斥了什么"[①]。

可见，德里达的他者是在特定时间和空间历史建构下的结果，是突破他者原始固定性，拥有他性的全然他者。

可见，基于建构性的他者概念中的自我和他者处在一种辩证关系中，这时的他者通常指在特定时空语境下权力/知识/话语体系实施控制和建构的对象以及主体客体化模式下被建构的主体。

综上，从他者的词源和哲学溯源中不难看出，他者并不是一个具有单一对应性的实体存在。相反，在不同历史语境下，他者体现出具有差异性、关系性和建构性的丰富内涵。

（4）本书中的他者定义

基于上述他者的丰富内涵，本研究中的他者概念呈现出三元维度：其一，从差异性来看，他者是指一种异于自我的存在；其二，从关系性来看，他者是一种处于与自我关系中的概念，即他者的具体含义由特定时空语境下与自我的关系来确定；其三，从建构性看，他者是一种特定时空下权力知识话语体系建构的产物。具体而言，本研究中我国大学英语教科书中的"他者"指：异于中国文化，与中国文化相对应存在的他国文化或异己文化，是在一定时空语境下为特定权力/知识体系建构产生的具体特征和历史内涵。需要明确的是，他者的具体内涵总是由特定时空下他者与自我的关系确定的。

### 1.3.2 文化

（1）词源

在中西语言系统中，文化一词很早就存在。在古汉语中，"文"指各色交错的纹理。如《说文解字》称："文，错画也，象交文"。后来"文"被引申为美、善、德行之义。如《礼记·乐记》中的"礼减而进，以进为文"。"化"本义为改易、生成和造化。如《庄子·逍遥游》中"化

---

[①] 乔纳森·卡勒. 论解构 [M]. 陆扬，译. 北京：中国社会科学出版社，1998：72.

而为鸟，其名为鹏"。后来被引申为教行迁善、修身、教化之义。西汉之后，"文"与"化"合用成一词，如《说苑·指武》中"文化不改，然后加诛"。此时的文化主要与自然或野蛮相对立，表示"以文化人"的思想。正如钱穆先生对《易经》当中"观乎人文，以化成天下"的解读[①]，文化就意味着不同的人群相处种种复杂的形相，只有通过相和相通才能成为家、国乃至天下。中国历史上给周边族群的称谓加上犬字旁，以表达教化与未开化、华夏与蛮夷之间的区别，这种文化上的界限背后表达了万卷归宗的价值判断。可见，古文中的文化既包含了形，也表达了动，也就是文化化（enculturation）的含义。

而西方语系中的文化从人类的物质生活开始。"colere"一词在拉丁语和古英语中，通常具有"耕耘"或"掘种土地"的意思。安托万·菲雷蒂埃1690年编纂的《通用词典》中收录了西方语系中文化的原意："人类为使土地肥沃、种植树木和栽培植物所采取的耕耘和改良措施。"直到18世纪以后，文化的含义不断演化出不同的定义。除原初的农业意涵外，普兰姆所著的《18世纪的英格兰》中，文化表达的是出生高贵的、有教养的人。19世纪，文化开始和人类生活状况联系在一起，《新牛津词典》里列举了马修·阿诺德给出的著名定义，才发现"文化"一词用来指人们具体的生活方式[②]。差不多在同一时期，由利特雷编纂的《法语词典》将文化引申为"文字、科学和美术的修养"。可见，古代西语中的"文化"一词经历了从自然界扩及到社会教育层面的意义演变。而中西语系均不约而同地强调文化的动态栽培、教化意义，即"人文化成"，把人培养成有教养的人的过程。

（2）文化定义的梳理

随着历史的发展，现代意义上的文化定义更加纷繁复杂。不同学者由

---

[①] 钱穆.民族与文化[M].北京：九州出版社，2016：5.
[②] 弗雷德·英格利斯.文化[M].韩启群，张鲁宁，樊淑英，译.南京：南京大学出版社，2008：3.

于学科视角不同，语境不同，观点各异，对文化的理解也各不相同。蔡俊生[1]、韩民青[2]分别在各自的《文化论》中收集了360多个和近200种文化的定义，郑金洲[3]先生在其《教育文化学》中共收录了310多条文化概念，美国学者克鲁伯和克拉克洪则在《文化，关于概念和定义的探讨》中列举了1871—1951年理论界关于文化的160多种定义，涵盖了不同学科视角下的文化含义。文化的模糊性和张力致使"文化"在今天已经变成了一个无处不在、如此空洞的术语。可以说，文化包含一切却因此什么都难以辨别。正因如此，想要给文化下一个全面而又准确的定义绝非易事，但给它理出一个相对合理的可操作性定义也是非常有必要的。笔者试图通过梳理文化定义的类别，把握文化的内涵，并在此基础上给出本研究的文化定义。通过梳理，学者们大致从以下视角给出文化的定义：

1）文化构成论

文化的构成论也可以说是文化要素论或者文化结构论，即从文化的组成内容来探讨什么是文化。典型代表有物质文化与精神文化两分说，物质、制度、精神三层次说，物态文化、制度文化、行为文化、心态文化四层次说和六大子系统说，即物质、社会关系、精神、艺术、语言符号、风俗习惯等。梁漱溟先生在《东西文化及其哲学》中将文化视为民族生活的三个方面，包括精神生活、物质生活和社会生活。另外，相类似的还有大写的文化（Culture with a capitalized C 或 high civilization）和小写的文化（Culture with a small c）等等。

此外，还有文化整体说和文化抽象说。文化整体说不再将文化解构成某些具体内容，而是将文化看成是一个单一而深奥的整体结构。例如德国语言学家J. G. 赫尔德强调文化的整体性特征，认为文化是生活方式的总和。

---

[1] 蔡俊生. 文化论[M]. 北京：人民出版社，2003：1.
[2] 韩民青. 文化论[M]. 南宁：广西人民出版社，1989：2.
[3] 郑金洲. 教育文化学[M]. 北京：人民教育出版社，2000：2.

文化时刻都展现在"日常生活里无处不在的创造中"①。人类学之父爱德华·伯内特·泰勒于1871年出版的《原始文化》（*Primitive Culture*）一书中提出，文化是个既定的概念，"文化或文明，就其广泛的民族学意义来说，是一个复杂的整体，包括知识、信仰、艺术、道德、法律、习俗以及作为社会成员所获得的其他能力或习惯"②。文化抽象说是在文化整体说的基础上，进一步将文化的概念抽离出来，将其视为一种抽象而模糊的概念。例如"文化是一个体系，通过各种象征而显露出来"，"整个文化不就是一个象征吗？"③又如美国人类学家怀特指出文化是一个由三个子系统构成的大系统：技术系统，是一个自变量；社会系统，是技术的一个因变量；意识形态系统是技术系统与社会系统的表达和反映④。

2）文化属性说

文化作为术语概念，形成于19世纪中叶。自此，文化的概念普遍应用在人文社会科学的各个领域，具有人类学、哲学、社会学、政治学和经济学等多重属性。

第一，文化的人类学属性。正如上文所提到的，英国人类学之父泰勒在《原始文化》中给文化下的定义，文化对于泰勒而言，是人类社会生活之全部的表达。他打破了以限制性的或具有个人色彩的方式对文化进行定义的范式，从自身持有的自然主义和达尔文进化论信念出发，将文化看成是一个朴素的、客观的具有描述性的拥有集体性特色的既定概念。他摈弃了涂尔干反复强调的社会结构，认为文化是后天习得的，其来源与特色在很大程度上是无意识的。在泰勒的眼里，文化是一个中性词，他从科学客观的立场，用一种普遍的方法去发现简单的或是原始社会里可能会有的现代社会起源的本真形式，是带着普遍性和系统性的目的思考文化事实、解

---

① 弗雷德·英格利斯.文化[M].韩启群，张鲁宁，樊淑英，译.南京：南京大学出版社，2008：15.
② 泰勒.原始文化[M].连树声，译.上海：上海文艺出版社，1992：1.
③ 威·威.象征[N].法兰克福汇报，1987-3-25（27）.
④ 泰勒.文化之定义[M].庄锡昌等.多维视野中的文化理论.杭州：浙江人民出版社，1987：98-99.

决文化起源及其演化机制的第一人,也是文化科学概念的发明者。人类学家博厄斯在泰勒的文化定义基础上,以研究复数的而不是单数的文化为目标。他对泰勒的有关文化的定义,尤其是单线进化理论持批判态度。他认为,能发现人类社会与文化运转的普遍规律的希望不大,发现文化演变的一般规律更是渺茫。每一种文化都代表着一种特殊的整体性,一种特殊的文化习俗只有被置于其自身的文化背景下才能被解释[①]。因此,文化的人类学属性决定了文化研究应关注每一种文化成为整体的关键,并将它们与其所归属的整体关联起来理解。具体来说,就是关注每一种文化所特有的精神和风范是如何形成的,是什么促成了其具有协调一致的特性,以及文化对个体的行为有何影响。但总体而言,人类学家将文化视为简单朴素的事实或事物,探讨的是不受观察影响、由动因推动的实物,而文化则是所有人类行为和行为主体转变成客观事物的聚集。

第二,文化的政治属性。19世纪末,文化这个概念越发重要,开始带上政治的色彩。开始涌现诸如:文化帝国主义,文化霸权,文化意识形态等极富政治色彩的词语。马克思主义认为文化是政治的。因为文化表达的是阶级力量的社会关系,它将社会秩序作为必然的事实自然化。所有政治系统都与一个价值与表征系统相关,换句话说,都有其文化的根基。安东尼奥·葛兰西可以看作是第一位文化政治理论家。他的文化霸权理论也成为文化政治学话语中最常用的观念之一。他认为文化有着一股巨大的力量愚弄了所有阶层的人民,使他们处于被统治地位,不能行使政治权利,也不能拥有支持他们的文化。这股力量就是"霸权"(Hegemony)。不同于政治胁迫,霸权的胜利是经过自愿同意的,是与教育、媒体等各种文化载体交织在一起。霸权的范畴是所谓的"文明社会"[②]。因此,在他的眼里,文化和教育是同义的,被定为正规知识和习俗知识的生产、传播和传

---

[①] 丹尼斯·库什.社会科学中的文化[M].张金岭,译.北京:商务印书馆,2016:29-30.

[②] 弗雷德·英格利斯.文化[M].韩启群,张鲁宁,樊淑英,译.南京:南京大学出版社,2008:44.

承[①]。同时，文化被理解为理想文化和常识性文化（Common Sense）。他认为文化的塑造力是建立在某一特定文明形式的声望之上，而这种声望从传统角度来说是不容置疑的[②]。一旦文化以其无所不在的特性渗入个体身份，渗进政治，就会造就出一种文化，这一文化就会成为具有无限摧毁力的怪物。无论是法西斯主义、斯大林主义还是极权主义、庸俗的消费主义都是这一文化的产物。正因如此，葛兰西的文化政治学认为"文化本身应当成为斗争的方式和力量"[③]。这一文化概念挖掘了日常生活中社会大众文化的微观政治功能。文化作为渗透于经济基础及上层建筑的关键要素和意识形态斗争的功能观念影响了英国伯明翰学派的文化研究，为新一代的文化研究指明了方向。

第三，文化的社会属性。有记载的国家和社会是在人类历史很晚才出现的。但是文化"几乎是从最早时候起就进入历史发展里的"[④]。丹尼斯·库什在《社会科学中的文化》中指出"人本质上就是一种文化存在"，而"文化使人类改造自然成为可能"。文化不仅能使人类适应其生存的环境，还可以使其生存环境适应人类自身，适应人类的需要和想象。因此，文化因素可以看成和人成为人同样原始的东西。它就一直活跃在历史里，以基本的规定继承和延续着，成为人类社会生活实践的一个到处都有的因素。文化研究的奠基人雷蒙·威廉斯将文化概括成三种定义。除了前两种理想的和文献式的文化定义外，从社会定义看，文化是一种整体的生活方式。基于此定义，文化研究旨在阐明某种特殊的生活方式的意义和价值，理解某一文化中共同的重要因素。

---

[①] 弗雷德·英格利斯.文化[M].韩启群,张鲁宁,樊淑英,译.南京:南京大学出版社,2008:41.

[②] 同上.

[③] Stuart Hall. Culture Studies and Its Theoretical Legacies[M]. In David Morley and Kuan-Hsing Chen (eds.). Stuart Hall: Critical Dialogues in Cultural Studies. London: Houtledge, 1996:237-260.

[④] 马克思,恩格斯.马克思恩格斯全集（第三卷）[M].北京:人民出版社,1960:28-30.

英国文化研究伯明翰学派的代表人物斯图尔特·霍尔在威廉斯的基础上拓展了文化的内涵。他认为，在文化研究和文化社会学中倾向于强调文化定义的文化转向。这种观点下的文化强调"意义"。文化与其说是一组事物，不如说是一个过程，是一组涉及一个社会或集团的成员间的意义生产与交换的实践，即"意义的给予和获得"[1]。同一种文化的成员通过"共享的意义"来观察、理解和解释这个世界，并用成员间能够理解的独特方式来表达自己以及他们对世界的情感和态度。因此，"文化取决于其参与者用大致相同的方式，有意义的解释身边发生的事以及解释这个世界"[2]。同时，霍尔认为文化通过我们表征它们的方法，如词语、形象、概念、情绪等语言和符号或表征系统来传达意义。从这种意义上说，文化即表征与意指实践。正是文化赋予了人、客观物及事件以意义，因而文化并非自然的、天生的、固有的编入同一文化群体成员的体内，而是需要借助表征他们的系统来赋予富有意义的解释，或需要依赖意义才能得到有效运作。在此意义上，文化渗入整个社会，如同一幅"意义的地图"，是一个社会或集团的"独特的生活方式"。

（3）本书中的文化定义

本书从文化的整体论和社会属性出发，基于文化研究中霍尔的"文化即表征与意指实践"的理解，认为：文化是人类能动力量揭示自身差异的那些独特方式，是"表意的"或"象征的"体系[3]，是一种意义的生产实践和表征体系。可以说，本研究中的文化是文化研究视野中的文化概念。

文化研究理论认为，文化是与民族、国家和社会组织相关的语言、历史传统、风俗、价值观、生活方式等人类集体生活的特定方式和内容。正

---

[1] 斯图亚特·霍尔．表征——文化表象与意指实践[M]．徐亮，陆兴华，译．北京：商务印书馆，2003：2．
[2] Stuart Hall. The Work of Representation[M]. London, Thousand Oaks and CA: Sage, 1997: 2.
[3] 雷蒙·威廉斯著．关键词：文化与社会的词汇[M]．刘建基，译．北京：生活·读书·新知三联书店，2016：153．

是方式与内容的差别构成了文化的差异或所谓"文化的东西"①。"它就像缓慢流动的关系和习惯以渺小和流逝的特点主宰着我们的生活。"②文化的差异来自于完全油然而生的偏好或喜好,与人的自我生产和人的自我实现密切相关。从文化差异到文化,是一种建构与被建构的过程,文化的差异起到了建构文化的原初力量,而文化则经历被建构的过程成为一种被认可的秩序。霍尔认为,"文化是一种有区别力的独特形态,通过它,生活的这种物质组织和社会组织得以表达自身"③。同时,文化和社会身份的建构过程使具有相同属性的人们被吸引到一起,成为"想象的共同体",建构出具有象征意义的疆界,同时界定谁不属于这个共同体或在此共同体之外④。可以说,文化是一种意义的生产实践和表征体系,它具有某种无法预期的同一性、对应性和无法预期的非连续性⑤。本书正是基于这样一种文化研究理论中的文化理解来审视大学英语教科书中的他者。

具体来说,本书中的"文化"是指在不同历史条件和自我与他者关系下,异己文化知识呈现出的显著特征和被建构的特定方式所构成的一种独特的"文化表征体系"。这时的文化是他者的主体文化形态和体现模式,是基于自我和他者的文化差异而被建构出来的一种特殊文化,也是一种与民族或国家主体紧密相依的"想象的共同体",是一个"价值的结构"⑥,更是一个"主导价值加解释"的体系⑦。它反映出我们如何看待他者的文

---

① 沃尔夫冈·弗里茨·豪格.文化差异[M].杨俊杰,译.郑州:河南大学出版社,2017:96.
② 沃尔夫冈·弗里茨·豪格.文化差异[M].杨俊杰,译.郑州:河南大学出版社,2017:30-32.
③ 斯图亚特·霍尔,托尼·杰斐逊.通过仪式抵抗:战后英国的青年亚文化[M].北京:中国青年出版社,2015:79.
④ Stuart Hall. Introduction, Formation of Modernity[M]. London: Polity Press & Open University, 1992: 6-7.
⑤ 罗钢,刘象愚.文化研究读本[M].北京:中国社会科学出版社,2000:54.
⑥ 弗雷德·英格利斯.文化[M].韩启群,张鲁宁,樊淑英,译.南京:南京大学出版社,2008:159.
⑦ 同上.

化图式及其背后的"意义"。

### 1.3.4 大学英语教科书

（1）教科书

1）词源

有关教科书一词的起源，存在三种不同的说法。据张伟和代钦[1]考证，教科书一词可能源自西方传教士，也可能源自日本或者中国。1877年5月，清末同治光绪年间基督教士来华传教，组织学校和教科书委员会（School and Textbook Series Committee），又称益智会，此为我国教育史上首次出现教科书这一名称，该委员会亦成为我国最早编辑出版教科书的专门机构。这里的"教科"指学习内容"主守教法"。孙建军[2]认为教科书一词有可能源自日本，在日语中，教科作为一门学科，是指"神教学"和"修身学"。"教科"一词在现代日语里仍然在用，意思相当于汉语的"学科"。日语里的教科书指的是按照学科编纂的教材。著名出版史家汪家熔[3]则认为中国传统女学就有教科一词，book 是书，教科书正是我们的名称。可见，不管教科书一词源自哪里，其基本含义离不开教学。正如《教育大辞典》中对教科书的定义为：教科书"也称'课本'，根据各科教学大纲（或课程标准）编写的教学用书，教材的主体……其中课文是最基本的部分"。教科书作为"教学活动文本"[4]，是实现教学目标的重要载体，是课程教学内容呈现的主要方式。

---

[1] 张伟,代钦."教科书"词探源[J].内蒙古师范大学学报（教育科学版），2011（2）：88-89.
[2] 孙建军.近代新词"教科书"的生成与传播[J].日语学习与研究，2012（5）：44-51.
[3] 汪家熔.民族魂：教科书变迁[M].北京：商务印书馆，2008.
[4] 孙智昌.教科书的本质：教学活动文本[J].课程·教材·教法，2013（10）：16-28.

2）多元属性说

"作为对读者影响最深远的文本"[①]，教科书有着多元属性。以下从教科书的教育性、社会性和文化性三个方面来阐释教科书的定义。

①教科书的教育性

赫尔巴特的教学教育性思想认为不存在"无教育的教学"，教科书作为教学目标和教学内容的重要载体，决定了同样也不存在"无教育的教科书"[②]。赫尔巴特在《普通教育学》"教学的材料"一章中曾断言："应当毫无例外地阻止任何偏离培养兴趣途径的语言教学"，而"只有那种现在就能引起兴趣的，并能对未来作好引起新的兴趣准备的书，才具有被阅读的价值"[③]。显然，他将能否"更全面地激发"学习者经验、思辨、审美、同情、社会等"多方面的兴趣"视为教材教育性的内在要求。因此，教科书的教育性指教科书具有育人价值，符合"教育律"[④]。具有教育性的教科书是以激发人的多方面兴趣、"以影响人的身心发展为直接目标"[⑤]，最终帮助学生完成"个体成人"[⑥]。教科书的教育律决定了教科书作为具有育人价值的"教学材料"本质。

②教科书的社会性

社会学家伯恩斯坦认为文化是对社会结构忠实的、毫无扭曲的一种反映，而书本知识是社会文化最现成的官方定义，也是社会文化的体现[⑦]。

---

[①] 石鸥，石玉.论教科书的基本特征 [J].教育研究，2012（4）：92.

[②] 贾永堂，肖岚.基于教育性视角的大学英语教材文本改编分析——以"全新版"大学英语教材为例 [J].大学教育科学，2019（06）：29-36.

[③] 赫尔巴特.赫尔巴特文集：教育学卷一 [M].李其龙，郭官义等，译.杭州：浙江教育出版社，2002：187.

[④] 高德胜."文化母乳"：基础教育教材的功能定位 [J].全球教育展望，2019（4）：92-104.

[⑤] 叶澜.教育概论 [M].北京：人民教育出版社，1991：8.

[⑥] 刘铁芳.重申教学的教育性：走向生命论的教学哲学 [J].吉首大学学报（社会科学版），2019（3）：78-82.

[⑦] 弗雷德·英格利斯.文化 [J].韩启群，张鲁宁，樊淑英，译.南京：南京大学出版社，2008：123.

他发现，书本知识在分类和设计之间的交叉点痛下杀手，斩断了互惠的节奏。这里的"分类"可以理解为课程，就是体系和逻辑根据的意思。书本知识的官方机构通过课程制定出知识体系和思想轮廓，构建出传统历史。同时借助"设计"的方式（可以理解为教学法）来控制知识应用的方法，规范教学法，规定知识课程。这两方面的强叠加便会凸显书本知识的社会价值，即刻板的课程大纲加上教条主义的教师有助于促成一个安全的身份以及狭窄的专业性和思想上的服从。可见，从知识社会学和教科书政治学的角度看，教科书被视为合法化的官方知识文本，是国家意志、民族文化、社会进步和科学发展的集中体现，是实现主流价值观的确立、精华和合法文化的传承[①]、思想道德的引导等培养目标的最直接的载体。此故，有学者认为，社会性或教诲性是教科书的基本特征和根本属性[②]。教科书的功能就是规定某一可能的范围，准入、选择并传达特定的观点和思想，使它们合法化[③]，并用它们来规训学生的主流价值观。

③教科书的文化性

吴小鸥教授基于百年教科书的发展演变对教科书的社会性进行质疑，提出文化标准的确立才是教科书的本质属性[④]。他认为，尽管有官方的课程标准，教科书总能体现自身的"自主性"，在主动介入文化标准确立的过程中，"不仅传递历史，也可能改变历史"[⑤]。在这里，教科书就是文化标准的参考框架文本，通过一系列不同学科的文化标准参考框架来规范人的思想和社会行为，引导大多数人的世界观和人生观，进而影响人的社会生活。高德胜教授则从学生的立场出发，认为"教材是经过精心设计、精心配制的'文化营养'……从知识、价值、情感三个维度或世界观、人

---

① 阿普尔. 教科书政治学[M]. 侯定凯，译. 上海：华东师范大学出版社, 2005: 95.
② 石鸥，石玉. 论教科书的基本特征[J]. 教育研究, 2012（4）: 92-97.
③ 同上.
④ 吴小鸥. 教科书，本质特性何在——基于中国百年教科书的几点思考[J]. 课程·教材·教法, 2012（2）: 62-68.
⑤ 同上.

性观、民族国家认同等其他方面为儿童成长提供最基本的文化滋养"[1]。

本书所讨论的教科书不再是单纯的工具性教学活动材料,而是重视教材工具性属性之外的其他属性,特别是关注教科书的社会性和文化性,认为教科书文本不仅是文化形式的载体和手段,是文化形式得以抽象表达的原材料,是净化学生心灵,促进学生精神成长的"文化母乳"[2],更是规范人的思想和社会行为的文化标准参考框架。

（2）大学英语教科书

大学英语教科书是大学英语课程的核心教学材料或学习材料,是根据大学英语课程的标准、纲要或教学指南所编写的系列课本。这里的大学英语课程指高等学校中的"大学英语"课程或"公共外语"课程（College English）[3],即为非英语专业大学生所开设的英语课程。据此,本书的大学英语教科书是依据大学英语课程标准编写、由教育部或大学英语教材编审会审定推荐、在大学英语教学市场上流传度广、知名度高、占有较大市场份额的出版社所出版的,为高等学校非英语专业在校大学生统一使用的系列课本或学生用书。这不包括大学英语教师用书、教辅材料、早期的无统一规划未按照一定的学年教学计划编写的教材,也不包括仅针对本校编写未在全国范围使用的非公开出版的自编讲义或复印资料等。

## 1.4 文献综述

作为高等学校受众面最广,影响最深远的教材之一,大学英语教科书的文化研究由来已久,但以他者为切入点对大学英语教科书展开文化研究的文献并不多。以下从文化研究和教科书研究中的他者问题,以及大学英

---

[1] 高德胜. "文化母乳":基础教育教材的功能定位[J]. 全球教育展望,2019（4）:92-104.
[2] 同上.
[3] 1986年以前,高校非英语专业大学本科生开设的英语课程统称为高校公共英语课程。1986年才正式更名为大学英语课程。

语教科书本身的文化变迁研究三方面梳理国内外研究现状并尝试总结文献特征，为本研究的问题展开打下基础。

### 1.4.1 文化研究中的他者问题研究

文化研究中的他者问题是最重要的研究命题之一。全球化进程、跨文化交际活动加剧了对他者认知和文化理解的需求。他者研究围绕人类如何在日常生活中对待文化他者性这一问题展开讨论，"视文化多样性为财富、启迪和丰富多彩"[①]，而非全球化、跨文化交际的障碍。关注"文化他者性及其对于个体人类生活、对于当下和历史中文化建构的意义"[②]，其本质是重新审视"自我和他者之间的关系"[③]。文化研究本就是一门跨学科的研究，本书主要从与中西文化交流和碰撞背景下与本研究紧密相关的文学批评理论视角、文化霸权视角、跨文化传播视角以及当代文化研究四个方面阐释文化研究中他者问题的研究现状。

（1）文学批评中的他者问题

回溯历史，文化研究从起源之初就打上了文学研究的深刻烙印。当代文化研究中心成立最初又称"文学与当代文化研究中心"。当代文化研究中心的创始人理查德·霍加特曾是英国伯明翰大学英国文学教授，是20世纪英国著名文学批评家。而另一位创始人斯图亚特·霍尔是英国文学研究生，其博士论文也是研究文学小说的。还有后殖民文化研究的佼佼者萨义德、霍米·巴巴和斯皮瓦克等都曾是文学批评家。有学者认为文化研究是文学研究边缘化的结果；也有人说文化研究是文学研究的扩展和延伸。陶东风教授指出：日常生活的审美化以及审美活动日常生活化导致了文学与艺术含义的变迁，给文艺学带来了极其深刻的挑战。而文化研究/文化

---

[①] 安斯加·纽宁，维拉·纽宁.文化学研究导论：理论基础·方法思路·研究视角[M]. 闵志荣，译.南京：南京大学出版社，2018：411.

[②] 安斯加·纽宁，维拉·纽宁.文化学研究导论：理论基础·方法思路·研究视角[M]. 闵志荣，译.南京：南京大学出版社，2018：412.

[③] 安斯加·纽宁，维拉·纽宁.文化学研究导论：理论基础·方法思路·研究视角[M]. 闵志荣，译.南京：南京大学出版社，2018：418.

批评就是文艺学面临挑战所做出的回应①。这一切足见，文学批评研究和文化研究间的紧密联系。从本质上来看，文学批评和文化批评都关注文本细读，都认为文学文本有助于理解我们的生活方式。

文学批评或文学评论（Critical Criticism）从广义来说，是指对文学作品和文学问题所作的理智思考。作为一个专有术语，则特指解释作品的意义和评价作品的质量②。西方的文学批评始于古希腊，出现在亚里士多德的《诗学》和柏拉图的《理想国》中对史学、神话传说和悲喜剧作品的具体评论。我国古代最早的文学批评则始于先秦，出现在《左传·襄公二十九年》中所记载的季礼观周乐的诗乐评论。文学批评的含义可以根据研究的视角和方法的不同进行不断的拓展和延伸。这里的文学批评特指从文化角度看待文学的研究和批评，是一种注重从文化内涵、文化语境的角度分析和阐释文学的批评类型，在此种意义上，也可称之为文学的文化研究③。由于文学是某一文化区域的人利用自身的语言和文化传统对其内心世界和外在世界的独特表述，因此，文学文本受制于该文化区域历史时段的生活样式。同时，文学文本在不同的文化区域被解读时，往往又会受制于传播者或接收者的文化意识和立场、语言能力、传播和接受区域的文化政策和文化传统等诸多因素的影响，造成文学文本并不是在一种审美共同体或普遍价值体系下的等值迁移。因此，文学批评可以说是一种对文学作品的社会性、历史性和文化性的理解。

通过梳理相关文献发现，文学批评研究中的他者问题研究主要是借助他者理论或他者视角来探讨文学作品当中的身份认同、主体性、意识形态、民族主义、殖民主义话语等问题的文学批评研究。他者视角主要包括海外移民和少数族裔、少数民族、女性视角等。他者理论则主要涉及后殖民主

---

① 陶东风. 日常生活的审美化与文化研究的兴起——兼论文艺学的学科反思 [J]. 南阳师范学院学报（社会科学版），2004（5）：71-77.
② 简明不列颠百科全书第8册 [Z]. 北京：中国大百科全书出版社，1991：267.
③ 王先霈，胡亚敏主编. 文学批评导引（第二版）[M]. 北京：高等教育出版社，2014：218.

义理论、女性主义理论、列维纳斯的文学伦理学等。其中，中国当代少数民族文学批评研究成果丰硕，这类研究主要针对少数民族作家写出的文学作品，围绕民族传统、宗教意识、文化身份等问题展开的民族主义意识形态话语的表达，借助人类学、民俗学、民族学、文化传播学、知识社会学等诸多学科间的交往与协助，分析少数民族文学现象，彰显少数民族文学的价值空间，对少数民族文学作品进行文学性因素阐释与社会功能再发现，甚至生成民族性的批评理论。其次是海外华人文学研究中对自我、他者及其身份认同问题的文学批评研究，涉及对中国、对其他华人移民和对西方等多种不同对象的自我和他者的建构等中心议题。

（2）文化霸权视角下的他者问题

20世纪70年代，葛兰西的文化霸权概念进入到文化研究中，出现了文化研究范型的"葛兰西转向"。提到文化霸权就不得不提到这个理论的创始者，意大利无产阶级革命领袖安东尼奥·葛兰西（Antonio Gramsci）。20世纪初，他在狱中写成的《狱中札记》对后殖民主义文化研究理论和文化冲突学说有着重要影响。葛兰西的文化霸权思想由有机知识分子（文化生产主体）、市民社会（文化传播阵地）和同意（实现机制）三部分组成[①]。通过分析欧洲革命失败的原因，认为市民社会正是同意了统治阶级的文化思想和价值理念，与统治阶级构成了一个统一体，行使整体的力量，才完成了文化生产到文化传播最后到"同意"这一权力轨迹，完成了文化霸权的核心内容[②]。为此，葛兰西提出西方无产阶级革命应该采取阵地战，主要攻击对象是市民社会，目标是夺取文化领导权。这一分析框架可以同样用来解读后殖民主义理论中西方对东方的权力运行轨迹和霸权问题。所不同的，葛兰西分析的是一个国家内部一个阶级对另一个阶级的文化霸权，而后殖民主义理论关注的是国家与国家间更为复杂的文化

---

[①] 刘莉.马克思主义与后殖民理论视域——以葛兰西为切入点的考察[D].华南师范大学博士学位论文，2005：13.
[②] 葛兰西.狱中札记[M].葆煦，译.北京：人民出版社，1983.

权力关系。

葛兰西的霸权理论对早期的英国文化研究和后殖民文化研究等均有深刻影响，但葛兰西式文化研究往往把权力看作是来自于高度统一和核心化的源头，像国家、统治阶级、父权制或是人民和无产阶级，而霸权和反霸权的斗争就是两个单一主体之间的斗争。因此，葛兰西的权力观更多的是分析文化和意识形态的自上而下的流动，以及这种权力受到下层反抗的程度。然而，福柯提出了一个全新的权力观念。对他来说，权力并不是单向的、自上而下的，并没有一个特定的来源，被一个核心的源头，如统治者或国家所垄断。他认为，权力并不"以一种链条的形式起作用"[①]，权力是循环的。它无处不在，"经由一张网状组织被配置和形式"[②]，像毛细血管渗透在社会存在的各个领域和角落。这表明，我们每一个人既是压迫者又是被压迫者，既是权力的实施者也是权力的实施对象。支持被压迫的人在其他领域可能就是一个压迫者，而受歧视的人也可能会歧视其他弱者。由此，权力会在任何地方被不断生产出来，简单的压迫者和被压迫者这样的二元对立关系也被否定了。此外，福柯的权力话语理论强调了话语、知识等被习惯性地认为非权力的东西的权力本质。他认为，权力在"各种个人的、身体的、姿态的和习惯的层次上不只是简单地反映或再现法律或政府的一般形式"[③]，而是将"权力置于习惯的诸种形式，置入身体，以及各种局部权力关系之中"[④]。可见，权力存在于话语、制度以及身份的制造之中。一切与通过一种特定的方式创造和再创世界相关的东西就是权力。而特定历史时期的话语，即某个时代不断被重复的，与价值、信仰有关的言语和书写实际上是意识形态的另一种说法。因为话语决定什么能说、什么不能说以及应该怎么说，它构成了看待世界的一种方式[⑤]。而这种方式可以控

---

① M. 福柯. 权力／知识 [M]. 布莱顿：哈维斯出版社，1980：98.
② 同上.
③ M. 福柯. 惩罚与规训 [M]. 伦敦：塔维斯托克出版社，1977：27.
④ M. 福柯. 权力／知识 [M]. 布莱顿：哈维斯出版社，1980：201.
⑤ 张剑. 西方文论关键词：他者 [J]. 外国文学，2011（1）：118-127+159-161.

制话语的参与者,从而对其思想起到一种强制作用。福柯关注在权力话语作用下被边缘化,处于从属地位的他者。通过对疯癫、性、疯人院、监狱、精神病患者等被边缘化的他者进行历史资料的知识考古与系谱梳理,再加上话语机制的分析和自身的现实体验,福柯揭示了权力、知识、话语对于"他者"的塑造和规训,对后殖民批评和女性主义,尤其是萨义德的《东方学》产生了深刻影响。

东方学(Orientalism)产生于东西方文化接触之中。20世纪80年代以前,东方学的含义是单一的,即开展与东方文明相关的各个领域的研究,是对知识的发掘叙述和书写。20世纪90年代后殖民文化理论开始兴起。后殖民文化理论中的他者常常被指代为与西方(The Occident)相对而言的东方(The Orient)。西方通过建构东方他者,从而确立自身的主体地位。这种建构就是一种权力关系,作为他者的东方处于从属的弱势地位。东方学后殖民文化理论的代表人物阿拉伯裔美籍学者萨义德将东方学理解为是一种学术研究学科、一种思维方式和一种权力话语方式。在其著名代表作,也是后殖民主义文化研究的经典著作《东方学》中,他倾向于利用福柯《知识考古学》中的话语观念,认为随着历史的变迁,是西方世界,尤其是英法美等主要西方国家一直主导着有关东方的表述和话语方式。萨义德力图在本书中阐明这一过程是如何发生的,并力图表明"欧洲文化是如何从作为一种替代物甚至是一种潜在自我的东方获得其力量和自我身份的"[1]。正如他自己所言,作为一个地理的、文化的、历史的实体,东方和西方并不是一种纯粹的自然存在,而是人为建构起来的。并且作为一组相对的地理实体,它们实际上是相互支持并且在一定程度上相互反映对方的[2]。书中详细阐述了西方关于东方学话语表述及其与帝国殖民扩张之间的关系。他创造性地将福柯的权力话语理论和葛兰西的文化霸权理论放置在西方对

---

[1] 爱德华·W. 萨义德. 东方学[M]. 王宇根,译. 北京:生活·读书·新知三联书店,1999:5.
[2] 爱德华·W. 萨义德. 东方学[M]. 王宇根,译. 北京:生活·读书·新知三联书店,1999:6-7.

他者文化的表述及其所形成的知识体系上，揭示了东方"他者"的从属性、次要性、边缘性以及所处的不平等地位，进而阐释了其背后的东西方二元对立基础上的权力关系和帝国主义运行机制。萨义德对这种权力关系提出了深刻的质疑和批判。一方面，他认为，具有适度差异性的他者是必要的。这将有利于不同文化身份的构建和共同发展。另一方面，他希望在人文主义的引导下，东西方之间可以实现平等。总之，萨义德的《东方学》启发了本书对东西方之间关系的重新认识和思考。

进入 21 世纪后，亨廷顿将世界格局内的文明冲突论与美国国家特性联系起来，出版了《文明的冲突》《文明的冲突与世界秩序的重建》《我们是谁？美国国家特性面临的挑战》等一系列著作，从世界格局的角度与社会历史的变迁强调文明冲突论及其社会冲突模式的变迁，表述了一种文明与权力的新型关系，成为文化霸权理论在 21 世纪的又一次表征。亨廷顿认为，在人类社会由野蛮走向文明社会的过程中，不同的文明是经由不同历史环境中的各个国家和民族经过长期的斗争、融合和发展而形成的。文明的认同与冲突共同构成了亨廷顿文明论的正反两面。亨廷顿认为，在 21 世纪，"全球政治的主要冲突将发生在不同文化的族群之间。文明的冲突将左右全球政治，文明之间的断层线将成为未来的战斗线"[①]。他者文化的差异和敌对既是引发文明冲突的原因，更是自我认同的需要，它成为亨廷顿解决美国自我认同危机的重要途径。然而，亨廷顿的二元思维模式必然导出可怕的"话语霸权"，即文化帝国主义。

全球化的进程既强化了逐渐趋同的全球文化，又在这一过程中强化了地域性文化族群的自我认同，是一个同时展开的双向过程。伴随着全球化的进程，任何一种文化出于自身发展的需要，总是要遭遇他者，在与异质或异族文化的不断碰撞、冲突、互动、交融与整合的过程中，才能形成自

---

① 塞缪尔·亨廷顿.文明的冲突与世界秩序的重建[M].周琪等, 译.北京: 新华出版社, 1998.

我。亨廷顿文明冲突论的意义在于提出八个文明范式以"避免许多困难"[1]。在一定程度上有助于解释当今世界格局中的各种难题;有助于各种文明直面他者文化,不再害怕自我与他者文化的矛盾与冲突,并在冲突中寻求和强化自身文化的认同;有助于更深层次的文化汲取与创新,推动文化适应现实处境而不断发展自我。

(3)跨文化传播中的西方学

跨文化传播学作为一个阐释全球社会中不同文化之间社会关系与社会交往活动的知识系统,着重于介绍东西文化的差异、解决不同文化背景的人与人之间理解与沟通的难题。因此,如何处理"自我"与"他者"的关系是跨文化传播学的重要议题。正如拉里·萨穆瓦所说,"文化最为重要的职责之一就是帮助其成员建立起他们对这种文化的认同"。1993年赫克特将认同引入传播学,提出认同的传播理论,指出认同是在传播中得到实现和分享的[2]。对单一文化的认同往往通过对"他者"文化的排斥而得以体现,建构自身文化认同的同时必然伴随着对"他者"的反向建构,由此产生的"文化边界"在跨文化传播中越来越明显[3]。东西文化传播中的他者研究可谓是跨文化传播中的突出代表,也是本研究所涉及的场域。本书将东西文化传播中的他者研究划分为两类,一类是"东方学",一类是"西方学"。这里重点探讨"西方学",特别是中国的"西方学"。正如王铭铭教授在其《西方作为他者》一书开篇所指明的那样,这里的"西方学"不是一门学科,是模拟东方学的一种相近表达方式,以探寻中国西学的过程中对西方的描述、议论和思考。

如果东方学是指西方关于东方国家的描述、议论以及在此基础之上的研究,那么西方学则是东方关于西方国家的描述、议论以及在此基础之上

---

[1] 塞缪尔·亨廷顿.文明的冲突与世界秩序的重建[M].周琪等,译.北京:新华出版社,1998:47.
[2] 罗伯特·沃斯诺尔.文化分析[M].李卫民,闻则思,译.上海:上海人民出版社,1990.
[3] 范可.全球化语境下的文化认同与文化自觉[J].世界民族,2008(2):1-8.

的研究。正如王向远教授所言，"东方学和西方学首先是从空间的地理区域上进行的学问领域的划分"[①]。东方和西方原本是一对地理方位概念，随着晚清以后所谓西学与中学兴起，西学或者西方之学才开始成为学科门类的关键词。从历史上看，中国的西方学由来已久。如果从19世纪鸦片战争算起，已经有170多年的历史了。在这段历史时期，中国关于西方的观察，评论与研究所形成的文献可谓汗牛充栋。

李泽厚和秦晖都认为，中国西学东渐的过程经历了科技（器物）、政治（制度）、文化，即洋务时期、戊戌变法和辛亥革命时期、五四新文化运动时期三个阶段[②③]。近代西方学的开端要数主张"中体西用"的洋务派。自李鸿章第一次在参观英法军舰后向同治皇帝呈报的奏折上提出"数千年来未有之变局""数千年来未有之强国"的重要论述，强烈地表达出了洋务派对于中国面临西方挑战的危机意识，也表明了大清帝国自此对西方"强敌"所带来的挑战出现了一种崭新的态度。这种不祥的预感使原本的文化安全感近乎崩溃，于是学习西方成为摆脱困境的必然途径。然而，洋务派的西学是对强敌威胁的被动反应，并非社会内部因素发展刺激下的主动反应，因此，以张之洞为代表的洋务派倡导"中体西用"和"师夷长技以制夷"。这里的"体"指的是根基，这里的"用"指的是功用。可见，洋务派将学习西技和西艺视为不同于中体或传统价值体系的异质文化，并将它放在功用的位置上，导致西学最终陷入被动、僵化、保守的局面。之后便是从洋务派中分离出来的早期民族资产阶级主张应全面地学习西方的民主制度、科学技术与学术体系。君主立宪派更是凭借这一思想掀起了戊戌变法，爆发了武昌起义和辛亥革命，推翻了清王朝的统治，成立了具有西方资产阶级共和国性质的中华民国临时政府。特别是以陈独秀、胡适为代表的资产阶级激进民主主义者发动的新文化运动提出"全盘西化"的口号，使中国彻底从封建社会思想中解放出来，为中国发展资本主义，走向现代化扫清

---

[①] 曾琼，曾庆盈编. 认识"东方学"[M]. 北京：北京大学出版社，2014：3.
[②] 李泽厚. 漫说"西体中用"[J]. 孔子研究，1987（4）：15-28.
[③] 秦晖. 走出帝制[M]. 北京：群言出版社，2015：112.

了障碍。

当代讨论西学的众多学者中不得不提的有许纪霖、萧功秦、任剑涛、秦晖和金观涛五位著名学者。他们都从自身独特的视角来阐释中国的西方学。萧功秦在《儒家文化的困境》中，透过近代历史上的中国士大夫应对西方异质文化的挑战时所呈现出来的传统文化心理定势和传统认识思维机制，揭示出中国古老传统文化在面临西方近代文化的挑战时所作出的西学选择或者破局的路径："把西方文化作为历史上似曾相识的异端和旁门左道来加以排斥，以此来实现纯洁的传统文化的自存与民族自卫的双重目标。"[①]许纪霖则进一步深刻地剖析了近代西学背后的民族主义和国家认同机制。在他的《共和爱国主义与文化民族主义——现代中国两种民族国家认同观》中写道，五四新文化运动以后，中国出现了"无序的多元"文化局面，中西文化之争也从对中西文化的态度本身，转变成到底什么样的文化才能成为民族国家的核心文化——是西方文化还是中国文化的争论。于是出现了以张佛泉为代表的具有共和主义取向的政治爱国主义和以张君劢为代表的体现带有社群主义色彩的文化民族主义。秦晖认为，现代中国的主流是追求"现代化"又抵制"西化"。这貌似矛盾的西化与反西化的现象背后其实是"西化"和"现代化"的区分问题。他认为，西化是就文化的改变，而现代化是就制度变革而言的。他认为，文化无高下但制度有优劣。我们称"选择什么"是文化，而"能否选择"是制度，我们可以把制度也称为制度文化，但不能把文化与民族性混同。而讨论选择什么的前提是人们能够选择[②]。从这个意义上来讲，秦晖认为，中国经历了西化而非现代化的太平天国运动和反西化、但并不尊儒的义和团情结和新文化运动，以及追求民主共和和政治现代化的辛亥革命历程。金观涛则运用控制论的方法，分析中国封建社会历史，试图从中国是一个超稳定系统假说出发，着重讨论中国历代政治文化及其演变机制。他的系列著作包括《在历

---

① 李泽厚. 漫说"西体中用"[J]. 孔子研究, 1987（4）：15-28.
② 秦晖. 文化无高低，制度有优劣（一）[M]//凤凰周刊编. 中国意见书：百位著名学者国是论衡. 北京：中国发展出版社, 2011：215.

史的表象背后：对中国封建社会超稳定结构的探索》以及超稳定结构系列三部曲《兴盛与危机》《开放中的变迁》《中国现代思想的起源》。其中在论述中国封建社会超稳定结构对外来冲击的反应时，金观涛认为，中国封建社会自身的超稳定系统是在经济和科学都不发达的条件下，以汉民族主体文化建立起来的，具有巨大内稳调节力量的系统。它具有闭关自守的保守性和巨大的同化和融合能力，使得中国文化对外来文化的冲击过程中，有一定的抗干扰能力且不会因异族征服而中断。正是超稳定结构的存在使西方资本主义结构难以在中国发展[1]。任剑涛在他的《中国对"西方"的建构》一文中，梳理了中国在西学过程中，建构出的四重西方内涵：从自然空间地理意义上"泰西"，到地缘政治的侵略者，再到作为我们国家建构的典范，最后到"另一个西方"，即显出现代性和复杂性的各个民族国家的西方。他认为，历史上的这些西方含义都不是西方本身，而是与西方眼中的东方学建构的东方相对应的中国人自己构建出来的西方[2]。此外，王铭铭教授的《西方作为他者——论中国的西方学的谱系与意义》从文化人类学的视角，对带有世界活动旨趣的地理言论所形成的真实地理和幻想地理综合文本，以动态的西方视野，力求从具有文化特殊性的中国历史中再现具有一定普遍意义的对西方的认识方式。

此外，更多学者围绕如何跨越"文化边界"，正确处理"自我"与"他者"的关系展开跨文化传播研究。单波认为，在西方的思想中，他者是由认同产生，西方对他者的表征过程，充满了他者化的过程。在这一过程中，文化的"民族中心主义"和人类意识中的"自我中心主义"、刻板印象、偏见态度和歧视行为共同构成了跨文化传播中的阻碍[3]。文化主体正是通过种种将负面特点加诸他者的他者化（othering）过程，进一步固化了自我

---

[1] 金观涛.在历史的表象背后：对中国封建社会超稳定结构的探索[M].成都：四川人民出版社，1984：182-193.
[2] 任剑涛.中国对"西方"的建构[EB/OL].http://www.cssm.org.cn/view.php?id=31936.
[3] 单波.跨文化传播的基本理论命题[J].华中师范大学学报（人文社会科学版），2011（1）：103-113.

与他者的二元对立结构和排他性的认同[①]。当今时代是充满着多样性、未完成性、多元选择性、开放差异性的"液态的后现代"[②]，理想的跨文化传播应摆脱传统的自我和他者二元身份对立框架，摈弃传统的"主—客"单向传播的思维方式和征服他者、权力赖以行使的传播机制，消除以单一固化的身份认同来处理全球化的身份认同危机，建立"他者是主体建构自我意义的必备要素"[③]的跨文化传播观念，从而跨越跨文化传播障碍走向更全面、自由、平等的跨文化传播，建立人类交流共同体。

（4）当代文化研究中的他者问题

他者是文化研究中非常重要的概念。当代文化研究总是围绕"阶级、种族、性别"三个范畴展开。相应地，文化研究中的他者可以是阶级文化他者、种族文化他者和性别文化他者。当代文化研究之父斯图亚特·霍尔在他的《仪式抵抗：战后英国的青年亚文化》中将英国工人阶级青少年亚文化作为阶级文化他者；而20世纪80年代后期的女性主义逐渐剥离阶级视角，从性别与两性关系的文化建构入手，将性别亚文化作为研究对象。如马林诺夫斯基对特罗布里安德岛母系社会的调查；玛格丽特·米德对萨摩亚性习俗的论述等等。几乎与性别问题关注的同时，伯明翰文化研究中心开始关注种族压迫和歧视的文化再现问题。这时的他者往往指代的是被压迫、被歧视、被边缘化的被殖民国家或族群，作为殖民国家或族群陪衬其优越性的文化构想物，为欧洲等殖民国家扩张侵略服务。如西方后殖民批评家爱德华·萨义德揭示的"东方他者"；抑或是霍米·巴巴描写的多元文化社会中处于底层或边缘地位的"少数群体"（minority）。20世纪90年代文化研究中的他者拓展到了商品形象，揭示商品文化中错误和歪曲的文化再现。至此，文化研究中的他者总是关涉某一群体的社会身份及主

---

[①] 单波.跨文化传播的基本理论命题[J].华中师范大学学报（人文社会科学版），2011（1）：103-113.

[②] 王妍.跨文化传播学研究的三个维度[J].传媒，2018（14）：94-96.

[③] 单波.跨文化传播的基本理论命题[J].华中师范大学学报（人文社会科学版），2011（1）：103-113.

导地位问题，常以复数而非个体的形式出现。他者越来越成为和社会主流文化相对的亚文化或亚文化群体的代名词，而他者也不再局限于真实的社会群体，延伸至商品、媒体（电影、电视、新媒体）、文本等他者文化再现的载体。总的来说，文化研究就是要关注与社会主流文化相对的亚文化或亚文化群体的他者再现是"在哪里又是如何将社会群体封闭在现存的依赖关系之中的，在哪里又是如何体现他们的解放倾向的"[①]。

### 1.4.2 大学英语教科书的文化变迁研究

（1）大学英语教科书的文化研究

大学英语教科书的文化研究主要集中在大学英语教科书的文化内容研究。包括三个方面的内容：教科书文化内容分析研究、教科书文化内容编写研究和教科书文化内容评估研究。

1）大学英语教科书的文化内容分析研究

大学英语教科书文化内容分析研究是指对大学英语教科书中的"中西"文化内容进行的文本分析或内容分析研究。这里的"中西"文化有多种表达方式，如：中国文化、本土文化、民族文化、目的语文化、外国文化等等。笔者以"大学英语""教材""文化"为主题词检索 CNKI，来源期刊年限为 1990—2019，截至 2019 年 10 月 12 日，共找到相关文献 912 篇，其中来源期刊范围为北大核心、CSSCI 以及 SCI 期刊文献 100 篇。图 1-1 为基于 CNKI 计量可视化分析得出的图表，对近三十年来的大学英语教材文化研究发文量做出的一个总体描述。

---

① 罗钢，刘象愚主编. 文化研究读本 [M]. 北京：中国社会科学出版社，1992：21.

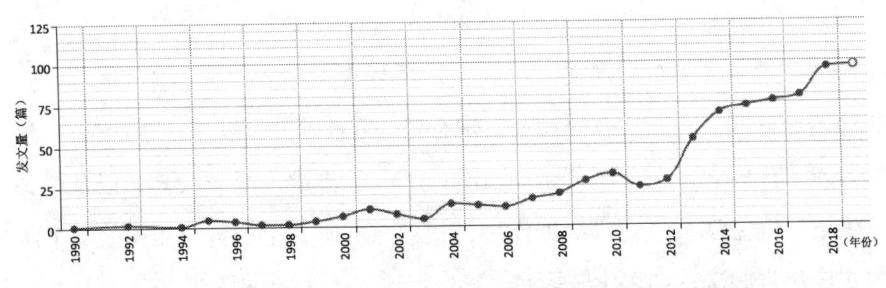

图 1-1  近三十年大学英语教材文化研究发文量趋势

从图 1-1 可以看出,围绕大学英语教科书文化研究整体呈现上升趋势,特别是从 2012 年起,近八年急速上升。不断上升的发文走势说明大学英语教材的文化研究正日益成为学术界关注和研究的热点问题。图 1-2 是 912 篇文献所出现的主题频率排序图,除去当中意思重复和不相关的关键词,笔者总结出文献中与文化内容分析最相关的重点共现关键词,按数量频次由高到低排序为:跨文化交际能力、中国文化、母语文化、文化背景知识、中国文化失语、英美文化、目的语文化、本土文化、文化导入。从以上重点共现关键词可以看出,大学英语教科书文化研究学者们非常关注大学英语教科书中的中国文化问题以及大学英语教科书文化内容对跨文化交际能力的培养问题。

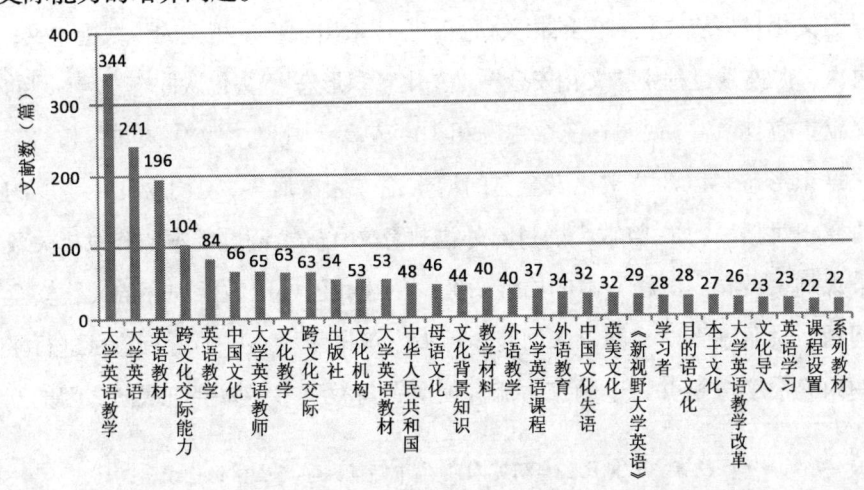

图 1-2  近三十年大学英语教材文化研究主题频率排序

进一步梳理和分析 100 篇核心文献发现,近年来,大学英语教科书文化研究文献主要围绕中国文化失语、文化认同、文化霸权、文化意识形态、文化安全等问题展开内容分析及影响研究。笔者进一步以"大学英语""教材"或"教科书""价值观""意识形态""认同""文化安全"以及"文化失语"为主题词进行高级搜索后,找到与本研究主题密切相关的 5 个研究主题出现频次,如表 1-1 所示。

表 1-1  大学英语教科书相关文化研究成果分布表

篇

| 研究主题 | 中国期刊全文数据库 | 中国硕博士论文数据库 | 合计 |
| --- | --- | --- | --- |
| 文化安全研究 | 3 | 1 | 4 |
| 文化失语研究 | 45 | 5 | 50 |
| 文化意识形态研究 | 5 | 2 | 7 |
| 文化认同研究 | 7 | 3 | 10 |
| 文化价值观研究 | 13 | 4 | 17 |
| 文化自信或文化自觉研究 | 22 | 0 | 22 |
| 合计 | 95 | 15 | 110 |

如表 1-1 所示,各个主题的关注度悬殊颇大。其中,大学英语教科书中的"文化失语研究"关注度最高,占到约半数;其次是最近时代性特征较强的文化自信或文化自觉的相关研究,但暂未出现直接相关的硕博士论文;再次,在搜索过程中"文化安全""文化意识形态""文化认同"三个主题的文献重叠性颇高,说明这三个主题相关度较高;同时,"文化认同"和"文化意识形态"以及"文化安全"的博士论文频次居多,说明这几个主题的研究相对颇深。如:曾敏[1]通过对外语教育文化安全问题的本质和对相关政策规划、教材、试题文本的质性研究,阐述我国外语教育现存的文化安全问题;时丽娜[2]对建国以来的代表性大学英语教科书中的所有篇目进行主题内容演变分析并讨论国家主流意识形态与教科书整体价值取向之间的互

---

[1] 曾敏. 外语教育中的文化安全研究 [D]. 华中师范大学博士学位论文,2015.
[2] 时丽娜. 意识形态、价值取向与大学英语教科书选材——一种教育社会学的分析 [D]. 复旦大学博士学位论文,2013.

动关系；杨森[①]通过调查问卷和半开放式访谈的研究方法对当前大学生群体对母语文化和目的语文化的认同现状及其问题进行调查研究并给出教育学建议。但绝大多数相关研究为西方视角下的文化失语和文化霸权研究，且多局限在将大学英语教材中的中西文化比重严重失衡的现象作为解释中国文化失语的原因，缺乏对教材文化选编的深层次理论原因的探讨。

采用的研究方法有文献法、文本分析法、调查访谈法等等。近年来开始出现使用批判话语分析方法（Critical Discourse Analysis）和语料库研究方法研究教科书文化内容的文献。但内容分析法始终为大学英语教材文化研究的主要研究方法，大多数学者采用以内容分析法为主结合其他研究方法，如文本分析法、语料库、批判话语分析等方法对教科书内容进行分析研究。如：季伟[②]运用内容分析法对教科书宏观内容分析的同时，结合单篇课文微观话语分析就教科书的西方文化霸权问题进行探讨；刘艳红[③]利用语料库研究法和内容分析法就大学英语教材的中西文化失衡现象对我国"十二五"普通高等教育本科国家级规划10套大学英语教材的文化内容进行文化选择和配置的分析研究；时丽娜[④]结合主题分析法和内容分析法对新中国成立以来的代表性大学英语教科书中的所有篇目进行主题内容演变分析并讨论国家主流意识形态与教科书整体价值取向之间的互动关系。

可见，目前的大学英语教科书文化研究虽逐渐成为学术界关注的热点，但主要聚集在西方视角下的文化失语、文化霸权、文化安全等话题研究上。同时，内容分析法仍为大学英语教科书研究的主要方法。

2）大学英语教科书的文化内容编写研究

大学英语教科书的文化内容编写研究主要指大学英语教科书文化内容

---

[①] 杨森.英语学习对大学生文化认同影响研究[D].山东师范大学博士学位论文，2016.
[②] 季伟.大学英语教材中的文化霸权[J].译林（学术版），2011（01）：89-96.
[③] 刘艳红.基于国家级规划大学英语教材语料库的教材文化研究[J].外语界，2015（6）：85-93.
[④] 时丽娜.意识形态、价值取向与大学英语教科书选材——一种教育社会学的分析[D].复旦大学博士学位论文，2013.

的编写特色、编写理念、编制原则及其未来构想的研究文献。可分为两种类型：一是大学英语教材主编对自编教材的"解读"；二是大学英语教育专家对教材的"反思"并提出编写建议和构想的文献。

首先，由于大学英语教材诞生之初的统编性质，大部分高等院校都倾向于选用教育部和大学外语教学指导委员会审核通过并推荐使用的大学外语类教材，这些教材大都被评为"十一五""十二五"普通高等教育本科国家级规划教材，且教材的主编大都来自从新中国成立以来就深耕于大学英语教材编写代表性高校编写团队。因此，为了让高校教师更好地领会和使用教材，代表性的大学英语教材主编通常会于教材出版之初在外语类权威期刊上刊登有关教材的编写或修订原则与指导思想、使用建议等说明文章。这类文章对于本研究了解和把握不同时期编选他国文化的基本原则和指导思想有着重要的意义。重点关注的教材主编文章有：董亚芬对1986版[①]、1997修订版[②]、2004年第二次修订版[③]大学英语教材的说明以及对86版实施三年后的思考[④]等；李荫华对1997修订版[⑤]、2001版[⑥]的说明；《正确理解、全面贯彻教学大纲——全国大学英语教学研讨会总结》[⑦]、赵勇和郑树棠《大学英语教材中的核心词汇的关注》[⑧]；等等。此外还有教材

---

[①] 董亚芬.《大学英语（文理科本科用）》试用教材的编写原则与指导思想[J].外语界，1986（04）：20-24.

[②] 董亚芬.修订《大学英语》，为大学英语教学上新台阶作贡献[J].外语界，1997（02）：20-22+34.

[③] 董亚芬.《大学英语》系列教材第二次修订的思考与设想[J].外语界，2006（01）：77-79.

[④] 董亚芬.《大学英语教学大纲（文理科本科用）》实施三年后的思考[J].外语界，1990（02）：20-23.

[⑤] 李荫华.依靠广大教师，修订好《大学英语》教材[J].外语界，1997（04）：19.

[⑥] 李荫华.继承、借鉴与创新——关于《大学英语》系列教材（全新版）的编写[J].外语界，2001（05）：2-8+57.

[⑦] 杨惠中.正确理解、全面贯彻教学大纲——全国大学英语教学研讨会总结[J].外语界，1995（01）：58-63.

[⑧] 赵勇，郑树棠.大学英语教材中的核心词汇的关注[J].外语与外语教学，2003（06）：21-24.

主编对大学英语教材内容选编和教学方法相关讨论的文章。如凌渭民的《漫谈大学公共英语教学》[1]、吴银庚和张彦斌的《试论科技英语》[2]、杨惠中的《外语教学要科学化和精密化》[3]等。这些文献都为研究准确把握和领会大学英语教材的编写过程和选编原则提供了大量的一手资料。

其次，有关大学英语教材编写建议和构想的研究中影响广泛的主要有蔡基刚、程晓堂、束定芳、陈坚林和庄智象等英语教育专家，他们为大学英语教科书文化内容编写的改革和创新奠定了坚实的理论基础。此类文献大多为大学英语教材研究的代表性专家基于教材历史发展特点的回顾，对未来教材的编写原则和思想给予指导性的建议。如：蔡基刚在其专著《大学英语教学：回顾、反思和研究》[4]中通过回顾大学英语教材史，反思前四代教材的问题和特征的基础上，第一次提出了"第五代教材"的观点，并指出：新一代教材须体现"实用性、主题化、重内容、立体化、多样化、任务型、以学生为中心"[5]的原则。束定芳等[6]指出，新一代教材编写须遵循真实性、循序渐进、趣味性、多样性、现代性和实用性原则。陈坚林[7]在总结前三代、评估第四代大学英语教材的基础上，提出了第五代大英教材的编写构想：即由理论、结构、方法三大板块构成的立体式教材框架。此外，外语研究者常以新时代的历史语境和新型的理论视角为切入点，如全球化、Mooc、"互联网+"、核心素养、文化生态学、多模态理论等，对新一代大学英语教材的文化内容编写的适应性问题展开研究并提出建议。

---

[1] 凌渭民. 漫谈大学公共英语教学 [J]. 外语界, 1986（03）：43-45.
[2] 张彦斌，吴银庚. 试论科技英语 [J]. 外语教学与研究, 1980（01）：56-62+75.
[3] 杨惠中. 外语教学要科学化和精密化 [J]. 现代外语, 1983（01）：1-5.
[4] 蔡基刚. 大学英语教学：回顾、反思和研究 [M]. 上海：复旦大学出版社, 2006.
[5] 蔡基刚，唐敏. 新一代大学英语教材的编写原则 [J]. 中国大学教学, 2008（04）：85-90.
[6] 束定芳，庄智象. 现代外语教学——理论、实践与方法 [M]. 上海：上海外语教育出版社, 2008.
[7] 陈坚林. 大学英语教材的现状与改革——第五代教材研发构想 [J]. 外语教学与研究, 2007（05）：374-378.

3）大学英语教科书的文化内容评估研究

这里主要就对教材整体文本内容进行综合评估分析的各类国内外内容分析框架文献进行梳理和总结，为建构本书的教科书他者内容分析框架奠定基础。

当前涉及外语教科书中文化内容评估的分析框架主要有三类，分别是横向文化地域归属分类分析框架、纵向文化主题分类分析框架和整体分层分析框架。

常用的教材文化地域归属分类主要有：Cortazzi & Jin 根据文化内容的地域来源分为"本族语文化""目的语文化"和"国际文化"[①]三类；Kachru[②] 提出的三圈文化分类法，即以英语为第一语言或母语的内圈国家（如澳大利亚、加拿大、新西兰、英国和美国）、以英语为官方语言的外圈国家（如印度、新加坡、尼日利亚等）以及以英语为外语的扩展圈国家（如日本、韩国、中国等）。

常见的文化主题分类框架有：Allen 和 Valette、Ovando 和 Collier 提出的二分法，即将文化主题分为两类，一类指文学、艺术、音乐、建筑、哲学、科技成就等集中反映人类文明的大写文化（Big Culture）；另一类是人们的风俗习惯、生活方式、社会组织、相互关系等反映文化特征的小写文化（Small Culture）[③]。此外，Bennett 和 Allen 的主观文化和客观文化，即将制度、日常用品及生活方式看作是客观文化（objective culture）；而社会或群体成员的世界观，如价值观和信仰则被归为主观文化（subjective

---

[①] 张革承，张洪岩．英语全球化语境中的高中英语文化教学[J]．课程·教材·教法，2007（6）：49—52．

[②] Kachru B. B. Standards, codification and sociolinguistic realism: The English language in the outer circle[M]. In R. Quirk & H. G. Widdowson(eds.). English in the world: Teaching and learning the language and literatures. Cambridge, MA: Cambridge University Press. 1985: 11-30.

[③] 康志鹏．高中英语文化素材分析及教学策略[J]．山东师范大学外国语学院学报（基础英语教育），2009，11（01）：40-43．

culture）[1]。其中，最为常用的要属跨文化外语教育专家 Byram[2] 的文化主题八分法，即社会身份和社会群体、社会交互性、信仰和行为、社会和政治机构、社会化和生活圈、国家历史、国家地理、定势和国家认同。当前的文化内容研究多结合纵向和横向两方面的文化分类方法对外语教科书中的文化内容进行综合统计和分析。

除上述文化横纵向分类方法外，此类文献当中还有一类对语篇中的文化内容进行整体分层分析的研究框架对构建本研究的"他者"文化分析框架启发最大。整体分层分析能够分别从宏观社会环境、中观作者价值取向以及微观人物形象和特定主题的内容进行质性分析，立体全面地呈现教材文化内容的全貌，有利于客观具体地对所要研究的主题内容进行分析和评估。如 Risager[3] 从微观文化层面，即教材人物的生活和活动，包括人物的社会和地域定位、语篇环境、交际场所、对话与主观性；宏观文化层面，即社会、政治、历史等主题选择；国际性和跨文化层面，即本土化与外国文化比较、互惠表征和相互关系表述；以及作者本人的价值观和态度等四个方面对教科书中的文化内容进行分层次的剖析。Byram[4] 建立的外语教材四维分析框架：包括微观社会分析，指人物的社会身份、社会环境和性格；宏观社会分析，指社会经济、地理及历史表征；作者显性及隐性观点分析；以及跨文化表征分析，指不同文化间的相互表征描写和识别。冯安

---

[1] Bennett J. & Allen W. Culture as the Core: Perspective on Culture in Second Language Learning[M]. Greenwich: Information Age Publishing, 2003:243.

[2] Byram M. Language and Culture Learning: The Need for Integration. In Byram. M. (ed.). Germany, its Representation in Textbooks for Teaching German in Great Britain[M]. Frankfurt am Main: Diesterweg, 1993:3-16.

[3] Risager K. Cultural references in European textbooks: an evaluation of recent tendencies [M]. In Buttjes D. & Byram M. (eds.). Mediating Languages and Cultures.Clevedon, UK: Multilingual Matters, 1990: 182-183.

[4] Byram M. & Esarte-Sarries V. Investigating Cultural Studies in Foreign Language Teaching[M]. Clevedon: Multilingual Matters, 1991: 180.

伟教授[①]在 Byram 四维分析框架的基础上建立的我国大学英语教材跨文化真实性四维分析框架：包括形象表征、历时与共时表征、跨文化表征以及写作意图与解读表征。这些整体分层分析框架都为本研究中的"他者"文化分析框架提供了客观依据和参考价值。

（2）大学英语教材变迁研究

历史维度是教科书研究的一个重要维度。本维度研究者或旨在对历史某一阶段的教科书进行分析，或对教科书的历史发展进行综述，或对不同历史时期教科书的流变特征进行剖析。对外语教育史和教材变迁研究的文献梳理为本研究提供了扎实的史学资料和明确的研究方向。

1) 外语教育史代表文献

通常英语教科书的史学研究以中国外语教育史研究为基础。与本研究相关有代表性的外语教育史方面的成果或专著主要有：20 世纪 80 年代付克编写的《中国外语教育史》、李良佑编写的《中国英语教学史》、李传松和许宝发编写的《中国近现代外语教育史》、四川外国语学院主编的《中国外语教育要事录 1949—1989》；21 世纪初的刘润清和戴曼纯编著的《中国高校外语教学改革现状与发展策略研究》、束定芳的《外语教学改革问题与对策》《外语教育往事谈第二辑——外语名家与外语学习》、蔡基刚的《大学英语教学回顾、反思和研究》《中国大学英语教学路在何方》和由戴炜栋主编的改革开放 30 年中国外语发展丛书，其中包括《高校外语专业教育发展报告（1978—2008）》《高校大学外语教育发展报告（1978—2008）》和《外语教育名家谈（1978—2008）》。值得一提的是，《中国外语教育史》和《中国英语教学史》被称为中国外语教育历史上的姊妹篇。付克先生撰写的《中国外语教育史》是我国研究外语教育史的第一部学术专著。

这些外语教育名家都以自己的视角回顾了外语教育发展的历史，现将

---

[①] Anwei Feng. Authenticity in College English Textbooks-An Intercultural Perspective [J]. Relic Journal, 2002, 33(2): 58-81.

专著中有关新中国成立后的代表性外语教育发展史资料整理归纳如下：付克先生将新中国成立35年的外语教育发展过程大致分为四个时期：1949—1956年；1957—1966年；1966—1976年；1976—1984年。专著中以时间为标题展开历史叙述，并没有对划分时期的具体说明。但从整体叙述来看，专著大致围绕外语教育发展过程中的重大历史事件、历史举措和政策文本进行分期，并对其进行详细的历史记录。因此，该专著更像是外语教育发展史一手文献资料的汇编。李传松和许宝发在付克先生的基础上，进一步整理、凝结和补充，以每一时期对外语教育发展具有重大影响的历史性事件和历史发展特点作为标题将新中国成立后的外语教育分为：除旧立新和改革调整时期、为外语教育打开新局面的《外语教育七年规划纲要》、"文化大革命"和外语教育、中国外语教育的恢复和发展时期、面向21世纪这五个历史阶段。该专著以外语教育发展为主线，详尽地记述了每个历史时期相关重要历史事件的发生过程及其对外语教育的影响。该专著不仅提供了众多外语教育的重要史料，同时展现了整个外语教育历史发展的全貌。王守仁教授在改革开放30周年之际主编的《高校大学外语教育发展报告（1978—2008）》中将大学英语教学30年分为恢复阶段（1978—1984年）、稳定发展阶段（1985—2001年）和教学改革阶段（2002—2008年）。其中对改革开放以来的大学英语的教学大纲、教学模式、教材、师资队伍、研究生英语教学做出了全面、系统、客观的回顾。可以说是迄今为止介绍我国高校大学英语教育的最为全面的报告[1]。胡文仲先生在新中国成立60年之际撰文探讨外语教育的成就与缺失[2]，他将外语教育粗略地分为三个阶段：第一个阶段为外语教育形成新格局时期（1949—1965年），第二个阶段为外语教育遭到严重破坏期（1966—1977年），第三个阶段为外语教育恢复与发展期（1978—2009年）。在总结新中国成立60年以来外语教

---

[1] 钱敏贤.对我国高校大学外语教育的历史总结与思考——《高校大学外语教育发展报告》评介[J].中国科教创新导刊,2009(29):6-7.
[2] 胡文仲.新中国成立六十年外语教育的成就与缺失[J].外语教学与研究,2009(5):163-169.

育在专业英语和大学英语教育上取得的成绩的同时指出了外语教育在政策整体规划、外语教育理论研究和外语人才培养规划上的缺失。同时期，时任教育部高等学校外语专业教学指导委员会主任委员戴炜栋教授也撰文就学科发展的角度探讨如何推动我国外语教育的可持续发展。文中将外语教育的发展大致分为三个阶段：第一阶段为新中国成立初期到"文化大革命"，第二阶段为"文化大革命"开始至1978年"十一届三中全会"召开，第三阶段为改革开放至今（2009年）[①]。文章强调外语教育是国家教育战略发展的需要，并指出新时代"立足国情、科学规划、实现可持续发展"的科学规划指导思想。

近两年恰逢改革开放40周年和新中国成立70周年，涌现出一批专家学者回顾中国英语教育史的文章，其中比较有代表性的关键论文有：文秋芳教授的《中国外语教育70年发展的特点与面临的挑战》[②]，文教授结合自然时间段和政治因素将外语教育发展阶段分割为四个阶段：动荡起伏（1949—1977年）、恢复发展期（1978—1999年）、快速发展期（2000—2011年）和深入发展期（2012年至今）。她就教授语种、教学目标、教学内容、教学手段、教学方法、培养目标、研究方法、研究视野八个方面来探讨外语教育在四个历史阶段的变化特点，指出外语教育与国家的宏观形势发展之间的关系永远是紧密相连的，面对新的历史时期与挑战，外语教育也应面对新的国家需求作出相应的变化。同样，为纪念祖国70周年华诞，戴炜栋教授撰文《我国外语教育70年：传承与发展》[③]回顾总结70年的外语教育成绩，展望新时代的外语教育。文中将外语教育70年划分为5个阶段，第一阶段是"文化大革命"之前（1949—1965年）；第二阶段是"文化大革命"至十一届三中全会召开之前（1966—1977年）；第三

---

① 戴炜栋.立足国情，科学规划，推动我国外语教育的可持续发展[J].外语界，2009（05）：2.

② 文秋芳.中国外语教育70年发展的特点与面临的挑战[EB/OL].http://192.168.73.130/www.sohu.com/a/294784343_528969.

③ 戴炜栋.我国外语教育70年：传承与发展[J].外语界，2019（04）：2-7.

阶段是十一届三中全会至20世纪末（1978—1999年）；第四阶段是21世纪以来至十八大召开之前（2000—2011年）；第五阶段自2012年起，提出外语教育应满足新时代人才培养的目标。《山东外语教学》2019年第一期从《纪念改革开放40周年新时代高校英语教育再出发百家论坛》中抽取了胡壮麟、王立非、欧阳护华、杨永林四位专家的笔谈组稿发表。其中，胡壮麟《新时代中国外语教育再出发》这篇文章就新时代中国外语教育建设与发展需要注意的几个历史问题，包括英语与对外汉语的地位、英语作为第一外语的决策、教学大纲的灵活性、大学英语的专业化展开讨论。

在这些有影响的史料基础上，很多学者对中国英语教育变迁包括大学英语教学和教材的变迁进行了研究。如陈雪芬[1]将中国英语教育史分为六个阶段，其中将新中国英语教育史分为三个阶段，分别是社会主义时期的英语教育的起伏期，改革开放之后的扶持和重视期和当前的全民学英语期。在梳理英语教育在中国的发展脉络的同时，对每一个阶段的教育政策、教材、教法等具体方面的变化也做了一个初步的整理和总结。遗憾的是，书中主要对各时期的英语专业教材进行了分析，只在对改革开放进程中的英语教育分析时提到了大学英语教学大纲和这段时期代表性的大学英语教材及其编写原则，但并未对教科书进行详细分析说明。李箭[2]从大学英语教学的发展历程、教学目标、教材、四六级考试几个方面对新中国成立以来的大学英语教学历史进行了全面的回顾，依据大学英语教学发展的五个阶段还原大学英语教学的真实场景。同样的问题是，书中仅有一章是涉及大学英语教材的演变，涉及教材的类型、习题形态、题材的变化但讨论的内容不够系统深入。

2）大学英语教材变迁研究

从大学英语教材变迁研究来看，有以下几个特征。第一，我国专门对中国大学英语教材的变迁做系统研究的成果并不多。在文献阅读和梳理的过程中发现，大学英语教学中有关大学英语教材的研究与大学英语教学研

---

[1] 陈雪芬. 中国英语教育变迁研究 [M]. 杭州：浙江大学出版社，2011.
[2] 李箭. 建国以来大学英语教学研究 [M]. 南京：东南大学出版社，2011：74-85.

究中的其他研究，如教学方法、教学评估与测试、教学模式、教师与学生、课程政策等研究相比，总量偏少，赵永青等2014年的统计数据是"有关大学英语教材的发文量仅占大学英语教学研究的6.2%"①；虽然外语界对大学英语教材研究的总量偏少，但呈明显上升趋势，按照杨港和陈坚林的观点"从2007年至今大学英语教材研究一直为国内外语教学改革研究的热点"②；对于大学英语教材的研究则主要集中在微观的小样本分析调研基础上，以主观评价和建议的文章居多，宏观历史考察的实证研究以及教材与其他关系的互动深层次问题研究偏少③，特别是专门系统论述和考察大学英语教材变迁的文献不多。

其中，有些研究者试图对新中国成立以来的大学英语教材变迁做出历史总结与规律分析，但都存在小样本分析、未有系统研究和论述的问题。如陈珍珍④通过对三套不同时期大学英语教材的比较分析，试图讨论大学英语教材的编写发展规律，但仅以三套教材来论述60年大学英语教材的发展规律未免有些单薄。类似的还有赵悦⑤通过对新中国成立以来五代大学英语教材历史背景、编写原则和特点的梳理试图找出教材的编写问题并提出建议，但文章仅以第四代教材中的一套新视野大学英语教材为样本做案例分析，并没有太多说服力。还有的研究看似囊括了每一历史时期的版本教材进行分析，但只是对教材编写特色、原则等说明的单纯列举或浅层次分析，并未深入到教材的内容进行分析，更别提互动深层次的问题分析。如左桂春⑥对新中国成立以来大学英语教材四个发展阶段的历史背景、代

---

① 赵永青，李玉云，康卉.近十年我国大学英语教学研究述评[J].外语与外语教学，2014（01）：27-35.
② 杨港，陈坚林.2000年以来高校英语教材研究的现状与思考[J].外语与外语教学，2013（02）：16-19.
③ 柳华妮.大学英语教材研究二十年：分析与展望[J].外语电化教学，2013（02）：66-71.
④ 陈珍珍.论我国大学英语教材的编写历史与发展规律[J].宁波大学学报（教育科学版），2010（03）：119-123.
⑤ 赵悦.我国大学英语教材的优化策略探索[D].东北师范大学硕士学位论文，2013.
⑥ 左桂春.我国大学英语教材变革研究[D].山东师范大学硕士学位论文，2008.

表性大纲和教材进行分析并试图找出未来教材变革的方向，但对教材的分析仅仅停留在单元编排、话题选择等编写特点的梳理和描述，并未进行编写原则与实质编写内容的深层次互动分析。

第二，对大学英语教材变迁历史发展阶段的划分数量不一。如有董亚芬教授[①]和王守仁教授[②]、柳华妮[③]的三代论，更有大多数研究者划分的四代论[④⑤]和五代论[⑥⑦]，也有少数人的六代论[⑧]等。其中，学界比较公认的大学英语教材发展史或编写史的划分方法要数董亚芬教授的三代论。她将1961年至"文革"前国家首次统一要求编写的系列教材，如按照中央文科教材办公室规划的大学文科系列教材由复旦负责编写的《文科英语》等和按照新中国成立后的首份《英语教学大纲（试行草案）》（高等工业学校本科五年制各类专业适用）编写的高等工业学校用《英语》四册教科书等视为第一代教材；1979年至1985年按照1979年修订、1980年正式出版的《英语教学大纲》高等学校理工科本科四年制试用编写的，以传统教学模式和语法教学为中心的系列教材，如上海交通大学主编的《英语》（理工科通用）以及复旦大学编写的《英语》文科用教材等视为第二代教材；第三代教材从1986年至1990年代中期，即截止到1999版《大学英语教学大纲》颁布前，这一时期的教材开始进一步细分为听说读写教程，注重语言综合能

---

① 董亚芬.《大学英语（文理科本科用）》试用教材的编写原则与指导思想[J].外语界，1986（04）：20-24.

② 王守仁.高校大学外语教育发展报告（1978—2008）[M].上海：上海外语教育出版社，2008.

③ 柳华妮.国内英语教材发展150年——回顾与启示[J].山东外语教学，2011，32（6）：61-66.

④ 李箫.建国以来大学英语教学研究[M].南京：东南大学出版社，2011：74-85.

⑤ 陈珍珍.论我国大学英语教材的编写历史与发展规律[J].宁波大学学报（教育科学版），2010（03）：119-123.

⑥ 蔡基刚，唐敏.新一代大学英语教材的编写原则[J].中国大学教学，2008（04）：85-90.

⑦ 陈坚林.大学英语教材的现状与改革——第五代教材研发构想[J].外语教学与研究，2007（05）：374-378.

⑧ 陈雪芬.中国英语教育变迁研究[M].杭州：浙江大学出版社，2011.

力的培养，将语言共核作为教学重点，并提倡分级教学同时进行大学英语四六级标准化测试以评估教学效果。延续三代论，李荫华、蔡基刚和陈坚林等著名外语学科专家将 90 年代后期颁布的凸显网络、多媒体等现代信息技术发展与外语教学理念革新的具有时代特征的教材视作第四代教材，如作为国务院批准的教育部"面向 21 世纪振兴行动计划"的重点工程"新世纪网络课程建设工程"项目之一的，由上海交通大学郑树棠主编，胡文仲教授担任顾问的《新视野大学英语》《21 世纪大学英语》《新编大学英语》等；自蔡基刚教授于 2005 年召开的"大学英语教材国际研讨会"上第一次提出"第五代大学英语教材"的概念[①②]，学界普遍以 2007 年颁布的《大学英语课程要求》为时间节点，将依据这一颁布编写的教材及其以后编写的教材视为第五代教材[③]。

第三，大学英语教材变迁历史分期的依据不同。有的按照大学英语教学的发展来划分教材历史阶段。如华东师范大学李箭[④]的博士论文《建国以来大学英语教学研究》中，专门用一章研究新中国成立以来大学英语教材的变迁。作者主要依据大学英语教学发展的产生、破坏、恢复和发展的四个历史时代背景，将新中国大学英语教材的历史发展划分为四代教材。并认为不同时代的教材内容，分别体现出政治化、文学性、生活化等不同的时代特色[⑤]。有的按照重要的历史事件来划分。如吴驰、何莉[⑥]将我国的大学英语教科书演变分为"'苏化'时期""全面探索时期""'文化大革命'时期""恢复、探索与改革时期""全面推进义务教育时期"及"基

---

① 蔡基刚，唐敏. 新一代大学英语教材的编写原则 [J]. 中国大学教学，2008（04）：85-90.
② 黄林. 大学英语呼唤第五代新教材 [N]. 教材周刊，2005（81）.
③ 陈坚林. 大学英语教材的现状与改革——第五代教材研发构想 [J]. 外语教学与研究，2007（05）：374-378.
④ 李箭. 建国以来大学英语教学研究 [M]. 南京：东南大学出版社，2011：74-85.
⑤ 李箭. 建国以来大学英语教学研究 [M]. 南京：东南大学出版社，2011：90-95.
⑥ 吴驰，何莉. 新中国外语教科书 60 年之演进 [J]. 湖南师范大学教育科学学报，2011，10（03）：13-16.

础教育课程改革时期"6个历史阶段。还有的干脆以大学英语课程或教学大纲的颁布或全国大学英语教学会议的召开为截点直接划分。如陈珍珍[①]在讨论我国大学英语教材的编写历史与发展规律时,将新中国成立以来的大学英语教材,依据各个时期大学英语课程大纲或课程标准颁布及其相关会议召开的时间分为四个历史阶段。文秋芳教授则按照教学内容中文化主题的变化分为以本土文化为主、以目标语文化为主、以多元文化为主和以多元文化与本土文化并重的四个阶段。可见,从外语史料和学术研究来看,对"文革"前的大学英语教育的分期基本达成了共识,可以分为新中国成立后至1956年、1956—1966年、1967—1977年三个阶段,或者新中国成立后至1966年以及1967—1977年两个阶段,其他的分期研究者大都结合自己的研究问题和重要历史事件来划分。

第四,大学英语教材变迁研究的视角较为单一。文献主要从语言学的视角来观察教科书内容。如周骞《基于语料库的当代中国大学英语教材词汇研究》[②],通过自建的大学英语教科书语料库,以二语习得、语料库语言学理论为基础,对当前使用的4套教科书课文的文体、体裁的数量和结构、宏观和微观形式进行了语言学的量化分析。左桂春的《我国大学英语教材变革研究》[③]着重关注教科书语言教学内容的变革特点,如起点词汇是多少、语言教学目的、语言技能培养的变化等等。柳华妮虽有关注教材编写体例的演变与社会因素的关系,但是着眼点仍然是语言教学内容的编排,包括总体结构、内部模块设计、核心内容选择、练习或任务等学习活动设置等语言内容。同时,核心内容的选择依据和大学英语教材的分类多是靠笔者的主观感受来区分,没有统一的尺度或理论依据。近年来,大学英语教材的研究视角开始拓展,借助教育学、社会科学中的理论更多元地剖析和解

---

① 陈珍珍.论我国大学英语教材的编写历史与发展规律 [J].宁波大学学报(教育科学版),2011(03):119-123.
② 周骞.基于语料库的当代中国大学英语教材词汇研究 [D].上海师范大学博士学位论文,2012.
③ 左桂春.我国大学英语教材变革研究 [D].山东师范大学硕士学位论文,2008.

读大学英语教材的变迁成为大学英语教材变迁研究的趋势。如：时丽娜的博士论文以教育社会学为基础试图剖析教科书中的意识形态与价值取向的关系，等等。但目前此类研究不多，且更多的是通过文化内容的英美化现象，从西方和外来文化对本土文化的冲击角度来阐释文化霸权和文化帝国主义的问题。并没有真正从教科书的内容建构主体本身，从自我或中国本土文化的语境下来反思教科书内容的主体建构过程并阐释教科书变迁的原因和机制。

3）大学英语教科书的文化内容变迁研究

能够专门系统并深入教材内部进行大学英语教科书文化内容变迁分析的代表性博士论文并不多，主要有柳华妮的《基于体例演变影响因素分析的大学英语教材编写研究》[1]和时丽娜的《意识形态、价值取向与大学英语教科书选材——一种教育社会学分析》[2]。其中，柳华妮的文章以《奏定学堂章程》的颁布为起点，就大学英语教材的编写体例演变及其影响因素进行了百年历史的回顾与解读。文章从大学英语教学的历史回顾入手，将新中国成立后的大学英语教学的发展分为三个阶段：新中国成立至"文革"、改革开放至20世纪末以及21世纪，结合教材的演变体例变迁特征和影响因素分析，对未来大学英语研发提出系统方案和设想。但文章仅就教材的外部编排形式进行分析，并未涉及深层内容结构分析。此外还有时丽娜的《意识形态、价值取向与大学英语教科书选材——一种教育社会学分析》，文章对新中国成立以来的比较有影响的42本大学英语教科书就教科书价值取向与主流意识形态的关系问题展开内容分析。但文章重点就教材的主题内容进行价值取向的演变分析，对文化内容的结构、意义以及与社会意识形态的互动关系的深层次系统分析不够。

总的来说，此类研究对大学英语教科书中的实质性内容结构分析不够。

---

[1] 柳华妮.基于体例演变影响因素分析的大学英语教材编写研究[D].上海外国语大学博士学位论文，2013.
[2] 时丽娜.意识形态、价值取向与大学英语教科书选材——一种教育社会学分析[D].复旦大学博士学位论文，2013.

按照傅建明[①]和陈宜挺[②]的教科书结构论，当前对大学英语教科书的变迁研究一般停留在分析教科书的形式结构上。傅和陈认为所谓形式结构，即教科书的外部样式结构，包括编排体例为主的宏观结构和课文、习题和助读系统等构成的微观结构。而内容结构则不同，根据施瓦布的学科结构论，学科结构可以分为学科间的组织结构、学科的实质结构以及学科的句法结构，那么，这里的内容结构则是施瓦布眼中的"学科实质结构"。"传统的教科书实质结构所反映的科学结构是一种类目结构，这种结构是一种表层结构，而现代科学则倾向于寻求作为深层结构的范型，以此作为解释性的原理。"[③] 这点可以从现有的教科书分析文献中得到印证，目前的大多数大学英语教材研究文献停留在形式结构的分析上，如对教材单元编排、话题选择、文体、体裁的数量和结构等进行量化统计和分析的文献比比皆是，上面提到的左桂春、周骞、柳华妮都可以算是对大学英语教材形式结构分析的代表性文献。但能够反映教科书的实质或深层内容结构的范型和线索的研究文献不多。傅建明带领的教材研究团队对此进行了有益的尝试，分别对大陆香港的语文教科书中的选文标准、人物形象、科学和道德教育要素等"教科书所选择的知识、技能以及思想品德等要素共同构成的体系"[④]进行深层次的内容结构比较分析，为本研究中大学英语教材的深层次内容分析提供了很好的借鉴和参考。

### 1.4.3 批判教科书研究中的他者问题研究

批判教科书中的他者问题研究在近20年开始兴起，主要活跃于美国和中国台湾地区的教科书研究者中。美国是以阿普尔的教科书政治学为代表，将教科书中的种族、阶级、性别和残疾人等他者问题与意识形态和社

---

① 傅建明.我国小学语文教科书价值取向研究[D].华东师范大学博士学位论文，2002.
② 傅建明，陈宜挺.内地与香港小学语文教科书内容结构比较[J].课程教学研究，2012（3）：68-73.
③ 同上.
④ 同上.

会权力与控制联系在了一起。中国台湾地区的教科书他者研究几乎与美国同步,开始于教科书意识形态的研究,批判研究视角下的教科书不仅是政治、经济的产品,更是社会、文化、意识形态的产物。教科书常常重构、淡化甚至忽略的对象有政治他者、性别他者、族群他者、阶级他者、地区他者和宗教他者,因此教科书中的合法性知识常常是不同阶级、种族、性别与宗教间复杂的关系博弈的结果。如阿普尔的《教科书政治学》中所关注的《当前教科书中种族、阶级、性别和残疾人问题》和阿普尔在《官方知识》的开篇故事中所描述的非裔美国人,即黑人他者。由于国情不同,我国的族群他者实际上就是民族他者,更多的是指代少数民族。本书依据教科书中他者的上述分类,将教科书中的他者研究分为教科书国家他者、地区他者、性别他者、民族他者和阶级他者研究,并集中就与本书主题密切相关的教科书"国家、地区"他者研究进行讨论。

(1)教科书中的他者形象或意象研究

教科书中的他者形象或意象研究主要指以地理他者,特别是国家和地区他者形象为视角对教科书展开的意识形态和国家认同问题的系列研究。这里的国家和地区他者指的是刘纪惠所描述的"他者之域",即地理属性的他者,可以理解为国家和地区疆界。

经过文献梳理发现,此类研究中的"他者"大多指代的是弱势国家和地区,较少讨论传统上的强势国家和地区,如美国和欧洲的意象是如何呈现的。尤其是在我国,教科书中有关强势民族与国家所呈现的意象与相关论述,似乎已经成为无须质疑的"真理"。即便有也是从西方的主体视角,以葛兰西、萨义德为代表的后殖民主义文化批判理论中关于他者的观点来看待教科书中的他者文化以及我们的文化将如何应对,如季伟[1]以葛兰西的文化霸权理论为基础,基于教材中以积极正向、片面的英美文化价值观的内容呈现占据统治地位,同时缺乏专门讲述中国文化的篇目,认为大学英语教材存在西方文化霸权现象,缺乏中国文化与西方文化间的平等交流。

---

[1] 季伟. 大学英语教材中的文化霸权[J]. 译林(学术版), 2011(01): 89-96.

这样的西方视角分析框架始终将自我放在西方文化的被支配和可支配的地位,忽略了教材编写过程中的自我的存在和主体性立场,忽视了大学英语教材文化的选择从本质上来说是"基于教育自身对成熟思想文化的一种选编"①,其本质是在形成自己的"主流思想文化"的构成部分。

(2)英语教科书中西方作为他者的研究

这里的英语教科书西方作为他者的研究,主要指的是英语教科书中关注意识形态和文化偏见、歧视等问题的研究。目前此类研究不是很多,对本书有借鉴意义的主要有两篇博士论文。一篇是复旦大学时丽娜教授的博士论文《意识形态、价值取向与大学英语教科书选材——一种教育社会学的分析》②,文章把以阿普尔为代表的文化政治学理论和教科书社会学作为基础,对新中国成立以来的大学英语教科书的教育政策、课程标准、编审制度以及主编都做了全面的历史回顾,对搜集到的教科书所有篇目进行了政治、道德、社会文化、科普科技、经济商业和历史地理六大主题以及人物形象塑造的演变趋势内容分析,试图探寻意识形态和教科书价值取向的关系。此文对大学英语教科书的政治学和社会学的批判性思考对本书的大学英语教科书分析有很大的启发。但文章的内容分析框架过于简单,并未准确交代价值取向的明确含义,使价值取向和意识形态的关系的论述陷入一种泛泛而谈。同时,文章重在通过历史考察及主题分析法描述不同历史语境下意识形态与价值取向变迁之间的关系,缺乏对教科书变迁过程中所凸显的各种权力关系的诠释,及其变迁背后本质内涵的深入探讨,导致文章总体分析不够深入。在这篇文章的基础上,笔者开启了本书的教科书中的权力关系以及教科书变迁本质的深入思考。

另一篇是美国威斯康星大学 Incho Lee 教授的博士论文 *Globalization, nationalism, and the English language: Korean high school English textbook*

---

① 冯向东.我们在如何"选编"思想文化:一个审视教育自身的视角 [J].高等教育研究,2010,31(11):4-8.
② 时丽娜.意识形态、价值取向与大学英语教科书选材——一种教育社会学的分析[D].复旦大学博士学位论文,2013.

*analysis*①。文中，Lee 博士用质性的主题分析方法对韩国高中当前使用的英语教科书中西方和非西方国家的内容进行对比后，揭示教科书如何呈现韩国教育政策中有关"全球化"的国家意识形态。此文发现教科书中的全球化不仅指代西化或美国化，也隐含了民族主义的意识形态。此文对西方和非西方内容的分类考察给予了本书很大的启发，同时民族主义意识形态的引入也为本书研究我国大学英语教科书的中国立场提供了实证研究基础。

### 1.4.4 文献评价与本书的处理

通过文献阅读和梳理，不仅存在寻找本研究出发点的问题，也是对目前研究的一种拓展和延伸。以下为本书基于目前文献的基本研究现状做出的尝试与突破。

首先，基于大学英语教科书的文化研究多集中在西方主体视角下的文化失语和文化霸权等问题。本书将改用中国的主体立场，以中国的西方学研究取向，研究大学英语教材中西方文化变迁对自我的意义以及自我与他者的关系模式。从目前的大学英语教材的文化研究可见，目前对文化安全、文化认同、文化失语等问题的文化内容分析研究大都以西方强势文化的向度，针对教科书中中西方文化内容配置失调、中国文化失语等问题，找寻我们如何应对的方案，致使我们始终处在被动的立场，就像是被压迫的文化。本书一改以往的西方观看视角，将西方作为他者，以中国自我为主体立场，以中国西方学的研究取向来考察大学英语教材当中的西方文化内容，试图找寻突破教科书背后中西文化二元对立模式的解决方案。

其次，基于大学英语教材变迁研究缺乏系统性、视角单一、实质性内容结构分析不够等问题，本书将从视角和深层内容结构分析框架构建上有所突破。笔者历时两年搜集到新中国成立以来的大学英语教材上百册，选取其中最具代表性的 40 册作为本研究的基本素材与研究对象，全面系统

---

① Lee Incho. Globalization, Nationalism, and the English Language: Korean High School English Textbook Analysis[D]. Washington: University of Washington, 2004.

地考察新中国成立 70 年大学英语教科书内容的变迁。为突破目前以语言学为主要学科视角的教材研究，教材选取批判教科书研究范式，基于文化表征理论，将大学英语教科书视作一个有关他者的文化表征体系，是一种经由语言生产意义的意指实践。以他者和文化表征理论为基础构建他者文化分析框架研究教科书他者内容的内在特征以及生产意义的方式及其内在关系，探寻大学英语教科书他者表征背后的文化政治学意义。

最后，基于批判教科书他者研究多集中于弱势他者的教科书研究，特别是外语教科书他者研究非常缺乏的现状，本书将从西方这一通常意义上的强势文化他者入手，以中国的西方学研究取向，研究大学英语教科书中的他者问题以求突破。目前以"国家、地区、族群"作为他者的批判教科书研究多集中于传统意义上的弱势国家意象，如原住民、非洲、有色人种等，较少讨论传统以来强势民族与国家如欧洲、美国的意象是如何呈现的。尤其是在我国，教科书中有关强势民族与国家所呈现的意象与相关论述，似乎已经成为无须质疑的"真理"。本研究将站在批判教科书的立场，讨论大学英语教科书中"西方作为他者"的意象是如何呈现，以什么方式呈现以及为何呈现等问题与背后的知识控制与意识形态之间的关系。这里的"西方作为他者"可以看作是中国的西方学的一种，即"中国人把西方文化作为对象加以研究，凸显自己的主体性与文化立场。归根到底，它是中国文化主体观念的产物"[1]。正如王铭铭[2]在《西方作为他者——论中国"西方学"的谱系与意义》开篇写道的那样，"西方作为他者"考察的是中国的"西方经验"，包括西方冲击。动态的"西方"视野，敦促我们重新思考自身的"世界处境"。中国的西方学研究取向本质上是"中国中心论"的研究取向，它试图融入中国的主体立场，从中国社会的内部来考察中国西学的变迁。

---

[1] 王向远. "西学"还是"西方学"——中国的欧美研究辨名 [EB/OL]. http://www.chinawriter.com.cn/n1/2018/0312/c404038-29863145.html.
[2] 王铭铭. 西方作为他者——论中国"西方学"的谱系与意义 [M]. 北京：世界图书出版公司，2007：5.

## 1.5 研究对象、思路与方法

### 1.5.1 研究对象

本研究以新中国大学英语教科书中建构的"他者"为研究对象，选取新中国成立70多年来具有代表性的大学英语教科书为研究基础。在广泛阅读中国大学英语教育史文献的基础上，以新中国成立后的历代大学英语课程标准或教学大纲为依据，从使用面、影响度、可获得性这三个因素入手，选取了1949年以来使用广泛、影响深远的12套40册大学英语教科书作为本研究的研究素材，对教科书中的674篇课文展开相关研究。40册教科书详细情况如表1-2。

表1-2 本研究所搜集的大学英语教科书一览表

| 序号 | 出版年份 | 书名 | 编写团队 | 出版社 | 册数 |
|---|---|---|---|---|---|
| 1 | 1963—1965 | 高等工业学校英语 | 上海交通大学凌渭民主编 | 商务印书馆 | 4 |
| 2 | 1962 | 高等学校文科英语 | 复旦大学外文系董亚芬主编 | 上海教育出版社 | 2 |
| 3 | 1973 | 上海市大学教材英语 | 上海市公共英语教材编写组 | 上海人民出版社 | 1 |
| 4 | 1974 | 南开大学基础英语 | 南开大学公共外语教研室主编 | 南开大学外文系 | 1 |
| 5 | 1979—1981 | 高等学校试用教材英语 | 上海交通大学科技外语系吴银庚主编 | 高等教育出版社 | 4 |
| 6 | 1981 | 高等学校文科教材英语 | 复旦大学外文系文科英语教材编写组 | 商务印书馆 | 4 |
| 7 | 1986—1989 | 大学英语精读（文理科本科用） | 复旦大学大学英语教学部董亚芬主编 | 上海外语教育出版社 | 4 |
| 8 | 1987—1989 | 大学核心英语读写教程（理工科用） | 上海交通大学科技外语系杨惠中主编 | 高等教育出版社 | 4 |
| 9 | 2001 | 新视野大学英语读写教程 | 上海交通大学郑树棠总主编 | 外语教学与研究出版社 | 4 |
| 10 | 2001 | 全新版大学英语综合教程 | 复旦大学李荫华总主编 | 上海外语教育出版社 | 4 |
| 11 | 2013 | 全新版大学英语综合教程第二版 | 复旦大学李荫华总主编 | 上海外语教育出版社 | 4 |

64

续表

| 序号 | 出版年份 | 书名 | 编写团队 | 出版社 | 册数 |
|---|---|---|---|---|---|
| 12 | 2015 | 新视野大学英语读写教程第三版 | 上海交通大学 郑树棠总主编 | 外语教学与研究出版社 | 4 |

注：由于本研究所涉及的历史跨度相对较长，70年间中国出版的各类大学英语教科书数量和种类众多。为了更好地研究教材变迁历程，笔者尽量选取影响广泛且同一编者团队70年不间断出版的大学英语教材作为研究对象。在搜集教科书的过程中笔者发现，复旦大学和上海交通大学团队编写的大学英语教材在这70年间几乎不曾间断。并且复旦大学有编写文科大学英语教材的背景，而上海交通大学有编写理工科大学英语教材的背景，两者代表了绝大多数非英语专业学习大学英语课程学生的学科专业背景。同时，秉着董亚芬先生的"我国英语教学应始终以读写为本"的理念以及陈坚林教授统计出的各高校"仍非常重视精读课"的现状。本书在限定教材为本科四年制公立学校非英语专业一二年级所使用的大学英语读写教材基础上，选取由董亚芬为代表的复旦大学编写团队和以凌渭民等为代表的上海交通大学编写团队所编写的大学英语教材作为本研究的主线和主要研究素材。

### 1.5.2 研究思路

本研究的主要目的在于力求全面立体地呈现70多年大学英语教科书中的他者变迁轨迹，探寻他者变迁背后的文化政治学意义。本研究立足于批判教科书研究范式，基于文化表征视角，结合哲学、社会学和文化政治学的相关理论，运用内容分析法、历史考察法和比较分析的研究方法，在厘清新中国成立70多年来大学英语教科书中的"他者"文化分析对象及其变迁历史分期的基础上，纵向历史考察每一历史时期教科书中"他者"变迁的外部影响因素和内部教科书内容演变。横向比较分析大学英语教科书内部的他者内容演变特征，以及外部环境因素与教科书他者变迁的互动关系特征。进而基于文化表征理论和教科书政治学相关理论对大学英语教科书中的他者变迁本质进行综合表征分析，以揭示大学英语教科书中的他者变迁轨迹及其背后的深层文化政治学"意义"，即揭示他者变迁的"变与不变"。最后，基于变迁可能带来的问题分析，以列维纳斯的他者性理论为基础，尝试提出走向"他者性"的大学英语教科书文化选编构想。具体研究思路如图1-3所示。

```
┌─────┬──────────────┬─────────────────────┐
│理论 │ 理论基础     │ 文化表征理论        │
│依据 │              │ 教科书知识选择理论  │
│     │              │ 列维纳斯的他者性理论│
│     ├──────────────┼─────────────────────┤
│     │他者文化分析框架│说什么:"他者"内容分析│
│     │              │如何说:他者表征策略分析│
└─────┴──────────────┴─────────────────────┘
              ↓
┌─────┬──────────────┬─────────────────────┐      ┌────┐
│纵向 │              │总述:教科书中的他者变迁│    │变了│
│历史 │ 变迁历程分析 │历史分期和文化分析对象 │    │什么│
│分析 │              ├─────────────────────┤      └────┘
│     │              │分述:初步形成期、严重│
│     │              │破坏期、恢复发展期、 │
│     │              │稳定发展期的外部环境 │
│     │              │影响因素和内部他者文 │
│     │              │化分析               │
└─────┴──────────────┴─────────────────────┘
              ↓
┌─────┬──────────────┬─────────────────────┐      ┌────┐
│横向 │              │内部:教科书中的"他者"│     │怎么│
│比较 │ 变迁特征分析 │内容演变特征         │     │变  │
│分析 │              ├─────────────────────┤      └────┘
│     │              │外部:环境影响因素与教│
│     │              │科书中的他者变迁的互 │
│     │              │动关系特征           │
└─────┴──────────────┴─────────────────────┘
              ↓
┌─────┬──────────────┬─────────────────────┐      ┌────┐
│综合 │ 变迁反思     │他者变迁的本质分析   │      │变得│
│表征 │              ├─────────────────────┤      │如何│
│分析 │              │他者变迁本质可能带来的│     └────┘
│     │              │问题分析             │
│     ├──────────────┼─────────────────────┤      ┌────┐
│     │ 变迁启示     │走向"他者性"的大学英语│     │应该如│
│     │              │教科书文化选编       │      │何变  │
└─────┴──────────────┴─────────────────────┘      └────┘
```

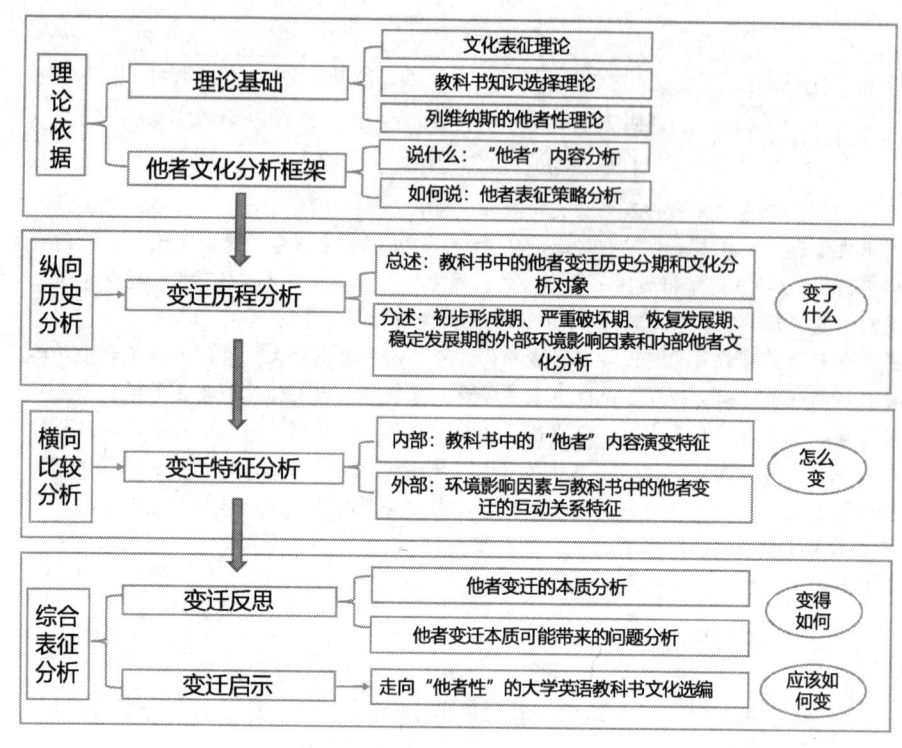

图1-3 研究思路

## 1.5.3 研究方法

（1）内容分析法

内容分析法（content analysis）是本研究的主要研究方法。社会学家默顿（Robert King Merton）将内容分析法定义为一种考察社会现实的方法。台湾学者欧用生认为内容分析法是以客观及系统的态度，透过量化的技巧以及质的分析，对文件内容进行研究与分析，旨在推论产生该项文件内容的环境背景及其意义的一种研究方法。近年来，内容分析法在教育学领域常被用来对教科书的内容加以检视分析。教科书作为一种受众面最广且具有传播性质的文本，研究者们较多地采用了内容分析法，使其成为教科书研究的主流方式。概括来看，内容分析法依教科书内容之范围区分大致可分为三类[①]：第一类是以某一教育概念为主轴，对相关学科之教科书内容进行分析；第二类是对单一学科教科书之内容进行分析；第三类是对单一学科教科书之内容中某一重要主题之内容进行分析。本研究属于第二类。旨在采用内容分析法，以客观系统的态度，量化和质的分析相结合，透过对新中国成立以来各个历史时期大学英语教科书中"他者"的文化内容变迁历程、特征的表层分析，对教科书进行文化表征视角的深层解读，以阐释教科书文本背后的意义和本质。主要涉及对大学英语教科书他国文化的国别、文化主题、作者价值取向、人物形象等内容做出描述性的量化统计分析，对他者表征策略以及他者论述进行质性内容分析，并在此基础上对变迁特征做出分析及评价。

（2）历史考察法

历史考察法是"借助于对有关社会历史过程的史料进行分析、破译和整理，以认识研究对象的过去、现在和预测未来的一种研究方法"[②]。在教育研究领域，历史考察法同文献法密切相关，它须广泛地查阅文献，通过查阅文献等方式广泛搜集史料，研究某一教育现象变化发展的全部过程[③]。只有在搜集大学英语教科书关键史料的基础上，对新中国成立70多年以来大学英语教科书的产生、发展、变迁的历史进行具体深入的梳理和考察，才能科学认识和客观评价教科书中的他者变迁历程、特征与本质。这里的教科书史料主要指新中国成立以来，不同历史阶段我国大学英语教科书的相关历史文献，包括国家教育政策、外语教育专家回忆录、英语教育史文献、英语课程标准文本、教科书文本，等等。通过搜集有关教科书历史演变的相关历史资料，在这些历史文献的基础上进行分析和比较，包括教科书形成的历史背景、教育政策、文本形式和文本的影响，等等，从而考察新中国大学英语教科书中的他者变迁历程。

---

[①] 陈月茹. 教科书内容属性改革研究[D]. 华东师范大学博士学位论文, 2005.
[②] 裴梯娜. 教育科学研究方法[M]. 沈阳：辽宁大学出版社, 1999：82.
[③] 周德昌主编. 简明教育词典[M]. 广东：广东高等教育出版社, 1992.

### （3）比较分析法

教育学研究中的比较分析法指的是"对某类教育现象在不同时期、不同地点、不同情况下的不同表现进行比较分析，以揭示教育的普遍规律及其特殊表现，从而得出符合客观实际的结论"[①]。一般比较研究包括横向比较与纵向比较。本研究不仅涉及不同历史时期、不同编写团队、不同出版社编写的大学英语教科书中他者书写的纵向历史考察，也涉及同一编写团队编写的大学英语教科书在不同历史时期的他者书写的纵向比较，以及同一历史时期不同出版社和不同编写团队编写的大学英语教科书中他者书写的横向比较，以求立体客观地呈现教科书中所构建的"他者"及其变迁特征。

依据上述研究思路与方法，论文的框架结构共分为六章。除第一章绪论和第六章结语外，论文主体部分由四章构成。

第二章阐述了本研究的理论基础与他者文化分析框架。理论基础主要包括文化表征理论、教科书知识选择理论和列维纳斯的他者性理论。霍尔的文化表征理论的阐释包括构成主义表征实践、表征差异与权力、表征差异与认同、他者表征策略等内容。

该理论的阐释为分析教科书中的他者变迁，并为"大学英语教科书是一个有关他者的文化表征系统和文化指意实践载体，其在共享文化信码的作用下随着历史的变迁而产生特定的文化意义"，这一观点提供学理基础。教科书知识选择理论的阐释包括教科书知识选择的社会、学科和人三种取向的阐释，以及以社会取向为主导的教科书政治学的相关理论论述。该部分理论的阐述为确定本书教科书文化变迁的三大外部影响因素，并为他者变迁的文化政治学意义阐释提供理论基础。列维纳斯的他者性理论揭示了基于他者性的自我与他者的关系模式，为建构"他者性"的大学英语教科书文化选编路径奠定了理论基础。本章基于上述理论基础的论述，设计了他者文化分析框架。以"说什么"和"如何说"两个向度，即从"他者"

---

[①] 马云鹏.教育科学研究方法导论[M].哈尔滨：东北师范大学出版社，2002：117.

的内容分析和他者表征策略分析两方面来分析每一历史时期大学英语教科书中的他者。

第三章运用内容分析法，纵向历史考察初步形成期、严重破坏期、恢复发展期和稳定发展期，四个历史时期的大学英语教科书中的"他者"变迁轨迹。通过确定 12 套 40 册大学英语教科书中的他者文化分析对象和他者变迁的历史分期，纵向考察四个时期的大学英语教科书中的他者变迁。具体结合每一历史时期的外部影响因素分析和教科书中的他者文化分析进行历史考察，以探明各时期的他者内涵，反观自我与他者之间的关系演变。

第四章横向比较分析了大学英语教科书"他者"变迁特征。基于第三章的分阶段历史考察，从教科书内部他者内容演变特征、教科书外部环境影响因素和教科书中的"他者"变迁的互动关系特征、教科书"他者"变迁的总体特征三个方面对大学英语教科书中的"他者"变迁特征进行分析。

第五章反思大学英语教科书"他者"变迁的本质及其可能带来的问题，并据此提出"他者性"的大学英语教科书文化选编路径。基于他者变迁的历史考察、特征分析，本章以文化表征理论中的表征与认同，表征与权力，和教科书政治学的相关理论为基础，揭示他者变迁的"他者化"本质，及其可能产生的"不平等"问题。并提出必须在处理好社会需求与人的主体性关系，与一元化和多元化的基础上，走向"他者性"的大学英语教科书文化选编改进之道。具体以列维纳斯的他者性理论为核心，从"肯定他者性""建立对他者负责的非对称关系"和"面对他者，建构差异与共生并存的文化共生有机体"三个层面，以论述改进之道何以可能。

## 2 理论基础与"他者"文化分析框架

想要探寻他者变迁的轨迹及其背后的文化意义,就必须设计相应的他者文化分析框架。本研究借助霍尔的文化表征理论设计了他者文化分析的四维框架,结合以教科书知识选择理论为基础确定的"社会、学科、育人标准"三大影响因素的背景分析,希望借助对大学英语教科书中的有关他者文化的内容分析考察,力求对每一历史阶段教科书中的"他者"的内涵变迁轨迹进行全面立体的呈现。

霍尔的文化表征理论认为,"他者"所代表的"差异"对文化表征中的意义建构具有"根本性"[1]的作用。本研究大学英语教科书中的"他者"关注的是大学英语教科书中异于"自我"的差异文化,并聚焦在此种差异文化的演变历程、特征和意义分析之上。借助文化表征理论,本书将大学英语教科书视为一个有关他者的语言文化表征系统和文化指意实践载体,其在共享文化信码的作用下随着历史的变迁而产生特定的文化意义。一方面,文化表征理论中的系列他者表征策略是本书分析特定权力/知识语境下大学英语教科书如何书写他者的重要工具。"他者表征策略分析"也成为本书独具特色的他者文化分析的重要维度。另一方面,文化表征理论中对表征差异与权力、表征差异与自我认同的相关论述是分析大学英语教科书中"他者"变迁的文化"意义",即他者变迁本质的重要理论基础。

教科书知识选择理论所涉及的教科书知识选择的"社会、学科、人"

---

[1] 斯图亚特·霍尔. 表征——文化表象与意指实践 [M]. 徐亮,陆兴华,译. 北京:商务印书馆,2003:236.

三大基本取向为本书确定大学英语教科书的三大外部背景影响因素提供了学理基础。同时，阿普尔社会取向的知识选择理论、教科书政治学，也为本研究分析他者变迁背后的政治学意义，特别是国家权力的分析奠定了理论基础。

此外，列维纳斯的他者性理论作为一种解释自我与他者关系的理论范式，蕴含深刻的民主化教育理念。它为本研究提供了一个解决他者化难题，突破自我中心主义的他者文化选编的新范式。

## 2.1 理论基础

### 2.1.1 文化表征理论：他者文化分析与本质诠释工具

英国著名文化研究学者、马克思主义文化批判理论家、伯明翰学派的奠基人、"当代文化研究之父"斯图亚特·霍尔（Stuart Hall）的文化批判理论对英国伯明翰学派乃至整个文化研究领域的影响是广泛而又深远的。其中，"文化表征"理论对于诠释文化文本背后的权力、意识形态、认同主体性等问题有着极其重要的现实意义，是霍尔后期思想中最重要的思想内核。

（1）表征是经由语言对意义的生产

表征（representation）最早出现在14世纪，英文中的意思是"呈现、使出现"。15世纪的"representation"有"意象""肖像""画像""制作或表演戏剧"的意思[①]。在20世纪六七十年代的"文化研究"推动下，表征慢慢延伸出了"代表"或"象征"（symbolize）的意思。在《关键词：文化与社会的词汇》一书中，文化研究的奠基人雷蒙·威廉斯把表征定义为"一个符号、象征，或是一个意象、图像，或是呈现在眼前或者心上的

---

[①] Ananta Ch. Sukla. Art and Representation: Contributions to Contemporary Aesthetic[M]. Westport: Praeger, 2001: 2.

一个过程"[1]。

霍尔在文化表征理论的代表作《表征的运作》一文中认为"表征是经由语言对意义的生产"[2]。换句话说，表征是一种生产意义的过程。"表征"的概念为霍尔在更深意义上理解文化提供了可贵的视角。具体来说，"表征是某一文化的众成员间意义生产和交换过程中的一个必要组成部分。它包括语言的、各种记号的及代表和表述事物的诸形象的使用"[3]。霍尔认为，我们周遭生活的物、人、事的经验世界、我们头脑中的思想概念世界和传递或代表这些概念的符号"本身并没有固定的、最终的和真实的意义"[4]，正是我们生活在一定拥有"共享意义"的文化内，使事物发生意指。语言是文化价值和意义的重要载体，霍尔将语言看作是一个表征系统，而文化正是凭借语言符号组成的表征系统来传达概念、观念和情感，从而完成意义的赋予与获得。各种事物、概念、符号间的关系是语言中意义产生的实质所在，而表征就是将这三个要素联结起来的过程。可以说，意义并不内在于事物的本身，意义是被表征和指意实践"运作"产生的。而文化的意义正是"通过表征事物的方式所赋予，并且文化的基本表征方式是语言"[5]。因此，文化研究中的表征可以理解为一种"你赋予事物以意义的方法"[6]，是一种创造意义的过程。而文化究其本质就是借助符号来传达意义的人类

---

[1] 雷蒙·威廉斯.关键词：文化与社会的词汇[M].刘建基，译.北京：生活·读书·新知三联书店，2005：409.
[2] 斯图亚特·霍尔.表征——文化表象与意指实践[M].徐亮，陆兴华，译.北京：商务印书馆，2003：16.
[3] 斯图亚特·霍尔.表征——文化表象与意指实践[M].徐亮，陆兴华，译.北京：商务印书馆，2003：15.
[4] 斯图亚特·霍尔.表征——文化表象与意指实践[M].徐亮，陆兴华，译.北京：商务印书馆，2003：61.
[5] 保罗·杜盖伊等.做文化研究——随身听的故事（第二版）[M].杨婷，译.北京：中国传媒大学出版社，2017：8.
[6] 斯图亚特·霍尔.表征——文化表象与意指实践[M].徐亮，陆兴华，译.北京：商务印书馆，2003：16.

行为[①]，换句话说："文化即表征和意指实践"。这样，霍尔利用"表征"这一概念将语言、文化、意义三者联系了起来（如图2-1）。借鉴霍尔的表征概念，大学英语教科书也可看作是由语言符号组成的文化表征系统。以他者为切入点，大学英语教科书表征有关他者的文化实际上也是一种意指实践，我们正是通过大学英语教科书中的语言表征系统来构建有关他者的文化价值和意义，建构我们看待他者世界的眼光和观念。

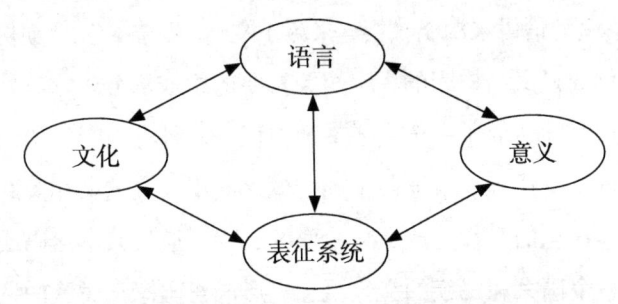

图 2-1　表征和文化、意义、语言的相互关系

（2）构成主义的表征实践

霍尔认为，经由语言的意义表征可以通过三种途径进行运作，分别是反映论、意向论和构成主义或结构的途径[②]。其中，构成主义认为，语言与现实世界并不存在简单的一一相称的关系。如在英语中，"书"这个概念是由排列成一定顺序的英文字母 B、O、O、K 来表征的，而在德语中是用 BUCH 一词来表征的。换句话说，意义并不在事物中，它是在语言的范围内，在各种不同的表征系统中或者通过它们被建构出来的。意义的表征是通过两个不同但却相关的表征系统运作的。首先，头脑中形成的各种观念执行一个精神表征的功能，这一系统将世界区分和组织为各种富有意义的类别。简言之，第一个系统让我们知道现实世界事物的意义。第二个系

---

[①] 斯图亚特·霍尔. 表征——文化表象与意指实践 [M]. 徐亮，陆兴华，译. 北京：商务印书馆，2003：总序.
[②] 斯图亚特·霍尔. 表征——文化表象与意指实践 [M]. 徐亮，陆兴华，译. 北京：商务印书馆，2003：24.

统即为一种语言，是用来传达我们脑中意义的符号系统。然而，符号具有任意性，它与概念或意义之间不存在本质的关系。就像交通信号语言中用红色来表示"停止"的概念，但从原则上讲任何颜色都可以用来传达这个意义。因此，符号只有在拥有能使我们将自己的概念翻译为语言的各种信码时，才能传送意义。信码将两个表征系统关联起来，将我们脑中的概念"所指"与现实世界中的"能指"联系起来，完成意义生产得以实现的表征过程①。这里的信码来源于社会，来源于文化，是各种社会惯例的产物，是我们的文化或意义结构图的一个至关重要的组成部分。它就好比英语国家的成员通过时间达成了一个未成文的协议，一种存在于英语语言中的、各个确定的符号将代表或表征各个确定概念的不成文的文化契约。文化成员通过信码内在化的过程完成文化教育的过程，通过共享信码或同一概念系统来理解一个国家和民族的文化观念，形成对国家和民族的认同。可以说，语言本身通过表征系统传达文化的信码，而文化成员通过学习文化信码来理解国家和民族。这时的语言即是民族身份认同语言的一部分，也是一种关于民族归属感的话语。"在此，表征紧密地联系着认同和知识两者。"②（如图2-2）霍尔认为，正是借由所有表征我们的民族身份认同和国家文化的各种观念和形象的方法，才能建立或维持我们称为一种文化的共同的"生活世界"③。

知识（所指） ⇄ 表征（文化信码） ⇄ 认同（能指）

图2-2 构成主义表征实践示意

从图2-2可见，"知识"所代表的我们头脑中对世界区分和组织为各

---

① 斯图亚特·霍尔.表征——文化表象与意指实践[M].徐亮，陆兴华，译.北京：商务印书馆，2003：15-24.
② 斯图亚特·霍尔.表征——文化表象与意指实践[M].徐亮，陆兴华，译.北京：商务印书馆，2003：5.
③ 同上.

种富有意义的类别，和"认同"所代表的隶属于国家和民族的文化观念和身份认同仿佛是"表征"制造意义过程的"一体两面"，我们头脑中所拥有的文化的概念和类别总是会因为信码的变化，生产出始终变化着的意义，以至于尽管存在于真实世界的实在的对象，也可能成为语言表征系统所传达出的各种幻想的、欲念的和想象的概念。由此可说，语言是具有特权的媒介符号，语言体系可以是一种特殊的民族身份认同和文化政治体系。从表征体系本身可以窥见国家和民族历史观念的变迁和社会身份的变体。我们可以借鉴此种观点来理解大学英语教科书中的他者文化构建，即教科书中的原初语言文本本身没有意义，我们正是通过对一篇篇他者语言文本的选编、加工和组织，形成教科书自身独特的语言表征系统和隶属于我们的文化信码来产生意义，通过分析这个独特的他者表征体系可以透视出，我们通过表征他者文化知识，到底赋予了一个什么样的自我民族文化观念和身份认同，而他者文化的意义恰恰在于帮助构建国家观念的文化信码和对自我民族身份的认同。

（3）表征与认同

1）认同与自我认同

"认同"（identification）原指身份证明之意。在英文中，"认同"概念的本义，就是"身份"。换句话说，认同不过是认同者从别人或社会那里折射出来的自我而已。

20世纪40年代，认同首先由弗洛伊德引入心理学研究，其意义是说："一个孤独的人如何在发现自己和赋予个人以意义时塑造了一个时代的历史。"[1] 简单地说是指一个人与一个时代的同一感。派伊（Lucian Payne）将此引入其理论而提出认同危机一词，即一个人与一个时代的历史没有同一感。可见，认同的含义往往与社会和自身紧密相连。本书认为认同是一种知道自我与他者不同，肯定自我的个体性的"确认"，并可以辨识自我与他者的共性，知道自我的同类何在，肯定自我的群体性的"归属"感。

---

[1] 哲学大辞典 [Z]. 上海：上海辞书出版社，2001：1194-1195.

因此，本书所要探讨的认同是基于自我的认同。

何谓"自我认同"？简言之，就是"我是谁""从何而来""到何处去"的系列追问。本书需要探讨的是我们的自我概念及其集体或群体身份认同问题，即"我们是谁"的问题。"身份依靠的是差异的标记，每一个我们的形成必须排除一个他们。"[1] 只有区分我们与他们的差异，才能确认自我（我们）的身份。正如美国社会学家耐尔森·福特（Nelson N. Foote）所言，认同就是对某一特定身份或一系列的身份的占有和承诺……是一个命名的过程[2]。可见，认同是一个动态的过程，而身份是认同的对象和结果。简言之，自我认同就是对自我群体身份的确认与归属过程。

2）表征差异与自我身份认同

认同和表征都是"文化循环"（The circle of culture）中的关键环节。文化循环的概念出自霍尔和保罗·杜盖伊编写的文化研究教科书《做文化研究——索尼随身听的故事》[3]。书中以文化循环模型的五个既相互关联又互相交叉的部分，即表征、身份认同、生产、消费及规范为主体框架，通过文化描述和文化分析日本索尼随身听这一文化产品如何通过广告话语在全球得以表征、如何与特定消费者群体产生联系并建立身份认同、如何生产和消费，以及它的使用对现代文化生活的规范所产生的影响。霍尔打破单一的文化生产过程的社会学研究，将表征、认同、消费和规则四个过程元素与文化生产结合在一起融入文化过程，成为文化分析的暂时的统一体。从文化循环产生意义的过程来看，研究某种文化就是要研究它如何被表征、和什么样的社会身份联系、如何生产和消费，以及它对文化生活规则的影响等。其中，霍尔等在《做文化研究——随身听的故事》中在分析广告这一产品代言的文化语言"表征"和"身份

---

[1] Kathryn Woodward (ed.). Identity and Difference[M]. London: Sage Publications Ltd. / Open University, 1997:302.

[2] Nelson N. Foote. Identification as the Basis for a Theory of Motivation[J]. American Sociological Review, 1951, 16(1):14-21

[3] 保罗·杜盖伊等. 做文化研究——随身听的故事（第二版）[M]. 杨婷，译. 北京：中国传媒大学出版社，2017：8.

认同"的互动过程时发现,广告作为一种视觉表征体系总是在与消费者对话,并试图创造出一种随身听男女的主体和身份的认同感。广告文化语言不是反映消费者固有的文化认同,而是通过具体的表征来建构消费者与随身听有关的认同与身份。可见,认同不仅是表征的结果更是表征的目的。

自我文化身份认同的建构与文化如何在各种群体之间"表征差异"[1]密切相关。同一文化的文化成员通过自身独特的共享信码和表征系统构筑同一性,赋予对自身的文化身份认同。通过身份的演变历程得知,每一个身份都有它的"边缘","它只有通过与另一方的关系、与非它的关系、与它正好所欠缺的方面的关系以及与被称为它的外界构成的关系,它的身份才能被建构起来"[2]。可以说,"他者或异质文化的出现是文化身份主体意识觉醒的根本原因"[3]。当你了解了别人是什么样子时,你才明白你自己不是他们那样。换句话说,"身份总是通过差异被建构起来"[4]。尤其在全球化语境下,由于各种不同文化之间的交流碰撞,文化身份问题被凸显出来。"我们是如何表征那些与我们有重大差异的人与地方的?"等一系列与文化他者相关的表征差异问题成为文化研究的焦点。

霍尔在其研究文化身份问题的代表作《文化身份与族裔散居》中认为,文化身份不是一成不变的。身份认同既是历史经验积累的结果,同时又处于不断发展变化的过程中。其中,时空的断裂和非连续性所产生的"深刻

---

[1] 斯图亚特·霍尔.表征——文化表象与意指实践[M].徐亮,陆兴华,译.北京:商务印书馆,2003:227.
[2] 斯图亚特·霍尔,保罗·杜盖伊.文化身份问题研究[M].庞璃,译.开封:河南大学出版社,2010:5.
[3] 吴慧芳.文化全球化视野下的文化身份问题研究[J].中共天津市委党校学报,2016(1):52-58.
[4] Stuart Hall.The Local and the Global: Globalization and Ethnicity[M]. In Anthony D. King (ed.). Culture, Globalization and the World-System: Contemporary Conditions for the Representation of Identity, Macmilian in Association with Department of Art and Art History. Binghamton: State University of New York , 1991:21.

而重要的差异才构成了真正的现在的我们"①。可见,文化身份认同是在历史的同一性和差异性的共同作用下形成的。而文化身份的建构过程可以理解为"变换中的同一"②,它不是无尽的重复与所谓的寻根,而是与我们的历程达成妥协的自我叙述化过程。身份认同与其说是思考"我们是谁"或"我们来自何方",不如说是关于"我们可能会成为什么"和"我们一直以来怎样表现"以及"在我们有可能怎样表现自己上施加了怎样的压力"等的系列思考。霍尔在《导言:是谁需要"身份"?》一文中提出,身份的概念不是一个固定的本质主义者的概念,而是一个策略的和定位性的概念,更是两方面的缝合点:一方面是企图质询、责令或欢迎我们作为特殊语篇论述的社会主体的语篇论述和实践;另一方面是产生主观性的过程,建构我们认为"能被表达出来"的主体的过程③。因此,身份所声称的统一不是天生的或自然的,而是建构在权力和排斥的游戏当中的"圈文化"过程。

借鉴霍尔的表征差异与自我身份认同观点,本书的他者表征与自我认同不仅是他者变迁的两个关键环节,也是建构在权力和排斥的游戏当中的"圈文化"过程。自我身份的建构与认同既是他者表征的结果也是表征的目的。同时,自我身份的建构也将会是在变换中的同一的变化过程中永不完结的生产。

（4）表征差异与权力

1）差异的重要性

差异（Difference）对文化表征中的意义建构和文化身份认同的建构过程均有十分重要的意义。基于语言学、人类学和精神分析学等相关理论,

---

① 罗钢,刘象愚.文化研究读本[M].北京:中国社会科学出版社,2000:211.
② 保罗·吉尔罗伊.黑色大西洋:现代性和双重意识[M].伦敦:维索出版社,1994.
③ 斯图亚特·霍尔,保罗·杜盖伊.文化身份问题研究[M].庞璃,译.开封:河南大学出版社,2010:5.

霍尔提出："差异是意义的根本，没有它，意义就不存在。"[1]首先，霍尔赞成索绪尔的结构主义语言学和德里达差异理论的观点，认为语言的能指和所指之间的联系是任意的，符号的形成是偶然的，而符号之间的差异性是表征建构意义关系的基础[2]。意义所依赖的不是符号的物质性（如一种特定的颜色、声响、形象或词等等），而是取决于符号与概念间由信码所确定的关系，即"意义是由关系而定的"[3]。正如索绪尔的论述：符号是一个系统的成员，并且在与那系统的其他成员的关系中被定义[4]。如交通信号灯中的色彩语言，红色和绿色互不相同并能被相互区分的事实是红灯和绿灯能够起到规范交通意义的重要基础。可见，符号的意义存在于差异中，互为参照，互相确定。其次，基于巴赫金的"对话体"理论，霍尔认为意义是通过同他者的对话建立起来的，并在对话中通过与参与者之间的差异而显示出来的。因此，意义从根本上是一种"对话体"，而"他者"是意义的根本。此外，1997年霍尔和保罗·杜盖伊编写的《做文化研究——索尼随身听的故事》里已经提到法国人类学家克洛德·列维－斯特劳斯对差异的基本观点，他认为"各社会群体通过把事物安排和组织到各种分类系统的方法，把意义强加于他们的世界"。其中，二元对立组对所有的分类都至关重要。例如，面对不同种类的食物，赋予它们意义的方法就是先把它们分为生食和熟食两种。稳定的文化要求事物都待在固定的位置上，保持符号的边界与事物类属的纯粹，并赋予其唯一的身份和意义。可见，差异对于保持符号边界，对于文化的关键性作用。最后，根据弗洛伊德的精神分析学中关于他者与自我的差异对心理活动的作用的相关论点，霍尔

---

[1] 斯图亚特·霍尔.表征——文化表象与意指实践[M].徐亮，陆兴华，译.北京：商务印书馆，2003：236.
[2] 斯图亚特·霍尔.表征——文化表象与意指实践[M].徐亮，陆兴华，译.北京：商务印书馆，2003：31.
[3] 斯图亚特·霍尔.表征——文化表象与意指实践[M].徐亮，陆兴华，译.北京：商务印书馆，2003：27.
[4] 斯图亚特·霍尔.表征——文化表象与意指实践[M].徐亮，陆兴华，译.北京：商务印书馆，2003：31.

认为,"他者是根本性的,无论对自我的构造,对作为主体的我们,对身份的认同都是如此"①。可见,无论是语言学、人类学抑或是心理学,都为霍尔的表征差异理论奠定了坚实的基础,在此意义上,差异或他者对于表征构建意义具有根本性的作用也变得毋庸置疑。

与此同时,霍尔对于身份认同的产生所持有的动态观和"永不完结"观点也强调了差异的重要性。在这一观点下的任何身份都依赖于其与特定的另一方(它所否定的)的差异,而正巧,另一方的身份依赖于其与前者(它所否定的)的差异。正如霍尔所言,"身份仅完成正面而忽视反面的结构表达,它必须经受严格的挑剔才能建构它自身"②。可见,身份正是一种通过标记差异来产生认同的暂时的和不稳定的影响。总之,差异符号在试图刻画一个独特的否定性的构成关系。在这个关系中,从属的或被边缘化的非主流符号是不稳定的、必要的和内部的力量,与主流符号并存。这里的非主流符号是主流符号的必要的构成部分。由于主流身份必须总是包含它的否定面,所以它才是语言和意义的真实和本原的结果。

2) 权力的运作:定型化

一般而言,类型是理解特殊性的基础,人们往往根据事物的"类型"来理解其差异。"一种类型就是任何一种简单的、生动的、记得住的、易于捕捉的和广为认可的个性特征,在其中少数特征被预设而变化或发展被减少到最小程度。"③ 由此可以说,类型化是意义生产的根本。然而,在类型化的基础上,将事物的差异加以夸大和简化并最终将这种差异固定化和本质化的过程就成了"定型化"④。

现实社会中,差异所代表的"他性"往往遭到主流文化符号的分类

---

① 斯图亚特·霍尔. 表征——文化表象与意指实践 [M]. 徐亮, 陆兴华, 译. 北京: 商务印书馆, 2003: 239.
② 斯图亚特·霍尔. 当地的和全球的: 全球化和种族划分. 参见 A. King(编辑). 文化、全球化和世界——体系 [M]. 伦敦: 麦克米兰出版社, 1991: 19-39.
③ 理查德·戴尔. 同性恋与电影 [M]. 伦敦: 大英电影学会, 1977: 28.
④ 斯图亚特·霍尔. 表征——文化表象与意指实践 [M]. 徐亮, 陆兴华, 译. 北京: 商务印书馆, 2003: 261.

和驱逐。对于不在其位的事物，文化往往为了保持其稳定性和边界的纯粹性，总是会将其视为被逾越或被禁忌的标志，"从符号上关闭各种序列，并驱逐任何被认定为不纯粹和不正常的事物"[①]，从而恢复符号类属的原有秩序，使事物返回正常状态，支撑住文化。很多文化对外国人、闯入者、侨民和他者关闭大门便是这样一种文化的净化过程。霍尔认为，定型化是维持社会和文化符号秩序的组成部分。它建起一条符号的边界，来区分我们和他们。它有助于把我们所有的"正常人"结合在一起，进入一个"想象社会"；而且它把所有以某种不同的方式生存的、"在界限之外"的人视为"他者"，并从符号上加以放逐。定型化常常出现在像种族中心主义式的权力明显不平衡处。正如萨义德所描绘的欧洲建构的东方定型化形象一样。东方主义并不是什么实际东方的简单反映，而是一种表征的权力，符号的和话语的权力，是西方霸权主义框架下的关于东方的想象。这一权力的形式与福柯的权力/知识实践紧密相连。即一种话语通过不同的表征实践，它根据某个标准区分人群并把被排斥者作为他者建构出来，生产出一种有关他者的知识形式和文化身份，将他者及其身份深深地卷入权力的运作。

这点从霍尔将福柯的权力/知识的话语理论用来分析"The west and the rest"的权力关系[②]得到了很好的证明。在《西方世界和其他世界：话语与权力》中，霍尔引用福柯的话语权力理论解释有关"其他世界"话语背后权力的影子。霍尔认为一系列欧洲中心主义的"西方概念"形成了一套套区分和比较西方和其他世界的标准或模型，逐渐使"the rest"（其他世界）变成了"the other"（他者世界）。西方世界和其他世界在欧洲中心主义的话语体系下仿佛变成了两个统一的和谐的整体，同时被简单地一分为二。

---

① 斯图亚特·霍尔.表征——文化表象与意指实践[M].徐亮,陆兴华,译.北京：商务印书馆，2003：239.
② Stuart Hall.The West and the Rest: Discourse and Power[M]. In Stuart Hall and Bram Gieben (eds.). Formation of Modernity. Polity Press and Open Universtity, 1992: 276-318.

在西方他者化非西方世界的过程中，话语化身为意识形态，服务于特定的群体或阶层的"阶层利益"（class interests），将特定的权力和权力关系转化为特定的语言或话语并进而生产出合法性"知识"。正如福柯所言"必须承认权力生产知识……，权力和知识相互关联，没有知识建构的权力是不存在的，没有隐含建构权力关系的知识也是不存在的"[1]，生产话语的权力总是有能力把利益和目的揉进语言后形成类型化和定型化的知识，使之变成社会的"正常的"和"常态的"东西，成为我们看到的事实，并具有合法性地位。因此，正是"权力"（power）而非现实中的事实（facts），让事物变得真实（ture）[2]。

全球化时代背景下，政权时代在衰退，各种文化之间的界限正在逐步消失，但是人们却看到另外一种高度防御化而又极其危险的民族身份认同防御形式的复兴[3]。霍尔指出文化霸权不显现纯粹意义上的胜利和完全彻底的统治，但总是在权力平衡之中和各种文化之间演化变换。全球化的今天，当代社会在民族性和民族主义复兴的同时，需要树立宽泛的全球意识。在文化自身传递、更迭、变换的过程中，一方面能够做到同质和吸纳，另一方面也能尊重差异和多样。霍尔强调，后现代文化思想的明显特征是"强大的、矛盾的差异魅力，也就是性别、文化、种族的差异，也有民族差异"[4]。而这些围绕差异问题的论争，就是"差异政治学"。总之，表征背后的差异政治学理论有助于本书发掘和理解大学英语教科书中他者表征的差异性背后所蕴藏的权力游戏。

---

[1] Foucault M. Power / Knowledge[M]. Brighton: Harverster, 1980: 27.

[2] Stuart Hall.The West and The Rest: Discourse And Power[M]. In Stuart Hall and Bram Gieben(eds.). Formation of Modernity. Polity Press and Open Universtity, 1992:293.

[3] Stuart Hall.The Local and the Global: Globalization and Ethnicity[M]. Anthony D. King(eds.). Culture, Globalization and the World-System; Contemporary Conditions for the Representation of Identity, Macmilian in Association with Department of Art and Art History. State University of New York at Binghamton, 1991:26.

[4] Stuart Hall. What is this Black in Popular Culture?[M]. In Raiford Guins, Omayra Zaragoza Cruz (eds.). Popular Culture: A Reader. London: Sage Publications, 2005:286.

## 2 理论基础与"他者"文化分析框架

### （5）他者表征策略

既然他者文化身份不是同一的，自然构筑的统一体的标志或一种传统意义上的身份，而是在特殊的历史时期及特殊的制度下"在特殊的散发形态和实践中产生，靠特别的阐释清晰的策略构建起来的"①，那么有必要探讨他者身份是通过何种他者表征方式与策略建构起来的。

#### 1）霍尔的表征策略

霍尔在《他者的景观》中，用文化表征理论分析黑人种族文化"他者"身份的形成问题，论证了一系列表征差异实践中的权力运作形式，特别是"定型化"（Stereotyping）的表征实践方式及各种表征策略②。他认为正是这些在西方大众文化中的定型化表征实践被用于标志差异才意指种族化了"他者"。从历史上论述西方与黑人相遇的三次重要契机入手，包括16世纪的黑奴贩卖期、19世纪后的殖民统治期以及二战后的移民期，霍尔主要分析了19世纪末西方帝国主义殖民统治时期和二战后的他者种族化表征实践。

第一种表征策略是"自然化"（Naturalize）或"本质化"（Essentialize）。19世纪末西方帝国主义者开始有意识地将黑人与自然相对应，白人与文化相对应，并认为白人发展文化以驯化和战胜自然和与其相对应的黑人有着天然的合理性。他们将黑人的生物性特征和文化特征差异结合在一起，将黑人的生理性特征看作是一个种族的本质属性，并用自然化或本质化的表征策略为19世纪末期的白人对黑人的殖民统治奠定了自然化的合法性基础。

第二种表征策略是"二元对立"。奴隶制时期，白人奴隶主为更好地实施对黑人男性奴隶的种族强权，通过否定男性黑奴的男性特征包括权威、家庭责任感和财产所有权，剥夺他们在家庭中的权力，并用"男崽儿"来

---

① 斯图亚特·霍尔，保罗·杜盖伊．文化身份问题研究[M]．庞璃，译．开封：河南大学出版社，2010：5．
② 斯图亚特·霍尔．表征——文化表象与意指实践[M]．徐亮，陆兴华，译．北京：商务印书馆，2003：227-280．

称呼黑人成年男性，认为黑人不是严格意义上的人，而是简单的小孩，将他们幼儿化。霍尔认为，白人有意识的幼儿化策略实际上是一种掩饰手法，掩饰的是一个无意识的或受压抑的表征层面，即黑人处于具有侵略性的、超天赋的和性欲过度的深层结构的定见和幻象中。这样，黑人身份就陷入了所谓"定见的二元对立结构"圈套中，即黑人既是孩子般的，又是有侵略性的、性欲过度。在此过程中，进一步确证了黑人处于定见背后的或处于深层结构的幻象中。在此种意义上，"表征实践所产生的看得见的东西只是故事的一半，另一半深层意义是处在没有说出，但被幻想、被暗含却不能被显示的东西中"[①]。

第三种表征策略是"简化"（simplification）或"物化"。霍屯顿的维纳斯是简化策略的典型代表。维纳斯指的是一位来自南非好望角的妇女萨拉·巴尔特曼。萨拉之所以成为白人世界中一种广受喜爱的他者景观，竟然是因为她的身体结构。这种自然化的差异首先通过性特征来意指。可见，差异被简化为身体，甚至身体的一部分、一个器官。这种以部分取代整体，一个事物（一个器官、身体的一部分）来取代主体的表征实践，就是简化。

第四种表征策略是"否认"（negative）。否认的表征策略指的是被禁忌的东西被一个替代的形式所表征。否认的表征策略使观看者们在否定他们凝视的同时继续观看，使难以启齿的欲望得以舒解。它使一种双重的关注，看与不看，得以维持，一种矛盾的欲望得以满足。

基于上述定型化表征方式的四种表征策略，以及表征的"意义决不能被最终确定下来"[②]的基本理论观点，霍尔进一步提出了三种"反表征"的"逆向"策略来帮助他者的景观在西方大众文化中得以扭转。主要包括颠覆各种定见、建构一系列积极的文化形象，以及利用表征的矛盾形式和结构争

---

[①] 斯图亚特·霍尔.表征——文化表象与意指实践[M].徐亮，陆兴华，译.北京：商务印书馆，2003：266.

[②] 斯图亚特·霍尔.表征——文化表象与意指实践[M].徐亮，陆兴华，译.北京：商务印书馆，2003：227-280.

夺差异表征的支配性权力，最终从表征内部促使人们避免引起各种欲望和矛盾心理。

2）阿普尔的排除（exclusion）和选入（inclusion）策略

阿普尔的教科书政治学认为，教科书作为占统治地位的、官方知识和正式知识的载体，是社会的政治、经济、文化相互作用的产物。在争取知识合法化的权力博弈过程中，总是会围绕将什么选入教科书中、将什么排除在教科书之外的"官方知识争论"。一些知识"选入"教科书就意味着另一些知识被"排除"在教科书之外，社会各方权力和价值观的不断博弈致使教科书总是"选入"那些有利于体现某一些人利益的知识内容，使某一人群的文化资本得到了合法性的地位，而尽量回避和排除那些不利于或损害这一人群利益的知识内容，同时将体现另外一些异己人群的知识选择排除在外。可见，教科书所体现的"有选择的传统"实际就意味着取得文化资本合法性地位的人群使用"排除"和"选入"的策略将符合其利益的合法性知识"选入"教科书，同时"排除"另一些非合法性知识使另一些人的文化资本无法获得合法性地位。

"排除"和"选入"策略的使用，不仅确立了官方知识的合法性地位，也帮助某一阶层或人群完成了政治权力合法化的过程，不仅确定了用谁的文化去教育孩子的问题，同时也反映出权力关系上更深层次的问题。

3）萨义德的同化与约化策略

萨义德认为，对文化他者的转化本身并没有什么特别值得争议或指责的地方，因为不同国家、民族或种族之间的文化必须经过某种形式的转化才能被欣赏和接受。可此类人为同化不仅不能尝出异国文化的原味，反而由于主观性自我标准的强加，最终使他者的主体性缺失以致其文化异质性被消除。此类策略揭示了欧洲中心主义的本质，凸显了东方主义话语霸权的实质。

萨义德《东方学》中提到的另一种东方主义或东方化的具体策略是"约化"或"同质化"。萨义德认为，"东方学所起的概括和归纳作用很明显，它将一个文明具体鲜活的现实转变为体现抽象的价值、观念和立场的理想类型，然后再回头去在'东方'寻找这些类型并将其转化为通行的文化货币"。可见，约化是指将某一单一具体的事物以总括或概约的方式赋予这一事物所具有的总体特性。正如西方的东方学家把所有具体的东方国家都概括为一个"野蛮""落后"的东方世界，这种概约性表述往往忽视东方世界中不同民族国家的不同文化特征或具体国家的独特性。致使任何单个、具体的东方形象都无法撼动赋予其特征的一般性范畴即东方人、东方人的共同本质。这种约化策略实际上是把所有具体的东方国家都"同质化"为一种普遍的特征。而同质化下的东方化群体特征就这样被人为地固定了下来。

此外还有教科书研究者对处理一般教科书内容时所使用的策略和手段。一般而言，对教材的选择、加工和组织都可算是教科书内容处理的手段，这其中可具体化为不同的形式，如吴小鸥教授提过的"精致、虚化、伪形与空无"的教科书技术处理手段以及美国的萨特克（Sadker）概述的呈现偏见的六种教材处理形式，包括"忽略不计、成见、选择与失衡、失实、片断与孤立"[1]等等。

### 2.1.2 教科书知识选择理论：教科书他者变迁的影响因素来源

一般而言，教科书知识选择理论涉及三个方面的问题：谁来选？选什么？为谁选？这实际上同时包含了斯宾塞的"什么知识最有价值"和阿普尔的"谁的知识最有价值"两个著名命题。前者是本体论，旨在探寻什么样的知识可以成为教科书内容；后者是关系论，旨在通过探讨教科书知识选择与社会政治、经济、文化之间的关系，对知识选择背后所隐藏的意识形态和价值问题进行分析，具体回答：什么样的知识应该成为教科书内容（这是谁的知识）？谁来选择教科书知识？以及选择的教科书知识为谁服务？

---

[1] 黄忠敬. 知识·权力·控制 [M]. 上海：复旦大学出版社，2003：59.

（1）教科书知识选择的三个基本取向

通过梳理文献发现，众多教育学家对教科书知识选择的取向已基本达成共识，认为教科书知识的选择总是不约而同地受到三方面因素的影响：社会需要、学科发展以及人的发展[①②③④]。

社会需要。人是有社会性的，而教育是帮助人完成社会化的重要手段。社会的发展需要一些共同机制的制约，个体必须掌握特定的知识技能和心理素质或"共同文化"，才能在社会中立足和生存，完成社会化的过程。课程论发展史上的"进步主义""社会改造主义"以及"后现代主义"等理论依次代表了教科书内容与社会之间的关系从被动适应到主动适应，再到主动选择和不断超越的发展历程。英国哲学家怀特海认为："教育只有一种教材，那就是生活的一切方面。"我国教育家陈鹤琴提出"大自然、大社会都是活教材"的观点均反映了教科书知识选择的社会取向。正如联合国教科文组织在《学会生存》中所指出的："教育在历史上第一次为一个尚未存在的社会培养新人。"因此，教科书必须精选那些对于当代和未来社会发展具有意义的知识作为教科书的内容，以完成个人的社会化过程。

学科发展。从传统的课程论观点来看，课程内容就是学科内容的总和，而教科书则是学科知识的重要载体。历史上主张课程内容即学科知识的要素主义、永恒主义和结构主义都持有这种观点。他们认为，教育的根本目的就是将永恒的经典、要素和精华，学科中的基本原理、观念和结构传授给学生。因此，教科书知识的选择必须尊重学科知识的内在逻辑性和科学性，选择最能代表和体现学科发展的知识作为教科书的内容。

人的发展。卢梭的自然教育论、杜威的实用主义教育思想、当代人本主义教育理论都是教科书知识选择"人的发展"取向的代表。他们认为教

---

① 张华.论课程选择的基本取向 [J].外国教育资料，1999（5）：25-31.
② 石鸥，刘学利.教科书文本内容的构成 [J].教育学术月刊，2013（5）：80.
③ 杨爱程.略论选择课程内容的标准 [J].教育研究与实验，1993（3）：16-21.
④ 陈明宏，秦英.知识选择的取向与教材内容的选择 [J].现代教学，2006（5）：29-30.

育的目的首先是育人，而"个体成人"是教育的旨归。此观点以学习者为中心选择课程内容，注重学习者的学习经验，强调学生与外部环境的相互作用。人的发展取向者认为课程不是一种预设、外在并强加给学生的，而是一种学生内在的、能动的、心理的建构过程。因此，教科书知识的选择要以学生的需要、能力、兴趣、心理准备、体质等个体差异为基础，成为帮助学生完成自我满足、自我实现的主要途径。

可见，教科书知识选择的取向各有侧重，但不可否认的是，教科书知识的选择总是会同时受到这三个方面因素不同程度地影响，缺一不可。借鉴教科书知识选择的三个基本取向，本书将三大基本取向"社会、学科、人"看作是大学英语教科书中的"他者"文化知识选择与内容变迁的三大影响因素。其中，本书认为教科书知识的选择总是和一定时期的人才观，即培养什么样的人密切相关，将"人"这个基本因素进一步诠释为"育人标准"。换言之，大学英语教科书中的知识选择及其变迁与一定历史时期语境下的"社会、学科、育人标准"三个影响因素密切相关。因此，本书在分析每一历史时期教科书中的他者文化内容演变的同时，将明确交代与大学英语教科书知识选择密切相关，特别是能够影响教科书中的他者知识选择和文化态度的社会背景、学科背景和育人标准。为之后分析教科书中的他者及其变迁特征做好铺垫。其中，社会背景主要包括整个国家和社会的政治、经济、文化、外交和教育的相关历史背景及主流意识形态；学科背景主要指外语教育，特别是大学英语教育的发展特点，大学英语教育政策、规划文件、课程标准中对教材编写的相关标准；育人标准主要是国家政策和外语教育政策，特别是大学英语课程标准中对"培养什么人"的系列标准和要求，以及学生学习外语的目标。

（2）教科书政治学

教科书政治学是批判教育学代表人物迈克尔·阿普尔（Michael W. Apple）提出的重要理论，是文化政治学的一种形式。他批判以泰勒为代表的课程工学模式，从社会学家布迪厄的"文化资本"等社会学理论入手，认为知识的选择与分配不是价值中立或价值无涉的，也不是工学能解决的，而是一种价值负载，是阶级、经济、文化权力间相互作用的结果。应该说，阿普尔是从教科书知识选择理论的社会取向入手，强调国家、政府以及相关社会利益群体的需求对于教科书知识选择的影响。

1）教科书知识是一种社会的建构

保罗·弗莱雷（Paulo Freire）评价阿普尔为推动批判性及民主化教育的杰出学者。在他的众多论述当中，有关教科书知识生产与文化政治的关系论述影响深远。阿普尔在《国家权力和法定知识的政治学》中指出："在整个可能获得的知识领域中，只是有限的部分被视为合法知识和值得传递给下一代的知识。"围绕将什么编入教科书中、将什么排除在教科书之外的知识生产过程体现了"有选择的传统"（selective tradition）："在这个过程中，赋予某个团体以文化资本就剥夺了另一个团体的合法权利。"即一部分知识被选择进入教科书，而另外一部分必然被排除在外。在知识选编的过程中，教科书要符合教育决策者的意图；要体现教育专家的思想；要为出版社的利益服务；也要为那些帮助学生通过标准化考试的学校和教师利益考虑等。换言之，教科书是教育决策者、学科专家和其他社会团体共同作用于学校教育的一个重要媒介，是一种社会的建构。可以说，"通过教科书呈现的内容和形式，我们可以看到现实世界是如何构成的，更为重要的是我们可以看出浩如烟海的知识是如何被选择和形成的"[1]。

2）教科书知识生产与权力运作

在阿普尔的教科书政治学语境中，最关注的话题是"权力"。他认为，整个课程既是教科书又是教学情境，在这个过程中，"产生"与"价值"相互交叉，它是想象力与权力的交叉点[2]。这里的权力被看作与某一群人联系在一起，他们为着最高理想、在公共场合里既民主又集中的开展活动。阿普尔关注权力的双层含义，其一在理论水平，即如何考虑合法的知识与

---

[1] 阿普尔. 教科书政治学 [M]. 侯定凯，译. 上海：华东师范大学出版社，2005：4.
[2] 阿普尔. 教科书政治学 [M]. 侯定凯，译. 上海：华东师范大学出版社，2005：8.

权力的关系；其二是实践水平，即教科书如何客观地体现这种关系。同时，权力既包括"是否能够行动和高效行动"的正面意义，也包括"邪恶的强权"的负面意义，这些对理解知识和权力的关系都是必要的。正因为教科书知识是非中立的正式知识（formal knowledge）、官方知识（official knowledge），是各种政治、经济和文化因素相互作用的结果。"官方知识"中，往往并不包含弱势群体的内容，因而极易出现所谓"文化沉默"（cultural silences）的现象。教科书不但参与决定哪种知识是合法和真实的，还帮助制定关于真理的标准，并在此基础上帮助确立一个重要的参照，帮助呈现"真正"的知识、文化、信仰和道德的本来面貌[1]。结合大学英语教科书中的他者探究，我们可以将教科书中的他者视为是社会权力建构的有关确立什么是"我们"和什么是"他们"的合法性知识和真理标准。

综上，一方面，本研究将以教科书知识选择的三个基本取向为基础，从社会、学科、育人标准三个因素入手，对大学英语教科书他者变迁的影响因素和历史背景展开描述和分析，力求全面立体地揭示他者文化知识的选择与社会环境因素之间的关系。另一方面，本研究可以看作是实践水平上的对大学英语课程与社会权力关系进行的微观个案分析。通过呈现大学英语教科书他者变迁的轨迹，特别是在这一个历史时期将什么样的"正式知识"选进大学英语教科书中，在另一个时期什么样的知识又被排除出大学英语教科书的他者变迁轨迹，我们可以更深层次地阐释教科书他者文化选编背后所蕴藏的政治学意义。

### 2.1.3 列维纳斯的他者性哲学：教科书文化选编路径构想的理论基础

真正当代意义上，最具代表性的他者理论出现在后现代理论的批判话语中。其中对本篇论文最有启发意义的有列维纳斯的他者性哲学。

尽管海德格尔用"此在"的概念避免了笛卡尔式的传统哲学"先验自

---

[1] 阿普尔.教科书政治学[M].侯定凯，译.上海：华东师范大学出版社，2005：4.

我论",从存在论的角度认识到"此在"他者以"在世界之中"的方式存在着。但从本质上来看,其仍是从自我的角度去理解自我与他者共在的存在论,而非关心他者本身。列维纳斯始终认为近代自我中心主义统摄一切的立场依然保留在海德格尔对"此在"他者的分析中。更重要的是,海德格尔的"共在"关心的是"此在"存在的样式,而不是经验地与他者的"相遇"[①]。"共在"和"与他者相遇"有极大的不同。"共在"只是此在"在世"的结构,而远不是一种实际的"相遇"。列维纳斯沿着海德格尔的路径,确认了"此在"与"共在",此在"在世"的论述,将重心真正转向他者,突破从存在论的视野去理解他者,将他者置于伦理关系中,超越他者成为被理解的对象,使他者成为具有他者性的对话者(interlocutor)[②]。

他者性哲学相对于主体性哲学存在,对近代主体性哲学的先验性、单子性、主客二元对立性的主客体关系持彻底的批判立场,特别是列维纳斯的他者性哲学从根本上批判了主体性哲学隐含的个人中心主义或唯我论。在列维纳斯看来,把他者还原为同一的本体论一直代表了西方传统哲学的努力方向,它以泯灭他者的他性、追求自我的同一性为己任,认为"只有对实在采取全景式的观点才算是真理"[③]。在对"总体性"和"同一性"的追求中遗忘了"他者"。他者之为他者,原因显然是"异"。要真正获得异质性,人们首先必须质疑这种存在的"自"以为"是"的所谓当然的合法性。列维纳斯眼中的他者是绝对的他者(the Other),具有无限性(Infinity),早已先于主体的存在而发生作用,他者保持绝对的陌生性和他者性,是不可能被纳入同一之中的"陌生者"。

真正意义上的他者是不能被对象化的绝对主体,他者与自我的相遇或"面对面",意味着是某种伦理性的相遇。在列维纳斯的现象学中,他者

---

① Emmanuel Levinas. Existence and Existents[M]. The Hague: Martinus Nijhoff Publishers, 1978: 85.
② 孙向晨.面对他者:莱维纳斯哲学思想研究 [M].上海:上海三联书店,2015:71.
③ Emmanuel Levinas. Ethics and Infinity [M]. Pittsburg: Duquesne University Press, 1985: 76.

的一切都集中体现在了"脸"(face)上。"脸"不是一个一般的意向对象，"脸不能被还原为鼻、眼、额、颊等"[①]，每个人都具有一张经验意义上的可见的脸，但列维纳斯强调的却是"脸"的不可见性，脸与人的五官和身份无关，它不是作为认识的对应物。列维纳斯指出："面对面是一种最终的和不可还原的关系，任何概念都不能替代它。"[②] 这样一种自我与他者的关系形成了一种所谓"无关系的关系"[③]：它被称为"关系"，是因为自我与他者毕竟脸对脸、面对面的"相遇"；称它"无关系"，则是由于这种"相遇"既不建立部分，也不建立知识，他者仍然是绝对的他者，不可还原，不能推己及人。正如图 2-3 所展示的那样，脸是"绝对他者"的出场方式。他者之脸身后的绝对他者激起了自我对他者的"言说"与"欲望"，而绝对他者也以他者之脸为媒介与自我回应。但列维纳斯眼中的言说(saying)不同于所说(the said)。所说指向的是可知的实体，而言说是以一种面向他者的谦卑姿态去通向他者，是履行自我与他者的伦理关系和对他者责任的具体方法。总之，他者之脸不仅"抵抗着占有，抵抗着我的权力"[④]，而且还预示着一种责任的召唤，激发着我对他人的责任感。可见，在列维纳斯眼里，自我与他者不是共在的关系，而是一种"召唤"或"回应"关系。在这种召唤或回应关系中，自我有对他者回应的责任，他者之脸使他者成为自我不能完全被理解和占有的绝对他者。

---

[①] Emmanuel Levinas. Ethics and Infinity[M]. Pittsburg: Duquesne University Press, 1985: 86.

[②] Emmanuel Levinas. Totality and Infinity[M]. Pittsburg: Duquesne University Press, 1969: 291.

[③] Emmanuel Levinas. Totality and Infinity[M]. Pittsburg: Duquesne University Press, 1969: 80.

[④] Emmanuel Levinas. Totality and Infinity [M]. Pittsburg: Duquesne University Press, 1969: 197.

```
           欲望        他者之脸  ←——— （绝对）他者
   自我  ←————————
           言说
```

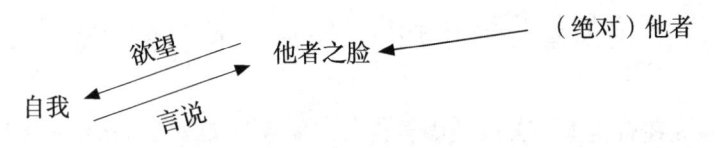

**图 2-3　他者伦理的阐释体系**[①]

正如列维纳斯所说："主体性不是为己的，首先是为他的。"[②] 正是自我对他者负责任的回应过程中，与他者的关系建构起"我"的独特的主体性。基于为他人负责任的观念，列维纳斯提出了一个新的主体观，即责任主体观。'我'担负着关心他人的重任。主体性与责任性是一致的。"我"的伦理主体性在很大程度上就表现为对他人的责任。这个主体不同于近现代西方哲学史中与客体相对的占有性主体，而是以他者的他者性或差异性为前提，承认他者的绝对主体地位，面对他者，承担起自我对他者的责任为基础所建立的自我与他者的非对称性的伦理关系。因此，列维纳斯眼中自我的主体性是通过他人确立的，甚至是由他人所建构的，正所谓我的"主观性、心理现象都消极地为他人而建构"。在与他人的关系上，比起本体论，伦理更重要，即对他人的责任先于自由。总之，对列维纳斯而言，有两种他者，一种是传统意义上的他者（the other），可以转化成同一或自我，这是相对的他者；还有一种使彻底的、全然的他者或绝对的他者（the Other），绝对不能还原为自我或同一的他者[③]。绝对的他者包含着对他者权力的绝对尊重。换句话说，他者的他者性决不能被自我吸纳与征服。因而，列维纳斯时代的绝对他者，体现的是为他者负责，保持他者的"他者性"的非对称性伦理关系。

---

[①] 陈博，王守仁.文学批评伦理转向中的他者伦理批评[J].南京社会科学，2018（02）：125.
[②] Emmanuel Levinas. Ethics and Infinity [M]. Pittsburg: Duquesne University Press, 1985: 96.
[③] 王晓路.文化批评关键词研究[M].北京：北京大学出版社，2007：331.

## 2.2 大学英语教科书中的"他者"文化分析框架

本研究在解构大学英语英语教科书"他者"文化的方法论上采取批判教科书的研究立场，基于霍尔的文化表征理论以及教科书政治学理论，将大学英语教科书视为有关"他者"的语言表征系统和文化意指实践载体，在特定时代语境下的权力/知识体系通过系列语言表征内容和表征策略构建有关"他者"的合法性意义。结合内容分析法，本研究中的"他者"文化分析针对教科书"说什么"和"如何说"两个向度，全面检视大学英语教科书在特定历史语境下所建构出来的有关他者的独特内涵和体现模式。具体分析框架如图 2-4 所示。

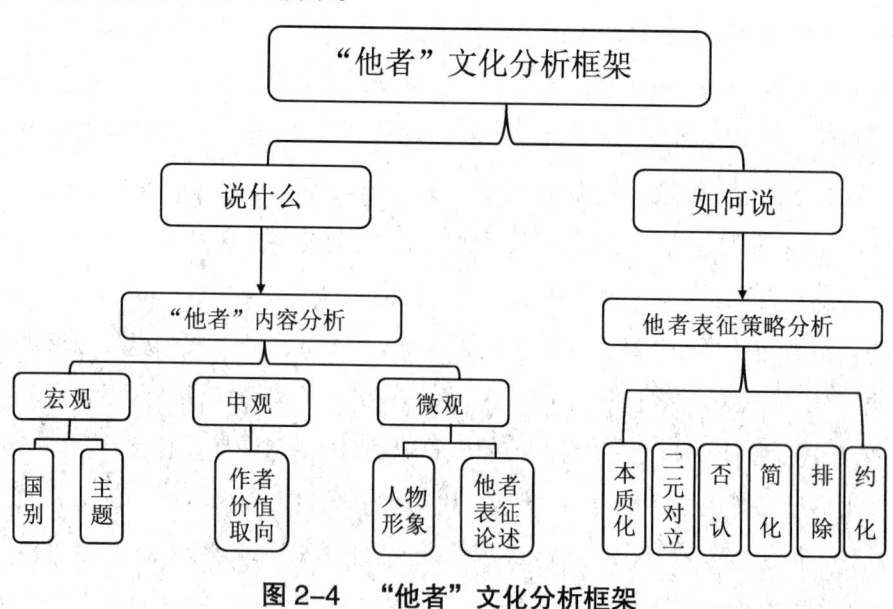

图 2-4 "他者"文化分析框架

具体来说，图 2-4 中的"他者"文化分析框架将结合"他者"内容分析和他者表征策略分析，对新中国成立以来的 12 套 40 册大学英语教科书中的他国篇目进行"他者"文化分析。本框架"说什么"向度的"他者"内容分析设计主要依据整体分层分析类型的外语教科书文化内容评估分析框架，具体参照 Risage 和 Byram 的外语教科书跨文化内容分析框架；本框架"如何说"向度则是依据文化表征理论，特别是表征策略的基本观点，结合本书"他者表征"的研究重点设计而成。将两个向度的结合设计出本研究的大学英语教科书"他者"文化分析四维框架。四个分析维度分别如下：

1）宏观文化地域归属和文化主题分析；

2）中观作者价值取向分析；

3）微观人物形象表征分析和他者表征论述分析；

4）他者表征策略分析。

下面将对四维分析框架中的每一分析维度下的关键名词进行具体说明。第一，文化地域归属。宏观文化地域归属指考察教科书他国篇目中的具体文化地理归属国和地区。主要依据 Kachru[1] 提出的三圈文化分类法，即以英语为第一语言或母语的内圈国家（如澳大利亚、加拿大、新西兰、英国和美国）、以英语为官方语言的外圈国家（如印度、新加坡、尼日利亚等）以及以英语为外语的扩展圈国家（如日本、韩国、中国等），以考察主要他国文化的文化地域归属类别。

第二，文化主题。研究者通过对他国篇目进行文化主题的归纳统计，结合 Byram[2] 的文化主题八分法，最终确定以下八种出现频率最高的课文主题类型为本研究的文化主题，分别是：科学与技术、学生与生活、社会现象与问题、西方文化与习俗、人性与价值观、人与自然、跨文化差异与比较以及政治现象与问题。

主题一"科学与技术"具体包括：科普文章（自然科学常识、科技前沿动态、生活科学常识、科学伦理与逻辑）、科学家精神和科技与生活（科技给生活带来的现象和问题、科学与教育等）三大内容；主题二"学生与

---

[1] Kachru B. B. Standards, codification and sociolinguistic realism: The English language in the outer circle[M]. In R. Quirk & H. G. Widdowson (eds.). English in the world: Teaching and learning the language and literatures. Cambridge, MA: Cambridge University Press, 1985: 11-30.

[2] Byram. Language and Culture Learning: The Need for Integration[M]. In Byram M. (ed.). Germany, its Representation in Textbooks for Teaching German in Great Britain. Frankfurt am Main: Diesterweg, 1993: 3-16.

生活"具体包括：校园生活（友情、爱情）、学习生活（如何学习、英语的学习与发展、留学等）、就业（创业、兼职、面试等）、家庭生活（亲情、亲子关系等）和成长励志故事，这五大类内容；主题三"社会现象与问题"具体包括：人类共同面对的社会现象与问题（能源与粮食危机、家庭结构与生活方式的改变和社会生活常识等）以及特定国家的社会现象与问题（商业贿赂、经济大萧条、城市边缘人等）；主题四"西方文化与习俗"具体包括：特定西方国家的历史地理文化、人文精神与习俗文化等两大内容；主题五"人性与价值观"具体包括：如何看待判断周边事物和为人处事所需要的世界观、人生观和价值观（金钱观、爱情观、审美观、时间观、文化观等）和人之为人的人性（真善美等）两大类内容；主题六"人与自然"具体包括：人与自然环境的和谐相处（保护自然、利用自然、大自然生存法则等）和人与动物的和谐相处（保护动物、关爱动物、动物权利等）两大内容；主题七"跨文化差异与比较"具体包括：全球化差异和中西文化差异等两大内容；主题八"政治现象与问题"具体包括：课文所体现出来的不同时代的政治现象和问题，如：阶级斗争、人权、平等、反恐、反战、反殖民、种族歧视、女权主义、爱国主义、身份认同、政治腐败、政治外交等内容。

第三，作者价值取向。参照 Byram 对作者价值观取向的三分法，本研究将作者价值观取向分为 PNN 三种类型：P 代表 Positive，表示积极的价值取向；第一个 N 代表 Negative 或 Critical，即否定或者批判（辩证）的价值取向；第二个 N 代表 Neutral（中立），表示无鲜明价值取向。

第四，人物形象表征分析。根据教科书文本中人物呈现出来的总体类别特征，本书将大学英语教科书中的人物根据知名度、社会贡献度和影响力分为名人（Famous people）和普通人（Normal people）两类来考察。同时借鉴徐敏娜对人物形象"外在形象"和"内在形象"的分类方法[①]，重

---

① 徐敏娜. 大陆香港小学语文教科书人物形象比较 [D]. 浙江师范大学硕士学位论文，2009：9-12.

点描述和分析大学英语教科书他国篇目中名人和普通人，这两类人物的内外形象。其中，外在形象指他国篇目中人物的国别、社会身份（如职业、阶级、种族、性别、家庭成员、年龄等）；而内在形象指他国篇目中通过文化主题所呈现出来的人物的内在性格、品质和精神。

第五，他者表征论述分析。他者表征论述指具体考察教科书中有关他者的内涵及自我与他者关系的相关论述，具体包括识别和说明包括对立、不在、对等和共在等在内的不同种类的自我与他者关系模式。

第六，"他者表征策略"分析维度是本研究的创新和特色。由于霍尔的系列定型化策略、阿普尔的排除与准入策略以及萨义德的约化与同化策略均为书写他者的表征策略，且这三人论述的表征策略之间恰好形成互相补充的关系。因此，此维度依据霍尔、阿普尔和萨义德有关他者表征策略的基本理论观点，将其整合为本书的他者表征策略分析框架，并具体分为约化、本质化、二元对立、简化、否认和排除六种类型。具体考察和识别教科书中的他国篇目在表征他者过程中所采用的相应策略并进行归类与阐释分析。

可见，本书大学英语教科书中的"他者"文化分析重点关注各个历史时期大学英语教科书中他国篇目中的他者表征内容和他者表征策略的分析。具体通过分析文化归属国、文化主题、作者价值取向以及名人和普通人的内外在形象，结合他者表征相关论述的质性分析和他者表征策略分析，以求完整呈现出大学英语教科书中的他者变迁历程。

# 3 大学英语教科书中的"他者"变迁历程

## 3.1 大学英语教科书中的"他者"变迁历史分期和文化分析对象

### 3.1.1 大学英语教科书中的"他者"变迁历史分期

本小节主要对新中国成立70年来的12套40册大学英语教科书中的共计674篇课文进行统计，找出不同时代教科书文本中涉及他国文化的他国篇目及其数量变迁轨迹，以总述大学英语教科书中"他者"的变迁概况。进而试图以此为依据，借鉴外语教育史文献对"文革"前大学英语教育分期所达成的基本共识以及文秋芳教授和戴炜栋教授对"文革"后的外语教育历史分期，来划分"他者"变迁的历史分期。

为达到统计的目的，研究者是以独立成篇的课文为基本统计单位，而非以零散的文章为基础（如散落在课后练习中的阅读理解和翻译文章不在统计范围之内）。如果课文的内容、作者、出处涉及他国时，就可视为他国篇目；如果课文内容同时提及中国与他国时（通常为中外比较的篇目），仍视作他国篇目；如果课文内容仅提及中国，可视作中国篇目；如果课文未标明任何出处、作者，课文内容也并未涉及任何明显国别时，这种课文便视为无国别篇目。因此，这里的他国篇目主要是和中国篇目相对应出现的。12套40册教科书中的他国篇目、中国篇目和无国别篇目数量分布如表3-1所示。

表 3-1 他国篇目数及其百分比一览表

单位：篇、册

| 版本 | 他国篇目 | 中国篇目 | 无国别篇目 | 课文总篇数 | 他国篇目百分比 | 册数 |
|---|---|---|---|---|---|---|
| 1960 理科（凌渭民） | 20 | 4 | 50 | 74 | 27% | 4 |
| 1960 文科（董亚芬） | 18 | 22 | 0 | 40 | 45% | 2 |
| 1974 上海市版 | 1 | 15 | 0 | 16 | 6% | 1 |
| 1974 南开版 | 2 | 22 | 0 | 24 | 8% | 1 |
| 1980 理科（吴银庚） | 20 | 1 | 27 | 48 | 42% | 4 |
| 1980 文科（董亚芬） | 40 | 9 | 1 | 50 | 80% | 4 |
| 1986 文理（董亚芬） | 40 | 0 | 0 | 40 | 100% | 4 |
| 1987 理工（杨惠中） | 82 | 3 | 25 | 110 | 75% | 4 |
| 2001 新视野（郑树棠） | 65 | 0 | 15 | 80 | 81% | 4 |
| 2001 全新版（李荫华） | 63 | 1 | 0 | 64 | 98% | 4 |
| 2013 全新版（李荫华） | 63 | 1 | 0 | 64 | 98% | 4 |
| 2015 新视野（郑树棠） | 51 | 0 | 13 | 64 | 80% | 4 |
| 总计 | 465 | 78 | 131 | 674 | 69% | 40 |

从表 3-1 可以看出，12 套 40 册大学英语教科书中的他国篇目总数是 465 篇，占到课文总篇数（674 篇）的 69%。这说明，从新中国成立以来的整个历史时期来看，他国文化的学习一直是大学英语这门课程的重心。在分析表 3-1 时发现，由于每一册大学英语教科书的课文篇目总数不尽相同，单纯统计他国篇目的数量不足以看出他国篇目的数量变化轨迹。因此，研究统计出"他国篇目数量变迁图"和"他国篇目百分比变迁图"来直观展示他国篇目的数量变化轨迹。如图 3-1 和图 3-2 所示。

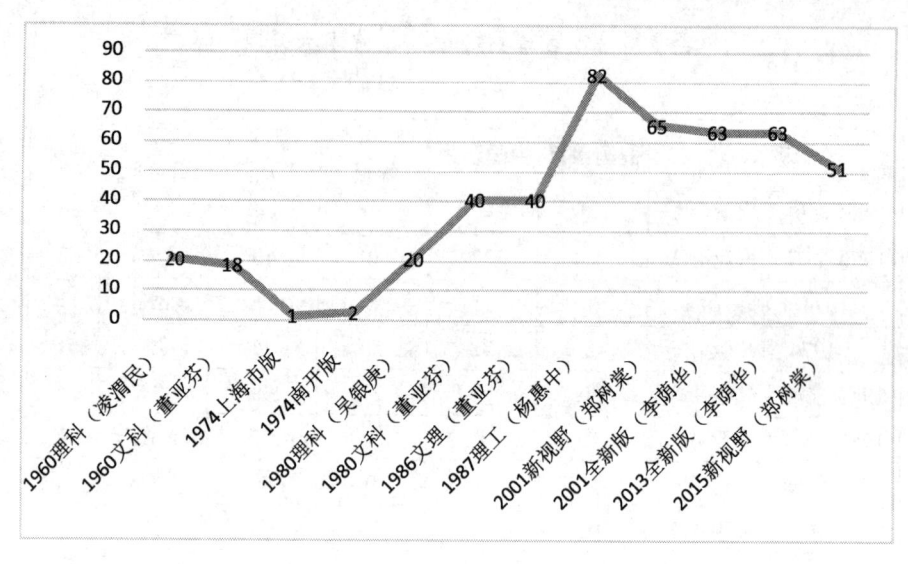

图 3-1 他国篇目数量变迁图

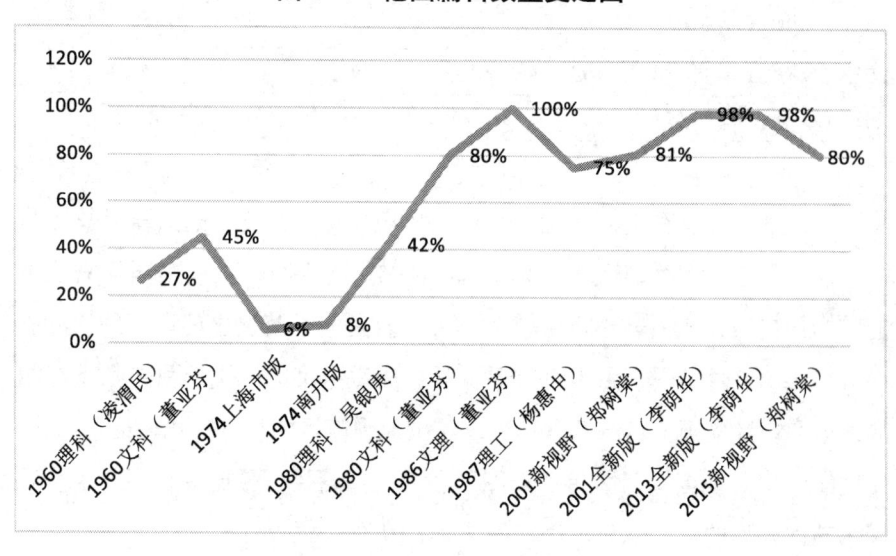

图 3-2 他国篇目百分比变迁图

从图 3-1 和图 3-2 中的曲线变化和走向可以看出，不同时代教科书中的他国篇目数量变化和他国篇目所占百分比的变化轨迹基本相同。无论是从他国篇目数量抑或是从他国篇目所占总量的百分比来看，他国篇目的变迁轨迹大致经历了以下四个历史阶段，结合胡文仲教授和王守仁教授对相关外语教育历史发展阶段的命名方式和他国篇目数量曲线的自身变化走势，将四个历史阶段说明如下。

第一阶段是新中国成立初期的初步形成期。这一时期的文科和理科大学英语教科书中的他国篇目数量基本持平（文科18篇，理科20篇）。同时，文理科大学英语教科书中的他国篇目占比量都不高（少于50%）。尤其是理科大学英语的他国篇目占比数不到三分之一。但文科大学英语教科书中他国篇目所占比例(45%)是理科大学英语他国篇目占比(27%)的几乎两倍。可见，尽管文理科大学英语教科书中的他国篇目数量均不高，但文科大学英语教科书对于他国文化的重视程度远比理科大学英语教科书高得多。可以说，这一时期的文科和理科教科书中的他国文化正初步形成，并且文科英语比理科英语更重视对他者的文化输入和学习。

第二阶段是20世纪70年代的严重破坏期。这个时代的大学英语教科书中的他国篇目数量和占比量急转直下，成为整个统计时期的最低点。两套教科书中仅有3篇他国篇目，他国篇目的占比量分别仅有6%和8%。可见，"文革"时期教科书中的他国篇目数量几乎可以忽略不计，他国文化在"文革"时期的大学英语教科书中受到严重破坏。而与之对应的中国篇目数量（如表3-1）分别有15篇和22篇，占比高达94%和92%，成为这一历史阶段大学英语教科书中文化内容的重要组成部分。

第三阶段是20世纪80年代的恢复发展期。从20世纪80年代开始，他国篇目的数量和百分比出现了快速上升趋势。从1974年版的1至2篇直接飚升到1980年版的20篇（占42%），也就相当于恢复到了"文革"前的水平。同时期的1986年文理通用版大学英语教科书是整个时代他国篇目的制高点（占比率高达100%），更是划时代的标志。这标志着他国文化自此成为大学英语教科书文化内容的重要组成部分。进一步观察数据，80年代的理科大学英语教科书中的他国篇目百分比是42%，而文科大学英语教科书中的他国篇目百分比为80%，文科教科书中的他国篇目占比数几乎恢复到了60年代的水平。同时与60年代的情况相同的是，这一时期的文科教科书中的他国篇目占比数也几乎是理科教科书中的他国篇目占比数的2倍。可见，80年代的文理科英语教科书中的他国文化输入快速发展并恢复到了60年代的水平，同时文理科英语教科书对待他者的文化态度仍然同60年代一样差异明显。直到1986年大学英语教科书实行文理打通后，这种现象才开始消失。这点也可以从1987年的理工版大学英语教科书中的他国篇目百分比（75%）得到证明。

第四阶段是21世纪至今的稳定发展期。21世纪的四套大学英语教科书中的他国篇目数量基本保持稳定，他国篇目占比数均高达80%以上。这说明这一时期的他国文化始终保持着大学英语教科书中的主流文化地位并平稳发展。

综上，从上述四个历史阶段的他国篇目数量及其百分比的变迁轨迹和说明可以看出，自新中国成立以来的大学英语教科书中的"他者"变迁大致经历了初步形成期、严重破坏期、恢复发展期和稳定发展期四个历史阶段。同时，自80年代至今，他国文化始终是大学英语教科书文化内容的焦点。依据上述大学英语教科书他者变迁的四个历史阶段，借鉴外语教育史文献对"文革"前大学英语教育分期所达成的基本共识以及文秋芳教授和戴炜栋教授对"文革"后的外语教育历史分期，以面向21世纪的第一份大学英语教学大纲——1999版大学英语教学大纲修订版为历史截点，进一步将大学英语教科书中的"他者"文化变迁细分为以下四个历史时期：初步形成期（1949—1965）、严重破坏期（1966—1977）、恢复发展期（1978—1998）、稳定发展期（1999—2019）。本章的3.2、3.3、3.4、3.5四个小节将基于此历史分期分述大学英语教科书中的"他者"变迁历程。

### 3.1.2 大学英语教科书中的"他者"文化分析对象——以美英为代表的西方强国

要确定大学英语教科书中的"他者"文化分析对象，就是要探明大学英语教科书文本中的他国文化或异己文化主要来源于哪些国家。这就需要在确认大学英语教科书中的他国篇目以及统计他国篇目的数量变迁基础上，进一步统计出他国篇目中不同国别出现的频次。为达到统计的目的，研究者在独立成篇的465篇他国篇目基础上，以他国篇目内容当中所涉及的他国文化归属国的出现次数为基本统计单位。具体的计数方法如下：第一，课文中直接出现具体国别的名称及其文化内容。第二，课文直接标出文章的作者国别，或者文章的国别出处。第三，当第一条和第二条同时出现时，以第一条为准来计算次数。这里所统计的具体国别次数实际上是课文内容当中所出现的国别次数。比如一篇课文可能会同时出现美国、英国、加拿大三个国家的名称及其文化内容，那么这里的数量就以美国1次，英国1次，加拿大1次，共三次计（以下统计遵照此原则）。因此，统计出来的国别次数往往会不同于甚至多于实际他国篇目数。

经统计发现，共有51个不同的国家或地区的文化内容在465篇他国篇目中被提及，国别出现频次高达602次。有19个国家仅出现过1次，14个国家出现过2次，4个国家出现过3次，出现10次及以下的国别数共44个，出现的总数不过104次（占17%）。同时，频次不超过10次的44个国家出现的课文所覆盖的教材套数均不超过5套，如表3-2所示。因此，从总量上来看，虽然被提及的国家总数高达51个之多。但从国家或地区出现的频次和大学英语教材覆盖面来看，有44个，占86%的国家或地区的出现频次由于总量过少，教材覆盖面不广，可被视为"忽略不计"的国家。

表3-2 出现次数为10次及以下的国家数

单位：个、次

| 序号 | 国家数 | 出现次数 |
| --- | --- | --- |
| 1 | 19 | 1 |
| 2 | 14 | 2 |
| 3 | 4 | 3 |
| 4 | 2 | 4 |
| 5 | 1 | 5 |
| 6 | 1 | 6 |
| 7 | 1 | 7 |
| 8 | 1 | 9 |
| 9 | 1 | 10 |
| 总计 | 44 | 104 |

与此同时，经统计，排名前 7 位的国家出现频次总数为 499 次，占 51 个国家出现频次总数（602 次）的 83%。由此可说，大学英语教科书他国篇目中的主要文化归属国为这 7 个国家。为了方便统计和分析，本研究将重点关注重复出现频次超过 10 次且教材覆盖面大于 5 套以上的 7 个主要国家，并将其作为本书的重点分析对象。以出现频次从高至低排序，这 7 个国家依次为：美国、英国、法国、德国、加拿大、苏联或俄罗斯和日本，如表 3-3 和图 3-3 所示。

表 3-3　前七位国家出现频次及覆盖套数

| 序号 | 国别 | 出现次数 | 覆盖套数 |
| --- | --- | --- | --- |
| 1 | 美国 | 334 | 12 |
| 2 | 英国 | 84 | 11 |
| 3 | 法国 | 22 | 9 |
| 4 | 德国 | 17 | 9 |
| 5 | 加拿大 | 15 | 5 |
| 6 | 苏联/俄罗斯 | 14 | 7 |
| 7 | 日本 | 13 | 5 |
|  | 总计 | 499 |  |

如图 3-3，在 12 套 40 册教材的 465 篇他国篇目中，出现次数超过 10 次且教材覆盖套数均超过 5 套的 7 个主要国家就是本研究所指的大学英语教科书中的"他者"文化分析对象。从频次对比可见，美国和英国的出现频次远远超过其他国家，是大学英语教科书中的他国文化关注的焦点。如表 3-3，特别是美国以 334 次和 12 套教科书全覆盖的绝对优势排在榜首，是大学英语教科书中名副其实的"他者"国家。依据 Kachru 的三圈文化理论，除美国和英国为内圈国家外，其余均为扩展圈国家。7 个主要他国虽分别来自不同类型的文化归属国，但这 7 个国家都曾是"富国俱乐部"八国集团（G8，世界八大工业领袖国联盟）的一员。因此可以说，这 7 个国家都是经济相对发达的现代工业国家，是现代化程度高，并且在经济实力和政治影响力上有极大影响力的我们眼中的"他者"。

"他者"主要涉及的国家

☐美国　☰英国　⊙法国　╱德国　✚加拿大　✕苏联/俄罗斯　●日本

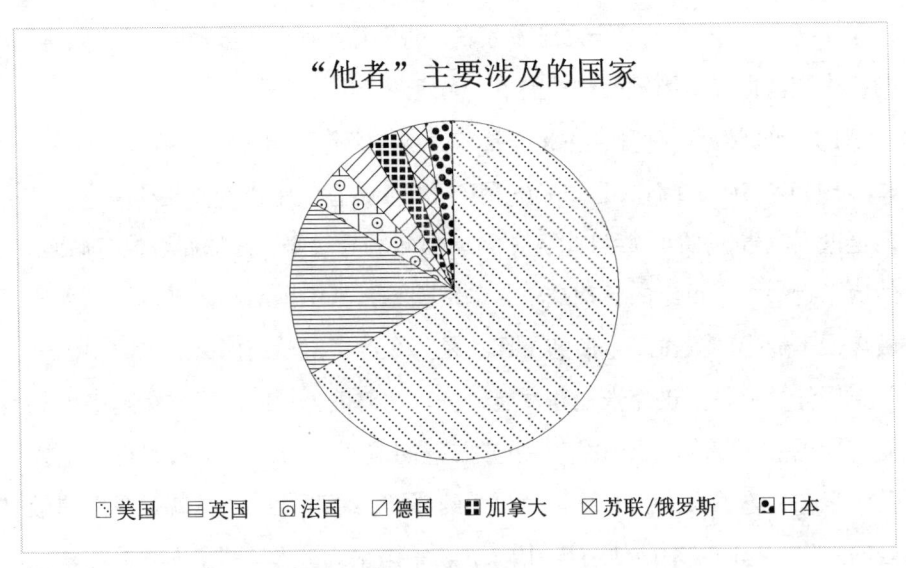

**图 3-3　文化分析对象国的出现频次对比图**

综上，通过统计他国篇目和他国出现频次，本小节明确了他者变迁的初步形成期（1949—1965）、严重破坏期（1966—1977）、恢复发展期（1978—1998）、稳定发展期（1999—2019）四个历史时期和他者文化分析的七个主要对象国，包括美国、英国、法国、德国、加拿大、苏联/俄罗斯和日本。下文将纵向以四个历史阶段为主线，在历史考察影响大学英语教科书知识选择的三大因素，社会、学科和育人标准的基础之上，结合 7 个主要对象国的教科书"他者"文化内容分析，以求全面立体地呈现新中国成立以来大学英语教科书中的"他者"变迁历程。

## 3.2　初步形成期（1949—1965）：对立的资本主义他者

### 3.2.1 教科书外部影响因素分析

（1）社会背景：新中国的社会主义意识形态与资本主义他者的确立

1949 年 10 月 1 日新中国成立至 1965 年这段时期的中国社会实际上经

历了1949—1956年的"全面学习苏联"时期和1957—1965年的"大跃进"与"中国与世界多国发展对外关系"时期两个历史阶段[①]。

1）全面学苏时期社会主义阵营和资本主义阵营的对立

1949年10月1日,毛泽东在天安门城楼上宣告中华人民共和国成立。向全世界宣告,中华民族自此摆脱了1840年鸦片战争以来的屈辱挨打局面。经历了近一个半世纪的长期战争与动乱状态,新中国的经济受到了极大的破坏,工业生产只占总生产的1/10,是一个经济落后的国家。当时中国的首要任务,就是要迅速恢复和发展经济。"以俄为师"的模式是新中国成立初期的重大选择。1950年《中苏友好同盟互助条约》正式签订,正如毛泽东在《论人民民主专政》中写道的那样,"苏联共产党就是我们的最好的先生,我们必须向他们学习"[②],新中国正式进入了"全面学习苏联"时期。在全面学苏的大背景下,新中国采取了相对应的三大外交政策,即"另起炉灶""打扫干净屋子再请客"等政策,坚定不移地选择了社会主义阵营。与此同时,社会主义教育制度在这七年得到初步建立。为了从根本上摆脱旧中国贫穷落后的局面,充分发挥教育在国家政治生活和经济建设中的作用。"党和政府坚持教育为工农服务,将学习苏联教育经验进行教育教学改革作为社会主义教育制度建立的重大举措"[③]。

2）"中国与世界多国发展对外关系"时期中西关系的缓和

1958年,中苏关系开始恶化,国际形势发生巨变,中国走上与世界多国发展对外关系的道路。特别是1963年至1964年,周恩来总理对14个亚非欧国家进行友好访问,增进了中国同这些国家的友好关系。其中,周总理同非洲10国建立了新中国外交史上的中非新型关系,提出了中非关系的和平共处五项原则,确立了中国对外经济技术援助的八项原则,为实

---

[①] 李传松,许宝发.中国近现代外语教育史[M].上海:上海外语教育出版社,2006:184-210.

[②] 金钊.中国共产党对中国特色社会主义的探索[J].北京教育学院学报(社会科学版),2011（03）:6-11.

[③] 方晓东,李玉非著.中华人民共和国教育史纲[M].海南:海南出版社,2002:7.

现中非国家长期友好发展关系打下了稳固的基础。此外，1964年，我国陆续与法国、突尼斯建交，进一步提升了国际地位。可见，中国不仅同第三世界国家发展了对外关系，和西方世界的关系也有所缓和。

（2）学科背景：英语教育的绝迹和恢复与资本主义国家文化的学习

1）俄语"一边倒"局面与大学英语的几乎绝迹

1949年到1956年，在"全面学习苏联"的社会政治经济大背景下，中国的外语教育也出现了俄语"一边倒"的局面。1951年，根据毛主席的指示，中共中央宣传部、中共中央编译局在北京召开了第一次全国俄文教学工作会议。会上，朱德指出：培养俄语人才对于国家建设具有很重要的作用。会后，经周恩来总理批准下达了《关于全国俄文专科学科学校的决定》，大力发展俄专。先后成立的俄文专科学校达10所，北京大学等综合性大学设立俄文系、科的有17所，北京师范大学等师范院校设立俄文系的也达19所。相比之下，1952年院系调整后的全国英语专业教学点被压缩为8个，法语和德语专业教学点仅有3个。1953年召开的第二次俄文教学工作会议一改新中国成立前公共外语主要是英语的局面，正式提出俄语作为第一公共外语的教学目的和任务。俄语"一边倒"局面快速形成。同年，教育部颁布了《关于高等师范学校、英语、体育、政治等系科的调整设置的决定》，决定中指出："由于全国开设英语课的中学逐渐减少，计划今后只有少数中学保留英语课。因之，高师的英语系应大量减少。为此，决定只保留华东师范大学英语系，负责培养全国的中学英语师资。其他各校的英语系一律停办。"这项规定致使当时很多英语教师改行或下岗，造成英语人才大幅度缩减，直接给新中国的英语教育蒙上了一层阴影。可以说，1949年至1956年，俄语是新中国的第一外语。当时我国的外语教育几乎都是俄语教育，无论是俄语专业抑或公共俄语在这七年都得到了迅猛发展。相比之下，"1949年后，我国大陆各高等学校普遍开设俄语课，大学英语（英语专业除外）几乎绝迹"[1]，更谈不上大学英语教材的建设。

---

[1] 李良佑.中国英语教学史[M].上海：上海外语教育出版社：1988：542.

即使仍在进行的专业外语教学也开展了向苏联学习的运动。这种状况一直持续到中国开始和世界多国发展对外关系。

2)《外语教育七年规划纲要》与高校共同外语教育的恢复

1956年1月14日,周恩来总理在知识分子问题会议上作了《关于知识分子问题的报告》,在报告中明确指出:"为了实现向科学进军的计划,我们必须为发展科学研究准备一切必要的条件……必须扩大外国语的教学,并且扩大外国重要书籍的翻译工作。"[1]同年,毛泽东在《论十大关系》中指出:"我们的方针是一切民族、一切国家的长处都要学,政治、经济、科学、技术、文学、艺术的一切真正好的东西都要学。"[2]"现在,学英文的也不研究英文了,学术论文也不译成英文、法文、德文、日文同别人交换了。这也是一种迷信。"这些论述为学习苏联以外的,特别是西方英语国家的语言文化知识奠定了基础。

从1956年开始,各高校逐渐开设公共英语(大学英语)课。同时,"教育大革命"时期批判外语教育脱离政治和实际,批判外语教学内容重外轻中,厚古薄今,重文艺、轻政治,主张课程设置和内容要贯彻少而精的原则,强调教学内容贯彻政治性和实用性相结合的原则。这都直接造成这一时期"所编的外语教材以反映中国现实的政治性材料占主导地位,翻译文章占极大比重,原著比重极小,导致学生学到的外语不够地道"[3]。

60年代初期,在"调整、巩固、充实、提高"的方针指导下,在总结1958年以来的教学经验和充分的调查研究基础上,时任中共中央宣传部副部长的周扬同志于1961年4月召开了高等学校文科与艺术院校教材编选计划会议。会上,周扬同志就如何对待外国文化的问题指出:"研究中国的同时,也必须研究外国。研究外国,掌握外国的文化知识是为了帮助我们更好地了解中国、认识中国、建设中国……大量吸收外国的先进的东西,

---

[1] 李传松,许宝发.中国近现代外语教育史[M].上海:上海外语教育出版社,2006:208.

[2] 赵亮.1978—1992党的理论发展逻辑研究[D]中共中央党校博士学位论文,2018.

[3] 付克.中国外语教育史[M].上海:上海外语教育出版社,1984:74.

包括资本主义国家的东西……取其精华，为我所用。"① 周部长从文化发展史的高度认为，吸收外国先进文化是我国文明发展、学术繁荣的必要条件，并规定各专业必须至少必修一种外文。这为各高校大学英语教材的建设和教学的发展奠定了坚实的基础。自此，在"中央文科教材办公室"的领导下，这一时期不仅编制出了新中国第一份公共英语教学大纲，也陆续出版了系列公共英语统编教材。其中影响较大的有上海交通大学凌渭民教授编写的供理工科学生使用的英语教材②。这套教材是新中国成立后第一套正式出版发行的公共英语教材。第一次印刷数就达 10000 册，而后逐年再版，印刷数也逐年递增③。具有代表性的还有复旦大学董亚芬主编的文科非英语专业用的《英语》④。

为了更好地应对国际形势的变化和对外关系的发展，吸收世界各国的先进科学技术，针对当时"俄语人才相对过剩，其他外语人才严重不足"的现实情况（如表3-4），满足国家社会主义建设和外事工作的需要。经周恩来总理的指示，经过深入调查研究，国务院外事办公室、国务院文教办公室、国家计划委员会和教育部于 1964 年 1 月颁布了《外语教育七年规划纲要》。该纲要认真回顾和总结了新中国成立 14 年来的外语教育工作，并指出了外语人才，特别是英语人才严重不足和国家需求之间的尖锐矛盾，规划了此后七年（1964—1970）外语教育工作的方针、发展指标和主要措施。其中，特别指出："在学校教育中确定英语为第一外语，大力调整高等学校和中等学校开设外语课的语种比例。学习英语的人数要大量增加……学习俄语的人数要适当收缩，适应实际需要即可。"⑤

---

① 赫怀明.周扬与大学文科教材选编[J].社会科学战线，1994（4）：192.
② 付克.中国外语教育史[M].上海：上海外语教育出版社，1984：75.
③ 李良佑.中国英语教学史[M].上海：上海外语教育出版社，1988：562.
④ 李良佑.中国英语教学史[M].上海：上海外语教育出版社，1988：565.
⑤ 李传松，许宝发.中国近现代外语教育史[M].上海：上海外语教育出版社，2006：230.

表 3-4　1964—1966 年各语种干部需求情况表[①]

| 语种 | 1964—1966 年需要数 | 1964—1966 年毕业生数 | 余额数 |
| --- | --- | --- | --- |
| 英语 | 11625 | 6380 | -5245 |
| 俄语 | 3701 | 7590 | 3889 |
| 日语 | 1242 | 65 | -1177 |
| 法语 | 1264 | 550 | -714 |
| 德语 | 842 | 450 | -392 |
| 西班牙语 | 658 | 430 | -228 |

此外，《纲要》提出"专业外语教育和共同外语教育并重"的外语教育方针。这包括主张发展外国语学校和高等外语院系专业外语干部队伍的同时，大力发展高等学校共同外语教学水平，明确指出"高校共同外语课以英语为第一外语"，要求各高校"到 1970 年，学英语的学生应占 50%，学俄语以及其他外语的学生占 50%"[②]。

"这一规划在我国外语教育史上是一个里程碑"[③]，可以说为我国高等学校大学英语的发展起到了举足轻重的作用。首先，它既是第一个外语教育的纲领性文件，也是第一个由中央、国务院直接领导和督办的外语教育政策；其次，新中国成立以来，英语被第一次在学校教育中确定为第一外语。自此，中国的外语教育形成了以英语为主，多语种为辅的新格局；更重要的是，《纲要》为高校共同外语教学的发展，尤其是作为第一外语的公共英语教学的恢复和发展奠定了坚实的基础。为终止新中国成立初期重视俄语和专业外语教育、摆脱大学英语几乎绝迹的局面开辟了道路。这份《纲要》贯彻执行了两年，外语教育就出现了一个新局面。高校大学英

---

[①] 此表为 1964 年 3 月 12 日，国务院外事办公室、高等教育部党组《关于解决当前外语干部严重不足问题应急措施的报告》中根据调查作出的关于 1964—1966 年各语种干部的需求情况表。

[②] 李传松，许宝发. 中国近现代外语教育史 [M]. 上海：上海外语教育出版社，2006：231.

[③] 胡文仲. 新中国六十年外语教育的成就与缺失 [J]. 外语教学与研究，2009，41（03）：163-169+240.

语教学被重视起来，学习大学英语的人数也随之逐年上升。至1965年，高校中修读英语课的学生人数约占同年级学生总数的30%~40%，略少于修读俄语课的学生[①]。

3）教材编写原则：政治性和思想性

同期颁布的《关于高等学校外语课程设置问题的意见》中，着重研究了外语教材的编写指导思想和原则。意见中提到：外语教材应遵循文科教材会议中的指导思想，正确处理好红与专、中与外的统一关系、古与今的统一关系、正面与反面的统一关系以及多与一的统一关系等。遵守外语教材编写的"三三制"原则，即"语言标准放在第一位的前提下，社会主义、共产主义思想内容的体裁约占1/3，民主主义倾向的题材（包括资产阶级上升时期作品和民主革命人物的作品）约占1/3，无害的作品约占1/3"[②]。可见，这一时期的外语教材符合社会主义主流意识形态的社会主义、共产主义和民主主义的内容需占到2/3，体现了这一时期外语教材的政治性和思想性。此外，由于本时期文理科大学英语教科书的教学对象不一，选编原则也有细微差别。其中，60年代的文科英语教材要求"要选久经考验、百读不厌的范文、允许选用19世纪的批判现实主义作品和当代进步作家的文章"[③]。对同期的理工科大学英语教材而言，1962年颁布的新中国成立以来的首份《英语教学大纲（试行草案）》（高等工业学校本科五年制各类专业适用）中明确规定：公共外语课文题材"应以接近科学技术的一般性文章和科学技术小品为主"[④]。在上述对文理科大学英语教材的编写原则下，新中国第一批公共英语教材诞生了。

---

[①] 李良佑. 中国英语教学史[M]. 上海：上海外语教育出版社，1988：542.

[②] 李传松，许宝发. 中国近现代外语教育史[M]. 上海：上海外语教育出版社，2006：215-217.

[③] 董亚芬.《大学英语（文理科本科用）》试用教材的编写原则与指导思想[J]. 外语界，1986（04）：20-24.

[④] 李良佑. 中国英语教学史[M]. 上海：上海外语教育出版社，1988：562.

（3）育人标准：培养社会主义劳动者与资本主义阶层的对立

1）外语是与帝国主义斗争的武器

1949—1956年，俄语是中国的第一外语。从新中国成立初期的社会背景和政治意识形态来看，俄语成为新中国反帝国主义斗争的武器有其必然性。1949年9月26日，中共中央机关报《人民日报》首次公开发表宣传学习俄文的文章，强调现在"自动学习俄文"与过去"老美来了学英文"的情况"有本质上的不同"[①]。当时的教育部副部长钱俊瑞更是明确指出："俄文，它是列宁、斯大林的语言，它是社会主义大门上的一把钥匙。"[②]这些论述深刻地揭示了中国当时的国际局势和政治选择。为了搞好新民主主义建设推进国家稳步迈进社会主义道路，学好俄文成为当时迫切需要完成的一项政治任务。当时"一边倒"地学习俄语既成为新中国培养社会主义建设人才的必然选择，也表明我们反帝国主义的决心。

外语成为反帝国主义斗争的武器不仅是国家的选择，也成为当时很多学生学习外语的目标。这一点在很多老一辈外语专家的求学经历中得到了体现。胡壮麟50年代中学毕业后考取清华外文系学习英语。据他回忆：一进清华园，老学长们就不断进行"清华园是革命家庭，外国语乃是斗争武器"的革命教育。这时，我才知道外语成了与帝国主义斗争的武器[③]。但同是学外语，在当年俄语"一边倒"的历史局面和价值观影响下，学英语的学生远没有学俄语的学生看起来更"红"，更革命。这一点在胡先生的回忆中也得到了印证。"同是学外语，学俄语的学生，总觉得他们才是革命的，而我们学英语的，都是崇洋媚外的资产阶级公子小姐，思想没有他们进步。"[④]在当时的中国社会甚至出现了一种抵制学习英语的情绪，

---

[①] 萧南.学俄文[N].人民日报，1949-9-26（8）.
[②] 钱俊瑞.大力推广学习俄文运动[J].俄文教学，1952（5）.
[③] 胡壮麟.一个英语教师的独白[M]//束定芳主编.外语教育往事谈第二辑——外语名家与外语学习.上海：上海外语教育出版社.2005：148.
[④] 胡壮麟.一个英语教师的独白[M]//束定芳主编.外语教育往事谈第二辑——外语名家与外语学习.上海：上海外语教育出版社.2005：148.

认为学习英语是一种不爱国的表现。新中国成立前的教会学校的教材、教法及教师被认为是受到帝国主义和殖民主义的影响而遭到批评。很多教英语的外籍教师都陆续离开了中国。整个社会对英语工作者和学习者都不重视，甚至出现不公正的待遇。可见，1949—1956 年，外语教育的育人标准是培养反帝国主义的社会主义建设者，而学习俄语成为唯一的选择。

2) 培养"又红又专"的社会主义劳动者

1957 年，毛泽东在《关于正确处理人民内部矛盾的问题》中提出"三育两有"的教育方针，将社会主义教育的人才质量标准设定为"在德育、智育、体育几方面都得到发展，有社会主义觉悟的有文化的劳动者"[①]。其中，"两有"中的"有社会主义觉悟"明确了学校教育应该把具有坚定正确的政治方向摆在第一位，使学生在思想认识上首先要具有正确的政治方向和政治观点。毛泽东强调，青年学生要加强思想政治学习，除了学习专业之外，在思想上要有所进步，政治上也要有所进步。"两有"中的"有文化"指的是具有现代科学文化知识。为了实现四个现代化，赶超英美，发展工业，建设社会主义现代化，培养一批具有较高科学文化水平，又红又专的工人阶级劳动者对当时的社会主义现代化生产具有重要意义。"两有"是这一教育方针的基本内容。相应地，德育指的是具有坚定正确的政治立场和无产阶级的世界观以及共产主义的道德品质；而智育则指学生掌握比较完全的科学文化知识，具有分析问题和解决问题的能力，具备从事实际工作和劳动的能力；体育指学生拥有健康的体魄和充沛的精力。

1957 年 6 月，周恩来在第一届全国人大四次会议上再次肯定了"两有"的教育方针，他指出："新中国的教育方针是培养有社会主义觉悟的有文化的身体健康的劳动者。"邓小平同志则进一步指出："必须把毛泽

---

[①] 吕福松. 正确理解毛泽东提出的"三育两有"的教育目的 [J]. 上饶师专学报（社），1990（4-5）：47-49.

东同志提出的教育目的贯彻到底,贯彻到整个社会的各个方面。"①可见,毛泽东提出的这一培养人才的质量标准对当时的社会主义办学方向和培养社会主义建设一代新人具有重要意义。"三育两有"也自然成为培养外语人才的质量标准。

1958年,中共中央提出了"两个必须"的教育方针,即"教育必须为无产阶级政治服务,必须同生产劳动相结合"。在这个教育方针指引下掀起的"教育大革命"强调外语教育应为政治服务,坚决贯彻思想改造和教学改革,开展教育思想和学术思想两条道路的斗争。这一运动对外语教育产生了相当大的负面影响。

1962年6月,经上海交通大学外语教研室提交初稿,高等工业学校外语课程教材编审委员会审定后颁布了新中国成立以来的第一份大学英语教学大纲《英语教学大纲(试行草案)》(高等工业学校本科五年制各类专业适用)。这份大纲明确了大学英语教学的目的是"为学生今后阅读本专业英语书刊打下较扎实的语言基础"。但笔者认为,这份教学大纲可以视为单纯的"英语语言知识"教学大纲。因为大纲内容主要涉及英语语言知识的学习,特别是语法知识和词汇知识的教学要求,注重培养学生科技报刊阅读的能力。但大纲仅将课程结束后学生记忆的生词数量和每小时的阅读速度作为教学目标和教学效果的衡量标准,并未涉及大学英语课程的育人功能,对于这门课程的育人标准只字未提。可见,60年代的大学英语教育仅注重语言知识特别是语法知识的学习,注重语言的工具性,对语言文化、思维方法以及语言的人文功能并不重视。

### 3.2.2 教科书中的他者文化分析

这一历史阶段的全面学苏初期(1949—1956),我国没有全国范围使用的大学英语统编教材。教师上课使用的一般是教师根据非英语专业学生

---

① 吕福松.正确理解毛泽东提出的"三育两有"的教育目的[J].上饶师专学报(社),1990(4-5):47-49.

情况编写的非公开出版的讲义[①]。新中国最具代表性的第一批公共英语(大学英语)统编教科书出现在60年代,影响较大的有新中国成立后第一套正式出版发行的,由高等工业学校外语课程教材编审委员会成员之一、第一份大学英语教学大纲执笔单位,上海交通大学科技英语教研组凌渭民教授主编的高等工业学校用《英语》四册教科书。该套教材是根据1962年公布的第一份公共英语教学大纲:高等工业学校本科五年制各类专业适用的《英语教学大纲(试行草案)》编写的。同期出版的还有复旦大学外文系普通英语教研组董亚芬教授主编的高等学校文科非英语专业用《英语》一年级使用的两册教科书。这套教材因"文化大革命"临近,没有继续编写下去,只颁布了两册。因此,本小节将对1960年代初步形成期的两套共六册大学英语教科书按照本研究设计的他者文化分析四维框架进行分析。

(1) 以科技和政治为主导的资本主义国家文化

经统计发现,这一时期的文理科两套教科书中的主要文化归属国为以英国和美国为首的资本主义国家。按照他国出现频次高低排序依次为:英国、美国、苏联或俄罗斯、法国和德国,加拿大和日本并未在60年代的大学英语教科书中出现。可见,这一时期的教科书宏观地域归属国主要指英、美、苏或俄、法、德五国。具体如表3-5所示。

表3-5 初步形成期文化归属国出现频次一览表

单位:次

| 版本 | 美国 | 英国 | 法国 | 德国 | 加拿大 | 日本 | 苏联或者俄罗斯 | 出现频次 |
| --- | --- | --- | --- | --- | --- | --- | --- | --- |
| 1960理科(凌渭民) | 2 | 10 | 4 | 3 | 0 | 0 | 3 | 22 |
| 1960文科(董亚芬) | 9 | 7 | 0 | 0 | 0 | 0 | 2 | 18 |
| 总计 | 11 | 17 | 4 | 3 | 0 | 0 | 5 | 40 |

经过内容分析后发现,这一时期文理科版本的教科书文化主题差异非常明显。凌渭民主编的理科教科书中,20篇他国篇目的文化主题全部

---

① 李良佑. 中国英语教学史 [M]. 上海:上海外语教育出版社,1988:549.

集中在"科学与技术"一类,过于单一。相比之下,文科教科书文化主题相对多元,但主要集中在"政治现象与问题"(13篇),占这一时期他国篇目总数(18篇)的72%。此外,社会现象与问题、人与自然以及跨文化差异与比较三大主题并未出现在60年代的教科书文化内容当中。具体如表3-6所示。

表3-6 初步形成期文化主题出现篇数一览表

单位:篇

| 版本 | 科学与技术 | 政治现象与问题 | 学生与生活 | 社会现象与问题 | 人性与价值观 | 人与自然 | 西方文化与习俗 | 跨文化差异与比较 | 他国篇目数 |
|---|---|---|---|---|---|---|---|---|---|
| 1960 理科（凌渭民） | 20 | 0 | 0 | 0 | 0 | 0 | 0 | 0 | 20 |
| 1960 文科（董亚芬） | 0 | 13 | 1 | 0 | 3 | 0 | 1 | 0 | 18 |
| 总计 | 20 | 13 | 1 | 0 | 3 | 0 | 1 | 0 | 38 |

综合表3-5、3-6可以看出,这一时期的文理科版教科书呈现的是以科技和政治为主导的资本主义文化内容。工业革命的发源地英国成为科技的他国文化代表,而政治实力强劲的美国成为政治的他国文化代表。

(2)对他国政治的批判和科技的肯定

中观作者价值取向主要考察他国篇目中作者的价值取向,根据PNN模式中的三个类别统计和分析教科书中的整体价值取向发现,这一时期的文科版和理科版大学英语教科书中的他国篇目所呈现出来的态度取向是截然相反的。从表3-7可见,持积极价值取向的他国篇目数高达14篇,占本套教材他国篇目总数的74%。因此,凌渭民主编的理科版大学英语教科书中的他国篇目基本呈现的是作者正面、积极的价值观。而董亚芬主编的文科英语教科书中的负面或批判价值取向的他国篇目数为12篇,占本套教材他国篇目总数(18篇)的67%,可见,文科版大学英语教科书是以负面或批判价值取向的他国篇目为主。

表 3-7　初步形成期他国篇目作者价值取向篇数一览表

单位：篇

| 版本 | P（积极取向） | N（负面或批判取向） | N（中立取向） | 他国篇目数 |
|---|---|---|---|---|
| 1960 理科（凌渭民） | 14 | 0 | 6 | 20 |
| 1960 文科（董亚芬） | 5 | 12 | 1 | 18 |
| 总计 | 19 | 12 | 7 | 38 |

综上，初步形成期的文理版大学英语教科书中所呈现出的作者价值取向是鲜明而对立的。结合理科版英语教科书以"科学与技术"文化主题的内容为主，而文科版英语教科书以"政治现象与问题"文化主题的内容为主，可以说，综合来看，这一时期的大学英语教科书对他国的科技文化内容基本持正面积极的价值取向，而对他国的政治文化内容基本持负面或批判的价值取向。

（3）"二元对立"的人物形象表征及其相关论述

通过上述宏观和中观的文化分析已可大致勾勒出一个科技和政治两分的"他者"世界。对他国的文化态度也随着科技和政治的两分而截然对立，可以说，对科技的肯定和对政治的批判同时存在于我们对他者的文化想象中。这样的二元结构可以进一步通过对理科版和文科版教科书中他国文化人物形象的微观分析中呈现出来。

1）理科版教科书中以英国为代表的"科学家"精神的书写

通过考察1960理科版大学英语教科书他国篇目中的人物形象后发现，这版教科书中以英国为代表的数学家、化学家、物理学家等"科学家"的人物形象为主。具体来看，是以正面积极的"科学家精神"书写来刻画他国人物形象。教科书中提到的科学家精神有瓦特那样的"善于思考""乐于观察"；有法拉第的"善于提问"；有居里夫妇的"坚持不懈"；有爱迪生的"不怕失败"；有巴甫洛夫那样的"坚持、严谨、耐心、谦逊与激情"等等。可见，1960理科版教科书中的"科学家"是一系列对社会有重大科技贡献，特别是自然科学领域贡献的"名人"的代名词。具体如表3-8所示。

表 3-8　1960 理科版大学英语教科书人物形象一览表

| 文化主题 | 人物类别 | 英国 | 美国 | 法国 | 俄国 | 德国 |
| --- | --- | --- | --- | --- | --- | --- |
| 科学与技术 | 科学家（名人） | 瓦特（发明家）、迈克尔·法拉第（物理学家、化学家）、牛顿（物理学家、数学家）、纳披尔（数学家）、纽兰兹（化学家） | 爱迪生（发明家） | 居里夫妇（物理学家）、笛卡尔（数学家、哲学家）、卡诺（机械物理学家） | 波波夫（无线电发明家）、巴甫洛夫（实验心理学家）、门捷列夫（化学家） | 伦琴（物理学家）、迈克尔·斯提菲尔（数学家）、多伯临纳（化学家） |

然而，这一时期的理科版大学英语教科书中文化主题的单一性必然会带来文化内容的单一性问题。通过考察教科书他国文化内容后发现，理科版教科书中的他国篇目主要围绕"科学与技术"这一文化主题呈现两个方面的内容：一是以故事或记叙文的形式讲述著名科学家的成长经历及其能够成为科学家的内在精神和优秀品质，通常为积极取向篇目。二是以说明文的形式科普科技知识，也就是俗称的科普文章，通常为中立取向篇目。其中，积极的科学家人物形象的书写是对他国科技文化的有力表征。

2）文科版教科书中"英美"被压迫阶级和种族形象的呈现

通过考察这一时期文科版大学英语教科书他国篇目中的人物形象后发现，这版教科书中主要以被压迫阶级和种族群体为主要人物身份的人物形象为主。如表 3-9 所示。

表 3-9　1960 文科版大学英语教科书人物形象一览表

| 文化主题 | 人物类别 | 美国 | 英国 |
| --- | --- | --- | --- |
| 政治现象与问题 | 工人（普通人） | 民主权利丧失的贫困劳动者（working people）、勇敢的工人阶级战士、生活穷困悲惨的工人 | 失业穷苦无望的工人 |
| | 农民（普通人） | — | 不畏强权，勇敢善战的农民 |
| | 黑人（普通人） | 争取人权的美国黑人、遭受不公正待遇的黑人铁路工人 | — |
| | 作家（名人） | | 批判现实主义作家查尔斯·狄更斯 |

具体而言，文科版教科书中塑造了以美国和英国的被压迫劳动者（工人和农民）以及美国的被歧视黑人为代表的"他者"形象，从而批判资本主义市场经济制度给人民带来的悲惨遭遇。相关他者表征的论述如：1960文科版《英语》第二册课文 But He Looked so Young 中描写了一位 67 岁的黑人皮毛工人 Abe Gelman 的悲惨遭遇。为了找到工作，Abe 通过染发、晒皮肤的方式让自己看起来年轻，但最终累死在工作台上。课文开篇就在用极具戏谑的修辞手法描写这位 67 岁老人的昵称为"boychik"（美国俚语：小伙子），紧接着用自问自答的方式描写了他不能生病也无法退休的悲惨遭遇："Sick? No, that is a luxury Abe couldn't afford, not with his sick wife around." "Retired? That's out of question. Abe Gelman couldn't afford to grow old even at the age of 67." 文章最后更是借用 Abe 生前对他爸爸不公命运的控诉揭示了对资本主义市场剥削制度的严厉抨击："All these were done for the market, but what has the market done for him？" 这里的 him 是和 Abe 一样遭受剥削的 Abe 的爸爸，文中虽然只是在最后提及他爸爸，并说出他们命运的惊人相似，但这两代人的相同遭遇恰恰将资本主义残酷的市场经济制度和工人的悲惨无望的命运刻画得淋漓尽致。可见，这一时期文科版大学英语教科书主要以呈现被压迫阶级和种族形象来批判资本主义政治制度并表征他者文化。

（4）通过"二元对立"策略表征资本主义他者

进一步分析文科版政治主题的他国篇目后发现，对资本主义他者的表征和现实主义批判是采用"二元对立"策略，通过建立系列二元对立的"被压迫阶级 vs 掌权阶级"人物形象和二元对立的国家形象来完成的。

首先，"黑人 vs 白人"的二元对立形象。1960 文科版《英语》第一册课文 Our is a Free Country 用极具讽刺的修辞手法抨击了美国所谓的自由和民主。课文第一句就交代了文章主人公的身份："Charles Jackson is an American Negro." 同时在第一段交代其对立群体的身份"Coloured and White"。故事讲述黑人退伍军人 Charles 在这个曾经为之而战的所谓"free country"中因为争取公民选举权被一群"white men"枪杀，身中数枪被朋友送往医院却发现，医院专为"white people"服务。更可悲的是，法庭裁定白人凶手是出于自卫误杀 Charles，最终"went free"。可见，课文揭露并批判美国所谓的自由和民主是如医院一样的"for white people only"。

其次，穷苦劳动者 vs 富人的二元对立形象。文科《英语》第一册课文 Golden Trumpets 以戏谑的手法描绘美国统治者眼中的言论自由。文中将四名手持 golden trumpets 拥有言论自由的"The rich people"与广场上大多数没有金色喇叭的"The poor working people"鲜明对立了起来，并将美国社会的报纸、杂志、电台等政府喉舌比拟为金色喇叭，深刻批判美国的言论自由只掌握在以富人阶级为主体的统治者手里。

最后，"苏联 vs 英美"的二元对立。文科《英语》第二册课文 Atomic Power Station 表面上看是一篇科普说明文，但文中隐含着对世界第一座原子核能站建成国、新能源的领跑者苏联的肯定和赞誉。例如文中非常肯定地指出：因为苏联正在积极推行不同种类的核反应堆项目，不久的将来，苏联的核能站储量将会是英国或美国核能站的二到三倍。这一论述不仅表达了我国对苏联美好未来的期待和肯定，并将以苏联为代表的社会主义与其对立或竞争、以英美为代表的资本主义国家相比所拥有的优越性充分地展现了出来。

综上，初步形成期的大学英语教科书通过科技和政治的二分法，系列"被压迫阶级 vs 掌权阶级"二元对立的阶级形象表征和国家形象表征，呈现出一个鲜明的"科技的先进 vs 政治的落后"二元对立结构的资本主义他者世界。揭露了以英美为首的西方资本主义国家先进的科技背后实际是缺乏民主和自由的社会现实。政治主题的他国篇目中的主人公通常是被压迫阶级，要么拥有悲惨的一生，要么奋力地反抗强权的统治。用课文 But He Looked so Young 中的一句话来形容就是："All these were done for the market, but what has the market done for him?!"在强烈地批判资本主义残酷政治经济现实的同时，课文 Bricket 甚至对资本主义国家的未来做出了预测：

"England is about done. There are too many unemployed here."可见，资本主义的科技虽然先进，但他们没有未来，以苏联为代表的社会主义不仅科技强大，而且代表了光明的未来。在教科书建构"科技先进 vs 政治落后"二元结构西方他者文化的背后实际反映的是以苏联为代表的社会主义制度优于西方资本主义社会制度，即"社会主义先进 vs 资本主义落后"二元对立的深层意识形态。

## 小结

至此可见，这一时期的大学英语教科书主要呈现了以科技和政治为主导的资本主义国家文化。通过"二元对立"的表征策略，教科书建构出了两种不同形式的"对立的资本主义他者"。第一种是与我国社会主义意识形态处于"对立"关系的资本主义他者。这无论是在"全面学习苏联"时期，外语语种的选择受到严重影响，俄语成为唯一选择，而英语被看作是敌对资本主义意识形态他者的象征，遭受了被"排除"的命运，大学英语几乎绝迹；还是从外语作为反帝国主义斗争武器的思想以及教育为无产阶级政治服务，培养政治方向正确的社会主义劳动者育人标准致使大学英语教科书始终秉持政治正确、思想性第一的标准来选编他者文化，教科书中的"对立他者"均可得到有利印证。

第二种是一个"科技的先进 vs 政治的落后"二元对立结构的资本主义他者。这可以从文理科大学英语教科书中对政治文化主题的批判和对科技主题的肯定、对科学家精神的赞颂和对资本主义制度的批判以及对系列被压迫阶级和掌权阶级等二元对立人物形象和国家形象的书写中均可印证。但总的来说，第一种形式中的自我与他者政治意识形态的对立关系实则是第二种二元对立结构他者的基础，而二元对立结构他者的表征中实则隐含了自我与他者意识形态对立关系的内涵。

## 3.3 严重破坏期（1966—1977）：不在的资产阶级他者

### 3.3.1 教科书外部影响因素分析

（1）社会背景：革命意识形态与资产阶级他者的确立

从 1966 年开始，中国进入了延续十年之久的"文化大革命"时期。所谓拥有"学术权威"的知识分子成为"文革"时期的首要革命对象。他们被认为是"走资派"。"打击知识分子""知识无用论"成为当时的社会风气。"文革"不仅使整个中国教育遭受严重破坏，也影响了整整一代人才的培养，给国家造成了无可估量的损失。

（2）学科背景：英语教育停滞期与资产阶级文化的"不在"

"文化大革命"首先从文教战线开始，而外语教育成为"文化大革命"的"重灾区"[①]，英语教育几乎陷入停滞状态。这期间，学校先后开展"停课闹革命""文科大批判""朝农经验""禁书烧书打击知识分子"等活动，高校一时间人去楼空，学生要么搞大串联，要么被下放到农村接受无产阶级教育，教师也被派去接受思想改造。60 年代编写的英语教材被宣判为大毒草而被扫地出门。董亚芬的文科教材也因"一些被选入暴露资本主义社会黑暗面的文章被指责为含沙射影、指桑骂槐，反倒成了被批判的对象"[②]。在这段时间，"外国文学作品被认为是'封、资、修'的毒草，学了'名、洋、古'的原文容易'上当受骗''思想中毒'"[③]。董亚芬回忆自己曾在"文革"时期被要求编写"以阶级斗争为纲"的课本，但随着"文革"的结束，这些课本也成为一堆废纸[④]。

---

[①] 李传松，许宝发.中国近现代外语教育史[M].上海：上海外语教育出版社，2006：262.
[②] 董亚芬.我国英语教学应始终以读写为本[J].外语界，2003（1）：2-6.
[③] 上海外国语学院院史编写组.上海外国语学院简史 1949—1989[Z].上海：上海外语教育出版社，1989：57.
[④] 董亚芬.我国英语教学应始终以读写为本[J].外语界，2003（1）：2-6.

### 3.3.2 教科书中的他者文化分析

（1）为数极少的积极取向的政治主题篇目

"文革"期间的两本教科书中有 3 篇自编的他国篇目，仅占他国篇目总数（40 篇）的 7.5%，其余 92.5% 的内容均为中国篇目。他国篇目不仅出现频次极少，且政治色彩浓厚、价值取向单一。如表 3-10 所示，1974 年上海市版教科书仅有 1 篇美国篇目，南开版教科书共有 2 篇他国篇目，仅有一篇来自本研究的主要 7 国。同时，两本教科书中的他国篇目均为"政治现象与问题"文化主题，且符合我国主流价值观，作者价值取向积极正面的文章。可以说，这一时期他国文化被基本"排除"在大学英语教科书之外，中国文化成为这一时期大学英语教科书的主流文化和构成主体。这直接体现了阿普尔的"排除"（exclusion）竞争性意识形态他者的表征策略[①]。

表 3-10 "文革"期间出版的大学英语教科书文化归属国、文化主题、作者价值取向一览表

| 版本 | 国别 | 政治现象与问题 | 价值取向 |
| --- | --- | --- | --- |
| 1974 上海市版 | 美国 | 1 | P |
| 1974 南开版 | 苏联、英国 | 1 | P |
|  | 阿尔巴尼亚 | 1 | P |

（2）无产阶级人物形象及其相关论述

通过进一步考察"文革"期间出版的大学英语教科书他国篇目中的人物形象后发现，这版教科书中主要呈现的是符合我国革命意识形态主流文化的积极正面的无产阶级工人和革命家人物形象。如表 3-11 所示。

---

① Apple M. W. The text and cultural politics[J]. Educational Researcher, 1992, 21(5): 4-11.

表 3-11  "文革"期间出版的大学英语教科书人物形象一览表

| 文化主题 | 人物类别 | 美国 | 苏联 | 德国 |
|---|---|---|---|---|
| 政治现象与问题 | 工人（普通人） | 一个年迈的工人（an old worker） | — | — |
| | 革命家（名人） | — | 斯大林、列宁 | 马克思、恩格斯 |

具体分析教科书中的他国文化内容发现，教科书他国篇目中所呈现的积极正面的无产阶级人物形象均反映出强烈的爱国主义精神和革命意识形态。换句话说，从"文革"期间出版的大学英语教科书少见的几篇他国篇目中看到的仍然是我们自己，包括我们的社会主义革命信念和发展大国外交的决心，而非他国文化。如上海市版教科书中的他国篇目 Seeds of Friendship 中讲述的是发生在1972年轰动一时的中美"乒乓外交"事件。文中用了一位美国"年迈的工人"给乒乓球代表队的来信以表达美国人民对中国人民的友谊。信中写道："我希望我可以和你们用中文交流，但即便如此，也无法表达我对我自己、我的家庭对我的友好邻国之间友谊的最美好祝愿。我们将永远珍惜两国人民之间的友谊。"仔细阅读，文中仅在这一段话中出现老人的描写，但对老人本身形象的描写仅用了三个词"an old worker"代表人物身份。可以说，这位老工人形象不是个体的存在，而是美国人民的符号象征。

同样的情况也出现在南开版教科书中的2篇他国篇目中。一篇 Study Hard for the Revolution 文章仅在号召学生学习马克思、恩格斯、斯大林、列宁的革命作品时提到了这些社会主义革命伟人的"名字"。另一篇 Albania 专门介绍了阿尔巴尼亚这个伟大的欧洲革命国家，这里不仅是革命领袖恩维尔·霍查同志的故乡，更有伟大的人民，是我们的亲密战友。不管是阿尔巴尼亚还是马克思、恩维尔·霍查等名字的出现，文中都没有看到具体人物的刻画，革命家的名字仅仅是社会主义革命者的代名词，而国家仅仅是伟大人民的集合体，是社会主义国家的象征符号。可见，从内容来看，仅有的三篇政治主题的他国篇目表面是在讲与他国的外交进展，介绍他国的革命家以及另一个革命国家，实则均体现的是符合我国主流意识形态和价值观的文化，反映的是强烈的爱国主义和社会主义革命精神。换句话说，从仅有的他国篇目中"初看像是异己的非我者，到头来往往不是别人，正是自己的自我"[①]。

（3）采用"排除"和"否认"的策略表征"不在"的资产阶级他者

进一步分析他国篇目中所使用的他者表征策略发现，"文革"期间出版的大学英语教科书的他国篇目虽然不多，但却同时运用了"排除"和"否认"的表征策略来表征他者。

一方面，"文革"期间出版的大学英语教科书采用阿普尔的"排除"（exclusion）策略[②]，将他国文化知识基本排除在教科书之外。从表3-10可见，两本教科书中仅有3篇为他国篇目，这意味着超过90%的文本内容为中国篇目，他国文化基本处于缺席状态。

另一方面，仅有的3篇他国篇目进一步采用了霍尔的"否认"表征策略，制造"不在"的他者。

**小结**

综上可见，严重破坏期的他者几乎是缺席和不在场的。西方他者从新中国成立初期的与自我"对立"的地位发展到"文革"期间被彻底否认和排除的极端化地位。不管是教科书中的他国文化内容的被忽略，还是以美化或掩饰的形象出现的资产阶级他者都证实了他者的"不在场"。

---

① 张隆溪. 非我的神话——西方人眼里的中国 [M]. 史景迁. 文化类同与文化利用——世界文化总体对话中的中国新形象. 北京：北京大学出版社，1990：152-153.
② 阿普尔. 教科书政治学 [M]. 侯定凯，译. 上海：华东师范大学出版社，2005：4.

## 3.4 恢复发展期（1978—1998）：对等的"英美化"科技他者

### 3.4.1 教科书外部影响因素分析

（1）社会背景：以经济建设为中心的开放政策与对等的科技他者的确立

从1977年到1978年，打破精神枷锁、重新解放思想，是党的工作重点。1978年12月，党的十一届三中全会冲破了长期"左"的错误的严重束缚，确定了邓小平"解放思想、开动脑筋、实事求是、团结一致向前看"的指导思想，完成了党和国家工作重心的转移，作出了在自力更生的基础上积极发展同世界各国的经济合作，努力采用世界先进技术和先进装备的重大决策。

邓小平认为"中国要谋求发展，摆脱贫穷和落后，就必须开放"[①]。"对外开放"的国策要求中国对外和西方世界建立新的联系。三中全会后，中国的对外关系出现了前所未有的新局面，一方面同苏联、越南、印尼、以色列、韩国恢复了友好关系，另一方面与美国等一批西方国家迅速建立了新的友好合作关系。

改革开放政策不仅体现在经济外交关系上，也促进了当时文化与教育事业的发展。"尊重知识、尊重人才"的政策得到落实。1977年10月，国务院批准教育部印发了《关于1977年高等学校招生工作的意见》以及《关于高等学校招收研究生的意见》两份文件，并宣布恢复高考。这两份文件使重视人才、重视教育成为一种新的社会风气，外语教育也在其中受益。自1978年起，英语成为全国高等学校统一考试的必考科目之一。1979年英语成绩以10%计入入学考试总成绩，1981年以50%，到了1983年，英语正式列入高考科目以原始分计入总分。1986年，第一次大学英语四六级

---

[①] 中共中央文献编辑委员会编辑. 邓小平文选第三卷[M]. 北京：人民出版社，1993：226.

考试正式举行；1987年，考研英语登上历史舞台；1980年代末期至1990年代初期，全日制普通高校开始推行英语等级考试，作为对第一外语必修课程的达标要求，并与学位挂钩。这些举措都一步步提高了英语教育在整个社会的地位。八九十年代，全社会上下在搞好"四化"建设，引进国外先进技术、先进设备、吸收外资的重大经济举措号召下，中国民间掀起了前所未有的外语学习尤其是"英语学习热"。

（2）学科背景：外语工具论与西方科技文化的学习

恢复发展期这二十年间的大学英语教育发展可以参照王守仁教授的分法，结合大学英语教学大纲的颁布时间，特别是以1985、1986年文理科综合教学大纲的颁布为分界点，分为两个时间段：外语教育恢复期（1978—1984）和迅速恢复发展期（1985—1998）。真正的大学英语教育恢复发展期发生在第二个时间段。

1）"打好基础"和"外语工具论"（1978—1984）

"文革"过后，外语教育基本处在"三无"局面，即无大纲、无计划、无教材[①]。党的十一届三中全会前夕，教育部于1978年8月在北京召开了"文革"后第一次全面研究和规划外语教育的会议——全国外语教育座谈会。会上，廖承志副委员长作了题为《为实现四个现代化加紧培养外语人才》的报告。廖委员长首先指出，加紧培养外语人才是国家发展经济贸易关系，引进外国技术和先进设备，实现"四个现代化"的迫切要求[②]。对于如何进行外语教育，廖委员长提出了两点重要意见：其一是"学外语重要的是打好基础"。他认为，学英语不仅是学好几个专有名词，还是要打好基础；其二是"外语工具论"。报告中提到"外国语这个工具掌握不好的话，就

---

① 胡文仲. 新中国成立六十年外语教育的成就与缺失[J]. 外语教学与研究, 2009, (05): 163-169.
② 廖承志. 为实现四个现代化加紧培养外语人才——在全国外语教育座谈会上的讲话（摘要）[J]. 人民教育, 1978 (10): 13.

会拖四个现代化的后腿"①。他认为外国语是实现四个现代化的重要工具，是改革开放时期中国的外交斗争、外事访问以及经济、文化交流的有力工具。自此，"打好基础"和"外语工具论"在很长一段时间成为整个外语教育也包括大学外语教育的理念和指导思想。与此同时，会议认为："加强外语教育是提高整个中华民族科学文化水平的重要组成部分。高水平的外语教育是一个先进国家、一个先进民族所必须具备的条件之一……即使我们实现了四个现代化，我们还需要向外国学习……所以搞好外语教育是具有战略意义的长远之计。"②第一次从国家战略的高度明确了加强外语教育的重要意义。

会后，依照党的十一届三中全会精神，座谈会上提出的《加强外语教育的几点意见》（以下简称《意见》）经国务院批准于次年印发全国。该《意见》总结新中国成立后二十八年来外语教育正反两方面的经验，指出今后一段时期外语教育的总目标是："多快好省地培养各种外语人才，让越来越多的科技工作者和其他专业人员掌握外语工具"③。《意见》从基础英语、高等学校英语、外语院系、语种规划、师资队伍培养、外语教材编选、外语科学研究以及外语电化教育八个方面提出了今后一段时期外语教育的发展方向和方针策略。从高等学校的公共英语建设来看，《意见》首先再次重申1964年的外语教育方针，要求大力办好高等学校公共外语教育，培养既懂专业又懂外语的科技人才；其次要求编选出版一批相对稳定的大学外语教材。教材应组织统编或委托有关院校主编，由教育部组织的外语教材编审小组审查通过。在《意见》的指导下，在外语教育史上首次出现为培养理工科公共外语师资及科技翻译人员，在高校开设科技外语专业或科技外语系的先例。至1984年，有11所高校开设了科技外语专业或系。

---

① 廖承志.为实现四个现代化加紧培养外语人才——在全国外语教育座谈会上的讲话（摘要）[J].人民教育，1978（10）：14.
② 李传松，许宝发.中国近现代外语教育史[M].上海：上海外语教育出版社，2006：297.
③ 上海外国语学院.加强外语教育的几点意见[J].人民教育，1978（11）：28-30.

这为公共外语师资队伍建设的加强和科技人才的培养奠定了坚实的人员基础，从而推动了理工科大学英语教育的蓬勃发展。此外，清华大学和上海交通大学建立了科技外语资料中心，高校理工科教材编审委员会成立、中国公共外语教学研究会成立。其中，理工科公共外语教材编审委员会由上海交通大学凌渭民教授担任主任委员牵头主持，中国公共外语教学研究会会址在上海交通大学，且会长为凌渭民教授，秘书长为吴银庚。足见，上海交通大学不仅在60年代，在80年代的科技公共外语界依然占据举足轻重的地位。该委员会主要管理理工科大学和综合大学中的理科专业科技公共外语。综合大学的文科非英语专业公共英语教学由外语专业教材编审会董亚芬教授兼管。至1980年，理工科公共外语教材编审委员会重新审定了理工科外语教学大纲。由此诞生了改革开放之后的首个也是新中国成立后的第二个《英语教学大纲》高等学校理工科本科四年制试用版。《大纲》规定理工科本科大学英语的教学目的是打好语言基础，使学生具备阅读本专业的英语书刊的能力。与1962年的教学大纲相比，1980年的理工科教学大纲在教学目的和词汇、语法的教学要求上几乎相同。教学内容依然要体现科技英语的特点。所不同的是，在公共英语教学要注意的问题上，特别提出"体现英语教学的思想性一定要考虑和遵循英语教学的规律性"。在这份大纲的指导下，一批公共英语教材应运而生，截至1983年，共审定出版或再版的公共英语教材达67册[1]。最为突出的代表有理工科公共外语教材编审委员会的总主持学校上海交通大学吴银庚主编的《英语》（理工科通用）、理工科公共外语教材编审委员会英语编审小组主持学校清华大学陆慈编写的《英语教程》（理工科用）以及综合大学的文科非英语专业公共英语教学兼管单位复旦大学董亚芬教授编写的《英语》理科用和《英语》文科用等。至此，高校基本形成均以英语作为第一公共外语的局面。到1984年底全国外语教育出现了从未有过的欣欣向荣局面。据不完全统计，

---

[1] 李良佑. 中国英语教学史 [M]. 上海：上海外语教育出版社，1988：624.

当时的公共外语学习人数估计有一百一十多万人[①]。不仅如此，如今的两大大学英语教材出版巨头——北京外语教学与研究出版社和上海外语教育出版社均在这段时期诞生。这都为"文革"后外语教育尤其是大学英语[②]教育的恢复和发展指引了方向，促进了各类教材的编审、印刷出版等工作，逐步打破了"三无"局面。

2）实行文理打通与四六级标准化测试（1985—1998）

1985年2月，历时两年多的抽样调查，由全国高等学校理工科外语教材编审委员会和中国公共外语教学研究会主持编写的理工科本科用《大学英语教学大纲》审定通过并被教育部正式批准。在此基础上，根据当时世界自然科学技术与社会科学的相互交叉渗透发展状况，复旦大学、南开大学、华东师范大学、武汉大学、中国人民大学、兰州大学等十所院校组成修订组，历时一年修订出一个适合综合大学、师范大学及文理科院校使用的文理科本科通用版《大学英语教学大纲》。当时的教育部于1986年3月批准了这份教学大纲。这两份平行使用的大纲可以说是当时最完整、最详尽的教学大纲。尤其是1986年颁布的文理科本科用《大学英语教学大纲》可以说是第一份严格意义上将文科纳入考虑范畴的教学大纲，并首次提出"文理打通、分级教学、三个层次的教学目的、定性定量化的具体要求"原则。同年，按照文理科本科用《大学英语教学大纲》的精神，诞生了历史上首套根据大纲所提出的目的和要求所编写的教材。这套《大学英语》系列教材由当时的大学英语教材编委会副主任兼综合大学英语编审组组长董亚芬教授主编。编写从形式、方法和内容上都有所创新，吸收了当时英语教学法研究的新成果，具有一定的先进性，与此前的理工科英语教材有

---

① 李传松，许宝发.中国近现代外语教育史[M].上海：上海外语教育出版社，2006：94.
② 自1985年11月，国家教育委员会（教育部）设立大学英语教材编审委员会，取代原有的理工科公共外语教材编审委员会，后改建为中国大学外语教学指导委员会。1986年11月，中国公共外语教学研究会更名为中国大学外语教学研究会。"大学英语"逐渐替代"公共英语"这个名称，成为高等学校非英语专业学生学习的必修基础课程。

较显著的改变，成为当时影响范围最广的一套教材。不仅如此，教育部在批准实施《大学英语教学大纲(高等学校理工科本科用)》的通知中指出："大纲反映了国家当前对高等专业人才外语方面的要求，是我委今后检查大学英语教学质量的依据""凡执行本大纲的学校，国家教委……对结束四六级学习的学生进行统一的标准化考试"[①]。这里的标准化考试就是今天的大学英语四六级。可见，这两份大纲的施行推动了全国范围内的大学英语标准化考试——大学英语四六级考试的大规模开展。1985年10月，国家教育委员会委托上海交通大学设立大学英语四六级标准考试设计组，组长是上海交大的杨惠中教授，负责大学英语四六级考试的设计与实施。1987年9月大学英语四级标准考试首次举行，来自470所高校，共计102821名本科生自愿报名参加了这次考试。自此，大学英语四六级考试逐渐成为每一位非英语专业在校大学生的必考科目，四六级证书也逐渐成为大学非英语专业学生毕业取得学位的一个硬指标，成为社会各企事业单位评价大学生英语水平的标准甚至成为大学生入职的敲门砖。大学英语四六级的实施不仅标志着大学英语从教学大纲到教材，再到教学计划和实施，最后到教学评估的完整教学体系的建立，也意味着大学英语走上正轨，开始成为高等学校教育的一项重要任务，成为绝大部分大学生大学生活中不可或缺的一部分。

3) 教材编写原则：工具性和实用性

在"打基础"和"工具论"的影响下，这一时期的外语教材编写始终依据教学大纲中"以英语为工具""阅读能力的培养"和"打基础"的教学目标特点(见表3-12)，注重选材的工具性和实用性。

---

[①] 大学英语教学大纲修订工作组编.大学英语教学大纲(高等学校理工科本科用)[M]. 北京：高等教育出版社，1985：15.

表 3-12 恢复发展期大学英语教学大纲教学目的与要求一览表

| 出版年份 | 大纲名称 | 教学目的与教学要求 | 备注 |
|---|---|---|---|
| 1980年8月 | 《英语教学大纲》高等学校理工科本科四年制试用 | 基础英语教学阶段：为学生阅读英语科技书刊打下较扎实的语言基础；专业阅读教学阶段：使学生具备比较顺利地阅读有关专业的英语书刊的能力。（教学目的） | 教学目的与后期大纲中的教学要求等同，无专门的教学目的 |
| 1985年3月 | 《大学英语教学大纲》高等学校理工科本科用 | 培养学生具有较强的阅读能力，一定的听和译的能力，以及初步的写和说的能力，使学生能以英语为工具，获取专业所需要的信息，并为进一步提高英语水平打下较好的基础。（教学目的）基础阶段：侧重语言共核（共同的词汇、语法结构、功能、意念）的教学；专业阅读阶段：指导学生以英语为工具阅读有关专业书刊，获取专业信息。（教学要求） | 区分教学目的和教学要求栏目，并对理工科学生的"译"的能力有一定的要求 |
| 1986年4月 | 《大学英语教学大纲》高等学校文理科本科用 | 培养学生具有较强的阅读能力，一定的听的能力，初步的写和说的能力，使学生能以英语为工具，获取专业所需要的信息，并为进一步提高英语水平打下较好的基础。（教学目的）基础阶段：侧重语言共核（共同的词汇、语法结构、功能、意念）的教学；专业阅读阶段：指导学生以英语为工具阅读有关专业书刊，获取专业信息。（教学要求） | 教学目的和教学要求与同期颁布的理工科版大纲基本相同，不要求学生的"译"的能力 |

但由于教学对象的差别、教材主编对教学大纲思想理解的差异，理工科本科生用教材与文理科本科生用教材在选材标准上有一定的差异。依据 1980 版和 1985 版教学大纲编写的理工科本科生用大学英语教科书，均注意体现"科技英语"[①]的特点。不主张以"故事和小说"为教学内容，也不主张 60 年代过于"密切结合专业"的教学内容，而以具有实用性价值

---

① 李良佑. 中国英语教学史 [M]. 上海：上海外语教育出版社，1988：552.

的"英语学术文献"为主①。但同期依据1986版教学大纲编写的文理科本科生用教材，在选材上尽量"避免内容过专过偏的文章"，注意选材的趣味性、知识性和可思性。认为过于专业的学术文章大多平铺直叙，缺乏趣味性，主张选取当代英美散文家、专栏作家小说家的作品②。值得一提的是，形成1986版文理科教学大纲的基本思想中，首次提到大学的"教育功能"：认为"外语教学更具有沟通异域文化，融合人类文明的特殊功能"③，对培养德智体美全面发展的受教育者有一定的作用。因此，除上述三性外，依据1986版教学大纲编写的教材还注重选材的"思想性"即"要有利于教书育人"④，并将思想性寓于知识性和趣味性。

（3）育人标准：培养四化建设所需的国际竞争性科技人才

1）"既懂专业又掌握外语的科技人才"（1978—1984）

1978年4月召开的全国教育工作会议上，中共中央副主席、国务院副总理邓小平明确了政治方向和学习科学文化之间的统一关系。同时提出要坚持"为无产阶级培养德智体全面发展的有社会主义觉悟有文化的劳动者"的教育方针。在此基础上，按照党的十一届三中全会精神印发的《加强外语教育的几点意见》（以下简称《意见》）进一步明确：大力办好高等学校公共外语和各种形式的业余外语教育，培养既懂专业又掌握外语的科技人才。虽然《意见》中的育人目标是在高等学校公共外语教育和各种形式的业余外语教育并置的前提下提出的，但"培养既懂专业又掌握外语的科技人才"依然算是我国大学公共外语教育首次出现在政策文件中的育人目标。值得一提的是，这一时期按照这一育人目标编写的三份大学英语教学

---

① 冯玉柱.全面理解和深入贯彻《大学英语教学大纲（高等学校理工科本科用）》[J]. 外语界，1990（01）：20.

② 董亚芬.《大学英语（文理科本科用）》试用教材的编写原则与指导思想[J]. 外语界，1986（04）：21-22.

③ 董亚芬.《大学英语教学大纲（文理科本科用）》实施三年后的思考[J]. 外语界，1990（02）：20-23.

④ 董亚芬.《大学英语（文理科本科用）》试用教材的编写原则与指导思想[J]. 外语界，1986（04）：22.

大纲（1980版理工科、1985版理工科、1986版文理科），在英语教学的目的和指导思想上基本相同，均以阅读能力的培养为主导，强调学生专业英语阅读能力的培养，特别是科技英语阅读能力的培养。这一时期主编大学英语教材的代表人物董亚芬教授也专门撰文《我国英语教学应始终以读写为本》，旗帜鲜明地将读与写视为我国英语教学的主攻方向。可见，这一时期的大学英语教学仍然非常注重英语作为阅读和了解国外各学科先进科技知识的工具性作用，强调语言的工具性和功利性，具有浓厚的工具理性的印记。

2）"三个面向的四有新人"（1985—1998）

1985年5月中共中央颁布《关于教育体制改革的决定》，明确了邓小平同志关于"三个面向"和"四有新人"的育人要求。决定中提出："社会主义现代化建设的宏伟任务，要求我们不但必须放手使用和努力提高现有的人才，而且必须极大地提高全党对教育工作的认识，面向现代化、面向世界、面向未来，为九十年代以至下世纪初叶我国经济和社会的发展，大规模地准备新的能够坚持社会主义方向的各级各类合格人才……所有这些人才，都应该有理想、有道德、有文化、有纪律，热爱社会主义祖国和社会主义事业，具有为国家富强和人民富裕而艰苦奋斗的献身精神，都应该不断追求新知，具有实事求是、独立思考、勇于创造的科学精神。"可见，"三个面向"明确了我国教育改革和发展的目标，为培养出高素质的"有理想、有道德、有文化、有纪律"的"四有"新人指明了方向。"三个面向"要求教育改革与发展要主动适应现代化建设需要；教育改革和发展的道路要适应当今对外改革开放的需要，适应世界新技术革命的发展要求，吸收、借鉴世界各国的文明成果，培养出能参与国际竞争的人才。正如董亚芬在回顾新中国成立以来大学英语教学时所指出的那样：改革开放以前的高等学校公共英语被称为"普通英语"，是一门不受重视的"辅助性课程"。在开放政策下的"三个面向"教育发展思路指引下，高等学校的"普通英语"

才更名为"大学英语",开始被"刮目相看"①。

综上,不管是"三个面向的四有新人"还是"既懂专业又掌握外语的科技人才"的育人标准都是国家"改革开放"的大政方针下应运而生的,而"四化"经济建设所需要的大批国际竞争性科技人才都为大力开办和发展高校大学外语教育,尤其是大学英语教育指明了方向。

### 3.4.2 教科书中的他者文化分析

1980—1984年这一阶段的公共英语教材对恢复"文革"所破坏的公共英语教学起到了很大的作用。"短短三四年时间,大学英语水平不仅达到而且超过了60年代的水平"②。这一时期的代表教材有:上海交通大学吴银庚主编的《英语》(理工科通用)累计印数超过一百万册,同时被全国职业大学广泛采用;复旦大学董亚芬编写的《英语》文科用教材长期成为全国各类文科专业大学的英语教材。因此,这两套教材成为80年代恢复期大学英语教科书的代表。80年代后半期,按照1986版文理科本科用《大学英语教学大纲》编写的董亚芬《大学英语》系列教材在出版后的十多年,为全国绝大部分院校使用,几乎垄断了高校大学英语的教材市场;按照理工科本科用《大学英语教学大纲》编写的,由大学英语四六级考试设计组组长上海交通大学杨惠中、张彦斌主编的《大学核心英语》也是当时流行较为广泛的教材之一。这两套教材成为1985、1986版大学英语教学大纲颁布后的代表性教材。

(1)以"美英"为代表的西方国家全覆盖

经统计发现,这一时期的教科书他国篇目中的主要文化归属国是以美国和英国为首的西方国家。按照他国出现频次高低排序依次为:美国、英国、德国、法国、苏联或俄罗斯、加拿大和日本。具体如表3-13所示。

---

① 董亚芬. 大学英语教学的回顾与展望[J]. 外语界,1992(03):23.
② 李良佑. 中国英语教学史[M]. 上海:上海外语教育出版社,1988:569.

表 3-13 恢复发展期文化归属国出现频次一览表

| 版本 | 美国 | 英国 | 法国 | 德国 | 加拿大 | 日本 | 苏联或者俄罗斯 | 出现频次 |
|---|---|---|---|---|---|---|---|---|
| 1980 理科（吴银庚） | 12 | 8 | 1 | 2 | — | — | — | 23 |
| 1980 文科（董亚芬） | 19 | 15 | 1 | 1 | 1 | 2 | — | 39 |
| 1986 文理（董亚芬） | 32 | 6 | 1 | 1 | — | — | — | 40 |
| 1987 理工（杨惠中） | 49 | 22 | 3 | 3 | 4 | 2 | 4 | 87 |
| 总计 | 112 | 51 | 6 | 7 | 5 | 4 | 4 | 189 |

从表 3-13 可见，尽管恢复发展期的四套教科书从总体上看实现了 7 个主要他国全覆盖。但 1980 版吴银庚主编的理科用《英语》和 1986 版董亚芬主编的文理科本科用《大学英语》教材均未提及加拿大、日本和苏联或俄罗斯。仅在 1987 版杨惠中主编的理工科本科用《大学核心英语》第一次实现了 7 个主要他国文化全覆盖的现象。

（2）以"科学与技术"为主导的多元文化主题

经统计，这一时期教科书他国篇目中的"科学与技术"文化主题以三分之一（63 篇）的绝对优势成为出现篇数最高的文化主题。除"人与自然"和"跨文化差异和比较"文化主题出现的频次基本可以忽略不计，不被重视外，其他文化主题如社会现象与问题、人性与价值观、西方文化与习俗等的出现篇数都非常接近。具体如表 3-14 所示。

表 3-14 恢复发展期文化主题出现篇数一览表

| 版本 | 科学与技术 | 政治现象与问题 | 学生与生活 | 社会现象与问题 | 人性与价值观 | 人与自然 | 西方文化与习俗 | 跨文化差异与比较 | 他国篇目数 |
|---|---|---|---|---|---|---|---|---|---|
| 1980 理科（吴银庚） | 20 | 0 | 0 | 0 | 0 | 0 | 0 | 0 | 20 |
| 1980 文科（董亚芬） | 3 | 9 | 2 | 9 | 8 | 3 | 6 | 0 | 40 |
| 1986 文理（董亚芬） | 4 | 4 | 8 | 8 | 12 | 3 | 1 | 0 | 40 |
| 1987 理工（杨惠中） | 36 | 7 | 8 | 8 | 2 | 2 | 15 | 4 | 82 |
| 总计 | 63 | 20 | 18 | 25 | 22 | 8 | 22 | 4 | 182 |

从表 3-14 来看，再从 80 年代前半段和 80 年代后半段两个时间段来看，前半段 1980 文科和 1980 理科用大学英语教材依然沿袭了 60 年代他国文化主题的选择偏好。特别是吴银庚主编的理科《英语》主题仍然极为单一，100% 的他国篇目均集中在"科学与技术"主题上。而 1980 文科版董亚芬主编的文科《英语》中的"政治现象与问题"文化主题的篇目数仍然占比很大（9 篇，占 22.5%）。但可喜的是，80 年代的文科英语教材与 60 年代相比，不仅开始出现文化主题多元化，涉及政治、社会、价值观、西方文化和人与自然等多种文化主题，且各个文化主题的数量也比较平均。不像 60 年代的教科书编者仅将焦点放在"政治现象与问题"的文化主题上。这意味着，恢复发展期的大学英语教科书编者将平等的注意力放在了他国文化的多元主题上。如对"社会现象与问题"（9 篇，占 22.5%），"人性与价值观"（8 篇，占 20%）以及"西方文化与习俗"（6 篇，占 15%）等其他文化主题的关注，扩大了选材的文化主题范围和数量。再看 80 年代后半段时期的 1986 文理版和 1987 理科版两套教科书，基本延续了 1980 版文科英语的文化主题多元化的优点。但由于 1986 董亚芬版文理科用《大学英语》和 1987 杨惠中版理工科《大学核心英语》的教学对象不同，文理科用《大学英语》显然侧重选择"人性与价值观""社会现象与问题"和"学生与生活"三大主题的他国篇目，三大主题的篇目数占比高达 70%；而理工科《大学核心英语》仍以"科学与技术"主题的他国篇目（36 篇，占 43.9%）为绝对首选。

（3）以"积极取向"为主导和正反相统一的价值取向

经统计发现，恢复发展期的他国篇目价值取向主要呈积极取向（81 篇，占 44.5%），负面或批判取向和中立取向基本持平。如表 3-15 所示。

表 3-15 恢复发展期作者价值取向篇数一览表

| 版本 | P（积极取向） | N（负面或批判取向） | N（中立取向） | 他国篇目数 |
|---|---|---|---|---|
| 1980 理科（吴银庚） | 14 | 0 | 6 | 20 |
| 1980 文科（董亚芬） | 18 | 17 | 8 | 40 |

续表

| 版本 | P（积极取向） | N（负面或批判取向） | N（中立取向） | 他国篇目数 |
|---|---|---|---|---|
| 1986文理（董亚芬） | 17 | 15 | 8 | 40 |
| 1987理工（杨惠中） | 32 | 17 | 33 | 82 |
| 总计 | 81 | 49 | 55 | 182 |

具体来看，前两套教材的价值取向呈现了很大的不同。总体而言，吴银庚版理科用《英语》他国篇目多为积极取向；而董亚芬版文科用《英语》则显然坚持了60年代的正反相统一的价值取向，教科书中的积极取向和负面或批判取向的他国篇目数量基本持平。可见，1980文科英语教科书编者旨在使大学生从正反两方面认识西方世界。后两套教材的价值取向也基本延续了1980文科英语教科书正反面统一价值取向的风格，1986董亚芬版文理科用《大学英语》中的积极和负面或批判取向的他国篇目数量基本持平；但1987杨惠中版理工科用《大学英语核心英语》负面或批判取向的他国篇目虽也不在少数（17篇，占21%），但编者仍倾向于选择价值取向更为积极和中立的他国篇目（共79%）作为主要选材来源。

（4）以科学家为主体的人物形象表征

从宏观和中观的分析，已经可以大致勾勒出一个以英美为代表、以科技为主导、以积极取向为主流的他者世界。进一步对人物形象统计后发现，恢复发展期的4套12册教科书中出现频次颇高的主要人物形象共有六类，按照人数多寡排序分别为：科学家、职业人物、弱势群体、政治人物和家庭成员。除去"其他"，主要人物形象的总占比高达80%。其中，科学家的出现人数最多，占比最高，如表3-16所示。

表3-16 恢复发展期大学英语教科书中的主要人物形象分类统计表

N：人数

| 版本 | 科学家 | | 政治人物 | | 弱势群体 | | 职业人物 | | 家庭成员 | | 学生 | | 其他 | |
|---|---|---|---|---|---|---|---|---|---|---|---|---|---|---|
| | N | % | N | % | N | % | N | % | N | % | N | % | N | % |
| 1980理科（吴银庚） | 6 | 100 | 0 | 0 | 0 | 0 | 0 | 0 | 0 | 0 | 0 | 0 | 0 | 0 |

续表

| 版本 | 科学家 | | 政治人物 | | 弱势群体 | | 职业人物 | | 家庭成员 | | 学生 | | 其他 | |
|---|---|---|---|---|---|---|---|---|---|---|---|---|---|---|
| | N | % | N | % | N | % | N | % | N | % | N | % | N | % |
| 1980 文科（董亚芬） | 2 | 6 | 4 | 13 | 8 | 26 | 7 | 22.5 | 3 | 10 | 2 | 6.4 | 5 | 16.1 |
| 1986 文理（董亚芬） | 2 | 5 | 8 | 19.5 | 7 | 17 | 8 | 19.5 | 9 | 22 | 1 | 2.4 | 6 | 14.6 |
| 1987 理工（杨惠中） | 12 | 37.5 | 4 | 12.5 | 3 | 9 | 5 | 16 | 0 | 0 | 0 | 0 | 8 | 25 |
| 总计 | 22 | 20 | 16 | 15 | 18 | 16 | 20 | 18 | 12 | 11 | 3 | 3 | 19 | 17 |

与此同时,从表3-16可见,这一时期不同版本的人物形象人数出现显著差异。1980理科版大学英语教科书100%为科学家;1980文科版教科书中弱势群体占比最高;1986文理版中的家庭成员占比最高;而1987理科版中的科学家人物数量最多。可见,文科、文理科、理科、理工科版本的教科书依据学生的学科差异,理科版和理工版大学英语教科书大都选择科学家作为西方国家的人物主体和文化学习的对象,而文科版和文理科版则倾向于选择政治人物和职业人物作为主体。本小节将具体分析这一时期每套大学英语教科书中所呈现人物的内外在形象。

1）1980理科版教科书中以美国为代表的"科学家"精神的书写

经统计发现,本套教科书仍延续了60年代以"科学家精神"来书写他国文化的做法。所不同的是,科学家的主要来源国从60年代的"英国"替换成现阶段的"美国"。同时,不再出现法国和苏联或俄罗斯的科学家身影。如表3-17所示。

表3-17 1980理科版大学英语教科书中的人物形象一览表

| 文化主题 | 人物类别 | 美国 | 英国 | 德国 |
|---|---|---|---|---|
| 科学与技术 | 科学家（名人） | 热爱思考、勤动手的爱迪生;善于质疑、坚持追求真理的爱因斯坦;具有敏锐观察力爱探究的查尔斯·固特异（发明家）; | 谦逊的怀特兄弟（发明家）、爱探究的布雷尔利 | 坚持追求真理的魏格纳（地球物理学家） |

从表3-17可见,科学家的专业背景仍是以理工科等自然学科为主。科学家的内在形象仍延续60年代理科版教科书中科学家精神的书写,包

139

括热爱思考、善于质疑、追求真理、爱探究，等等。科学家的内涵也与60年代理科教科书中的无异。

2）1980文科版教科书中以负面"弱势群体"为主体的"普通人"形象

经统计发现，1980文科版大学英语教科书中的人物形象最显著的特点是第一次有多元身份的"普通人"形象出现。这套教科书首次打破科学家或者政治人物形象一统天下的局面，除去政治主题仍以政客、反战人士、工人领袖、国际主义战士白求恩等政治名人为主外，其他文化主题均以"多元身份"的"普通人"形象为主体。如职业身份（司机、警察、飞行员）、弱势群体（老人、儿童、女隐士等）、家庭成员（父子、丈夫），等等，如表3-18所示。

表3-18　1980文科版大学英语教科书中的人物形象一览表

| 文化主题 | 人物类别 | 美国 | 英国 | 法国 | 德国 | 日本 | 加拿大 |
|---|---|---|---|---|---|---|---|
| 人性与价值观 | 普通人 | 助人为乐的司机、尽职救人的警察 | 对文化观有独到见解的作者 | — | 寓言故事中贪婪的妻子和善良但懦弱的老人 | 寓言故事中善良但禁不住物欲变贪婪的伐木工人与平（Yohyo） | — |
| | 名人 | — | 航海冒险家弗朗西斯·奇切斯特、经历苦难坚持梦想的作家毛姆、家境贫苦但坚持写作的科幻小说家赫伯特·乔治·威尔斯 | — | — | — | — |

续表

| 文化主题 | 人物类别 | 美国 | 英国 | 法国 | 德国 | 日本 | 加拿大 |
|---|---|---|---|---|---|---|---|
| 社会现象与问题 | 普通人 | 家道败落、自尊犹存的老人；被疯人捉弄的市民、为救孩子放弃妻子的纠结丈夫、带上购物袋的纽约女隐士们、等不到女儿一起过生日的孤独老人、家境贫寒兼职上学的卖报童 | 被管制的少年犯（群体名称） | — | — | — | — |
| 政治现象与问题 | 名人 | 反抗统治被陷害至死的工人领袖 Joe Will | 鼓舞国人反对纳粹的英国首相丘吉尔 | 二战失去丈夫仍投入战争的女英烈 Violette Szabo | — | — | 为救伤员牺牲自己的白求恩 |
| | 普通人 | 换装被扔出宫外的王子、二战被救回中国报恩的飞行员、反抗英殖民统治的波士顿人民 | — | — | — | — | — |
| 西方文化与习俗 | 普通人 | 圣诞节收到惊喜的儿童、二战后崇尚节俭的美国人 | — | — | — | — | — |
| 人与自然 | 普通人 | 见证蝗灾的父子、海上幸存的厨师、船长与记者 | — | — | — | — | — |

伴随 1980 文科版教科书文化主题的多元化选择，不同主题下他国篇目中的人物身份也开始呈现出多元化的特征。具体来看，此套文科版教材一反以往文科教材以政治主题一统天下的局面，第一次出现"社会现象与问题"和"人性与价值观"，与"政治现象与问题"一道成为最受关注的文化主题。其中，"社会现象与问题"中的"普通人"基本以"负面"的

弱势群体或边缘人物形象出现，如孤独的老人、家境贫寒的儿童、贫困得不到救助的纽约女隐士们、少年犯、被捉弄的市民等；"政治现象与问题"除去惯有的政治名人外，多以"反抗强权"和"二战"相关的普通人身份出现，如二战飞行员、反殖民统治的波士顿人民等；"人性与价值观"则以正反两面的形式既呈现善良有道德感的职业身份普通人、也以寓言的形式呈现老人的懦弱和工人的贪婪；"西方文化与习俗"主题中以庆祝传统西方节日的普通人和崇尚节俭的美国人形象为主体，从西方节日习俗和群体人物性格来描绘他国的文化与习俗；"人与自然"主题主要以人与自然的关系为主要内容，以处在天灾中幸存的普通人形象为主体，强调自然的力量激发人对自然的敬畏。

总之，此版教科书力图将他国描绘成由职业身份和弱势群体身份的"普通人"为主体的有一定社会、政治问题的文化社会。

3）1986文理科教科书中以积极正面的"家庭成员"和"职业"身份为主体的普通人形象

1986文理科大学英语教科书是依据大学英语教科书"打通文理"的教育理念指导下颁布的，是文理打通理念的有力印证。1986文理科版董亚芬主编的大学英语教科书与1980版董亚芬主编的文科用大学英语教科书相比，首先，第一次出现了"科学与技术"主题，但这套教科书一反以往大一统的"科学家精神"人物形象书写，科技主题下的人物形象开始呈现出普通人的性格特点描写。如"淡泊名利的爱因斯坦"等。同时开始注重科技对普通人所造成的影响书写，拓展了他国科技文化主题的内涵。其次，本套教科书第一次出现高频率的"学生与生活"主题，教科书文本多以"家庭成员"人物形象为主体，凸显了教科书知识选择的"人的发展"取向。但教科书中的学生人物形象多以求职、实习、创业的大学生为主体，体现了外语教育的工具性特征。再次，"总统"这样的传统政治名人形象第一次出现在了"人性与价值观"文化主题中，同时，第一次出现友人、邻居这样的与自我形成平行关系的身份，且多以呈现诚信、平等、自信、懂得赞美等积极正面道德形象的普通人为主。此外，"社会现象与问题"仍延续 1980 版教科书风格,以弱势群体形象为主体,开始出现职业身份的普通人形象;"政治现象与问题"除了以往的反战和种族歧视的传统政治名人形象外,开始出现中产阶级和女性身份的"普通人"形象,使他国"政治"文化的内涵也随之得以拓展;"人与自然"主题从正反两面不仅崇尚人与自然的和谐相处,也以科幻小说的形式批判人类对地球环境的破坏。如表 3-19 所示。

表 3-19  1986 文理版大学英语教科书中的人物形象一览表

| 文化主题 | 人物类别 | 美国 | 英国 | 法国 | 德国 |
| --- | --- | --- | --- | --- | --- |
| 人性与价值观 | 名人 | 撰写独立宣言倡导人人平等的美国总统罗斯福、从小诚信的总统林肯和华盛顿 | 挑战自我的航海冒险家弗朗西斯·奇切斯特 | — | — |
| 人性与价值观 | 普通人 | 自信成就梦想的外科大夫、智商高但被嘲弄的博士和智商不高动手能力强的汽修工人、会赞美的父亲、教师和友人、找到育人真谛的年度教师皮特、家道没落自尊犹存的老人,为了生存放弃情谊的邻居 | — | 不懂拒绝的作者和靠奉承骗取午餐的女人 | — |
| 学生与生活 | 普通人 | 第一次求职面试的大学生、遇挫努力坚持不放弃的母亲、误读温度计等待死亡的儿子、放下面子勇敢创业的儿子、鼓励孩子创业的父母、第一次实习自大不善倾听的工程师、刑满释放害羞而渴望亲情并被家人接纳的 Vingo | — | — | — |
| 社会现象与问题 | 普通人 | 持枪抢劫的人与普通受害市民、缺乏社会关爱和救助的纽约女隐士们、该不该说谎的医生、等不到女儿过生日的孤寡老人 | — | — | — |

续表

| 文化主题 | 人物类别 | 美国 | 英国 | 法国 | 德国 |
|---|---|---|---|---|---|
| 政治现象与问题 | 名人 | 遇到不公正待遇的美国土著运动员吉姆·索普、美国独立战争时期反战人士安特·贝蒂斯 | — | — | 走向死亡的希特勒和他的妻子、幕僚 |
| | 普通人 | 善于观察解决危机的美国动植物学家、有正确口音被尊重的中产阶级父母、留着不整齐长发的19岁反主流文化青年、以貌取人错抓人的警察、儿子死在战场的妇女和富有同情心的电报员 | 对女性有偏见的英国少校、遇事冷静机智的殖民地长官夫人 | — | — |
| 科学与技术 | 名人 | 淡泊名利的爱因斯坦 | — | — | — |
| | 普通人 | 被电视占领缺乏沟通的家庭成员 | — | — | — |
| 人与自然 | 普通人 | 科幻小说中勘察地球恶劣环境的科学家、自驾美西享受美好自然风光的作者及家人 | — | — | — |
| 西方文化与习俗 | 普通人 | 渴望圣诞礼物的儿童和制造圣诞惊喜的父亲 | — | — | — |

总之，1986文理科版大学英语教科书以积极正向的"人性与价值观"主题为主导，以职业和家庭成员的"普通人"身份为主体，关注大学生就业、普通人的科技生活、女性平等、中产阶级社会问题、人与自然的相处问题，等等，均呈现出一个价值观积极向上，有一定社会和政治问题、贴近学生生活的他国文化社会。

4）1987理工版教科书中以正面"科学家"为主体的人物形象

1987理工版大学英语教科书仍延续理科版大学英语教科书的特征，以"科学与技术"文化主题为主导，并仍以积极取向的科学家人物形象为主体。但人物内在形象不再以宣扬科学家精神为主体，而重在以权威的科学家身份进行科普；"政治现象与问题"仍以负面的弱势群体人物形象为主；"学生与生活"主要以总统和校长等政治精英身份的名人形象出现;"社会现象与问题"以负面价值取向的职业身份普通人形象为主;"人性与价值观"以积极正面的企业家形象为主;"西方文化与习俗"和"跨文化差异与比较"则以典型的英美国家群体人物性格形象的刻画为主。如图 3-20 所示。

表 3-20　1987 理工版大学英语教科书中的人物形象一览表

| 文化主题 | 人物类别 | 美国 | 英国 | 德国 | 日本 | 苏联或者俄罗斯 |
|---|---|---|---|---|---|---|
| 科学与技术 | 名人 | 坚强决心自学攻克难题的电话之父亚历山大·格拉汉姆·贝尔、第一个勇敢成功"非法"试飞滑翔机的约翰·伍迪、阿波罗16太空舱飞行员查尔斯莫斯·杜克、冷冻人体试验科学家、抨击美国不使用计量单位的罗伯特、绕地球飞行的海军陆战队飞行员、积极攻克预测难题的地震科学家、质疑恐龙灭绝原因的科学家约翰·艾迪 | 冷冻人体试验科学家 | 发现动物可以预测地震的科学家 | 发现蜜蜂可以预测地震的科学家 | 热情援助的苏联南极科考队员 |
| 政治现象与问题 | 名人 | — | 有表演天赋但因政见不同被美国政府驱逐的卓别林 | — | — | — |
| | 普通人 | 不断争取仍处于平权运动中的美国妇女 | — | — | — | 被切尔诺贝利核事故惊吓的业余电台人和反思核泄露的国际核能源组织代表团 |

续表

| 文化主题 | 人物类别 | 美国 | 英国 | 德国 | 日本 | 苏联或者俄罗斯 |
|---|---|---|---|---|---|---|
| 学生与生活 | 名人 | MIT的建校者威廉·巴顿·罗杰斯、拥有爱好并坚持下去的总统罗斯福、艾森豪威尔 | 拥有爱好并坚持下去的首相丘吉尔 | — | — | — |
| 社会现象与问题 | 普通人 | 被看作二等公民但仍以自己的职业为豪的牙医史蒂芬·巴雷特、工作艰辛的飞机乘务员特雷·马森、呼吁回归简单不做物质奴隶的作者、将土豆作为解药消除饥饿的世界土豆中心成员 | — | — | — | — |
| 人性与价值观 | 名人 | 早年丧父但坚持学习、创业成功的柯达创始人乔治·伊斯特 | 尊重事实、拼搏进取的英国新闻社创始人路透 | — | — | — |
| 西方文化与习俗 | 普通人 | 与时俱进、有技术、强壮的现代美国牛仔 | 个性腼腆、安静、保守的英国人 | 青年旅社文化的发起人理查德·施尔曼 | — | — |
| 跨文化差异与比较 | 普通人 | 生活节奏快而没时间讲究形式或礼数的美国人 | — | — | — | — |

具体来看，此版理工科用教科书相较以往版本的理工科用教科书在文化主题上有了极大的突破：第一次出现除"科学与技术"外的其他文化主题，第一次以文化主题聚集的形式呈现出以"科技与文化"为主导的英美人物表征；第一次出现像柯达创始人这样的"企业家"身份的名人形象，反映出80年代改革开放市场经济的蓬勃发展。第一次出现"跨文化差异与比较"文化主题，以跨文化的视角来讲述他者文化，促使学生从他者的眼光来审视自己的文化。如教科书中的第三册第七单元西方礼仪用中西对比的方式，

讲述中国人在和西方人社交谈话时应该注意的禁忌和应该遵守的礼仪。此外，第一次有了对美国人和英国人群体人物性格的描写。其中美国人的性格描写是文章在比较中美会话礼仪差异时得出的，有利于学生对他国礼仪和人物性格的深入了解。可见，本套教科书力图描绘出一个以科学家为主体，科技发达、价值观积极向上、有一定社会和政治问题的他国社会，同时特别关注以英美为代表的国人性格的书写。

（5）"对等"的他者表征论述

这一时期的大学英语教科书是在我国"开放"的文化政策号召下，自我文化主体意识开始觉醒的文化背景下出现的。这一时期"对等"的他者文化观既能从教科书对政治、科技文化主题的人物形象拓展及其内涵扩展中得以体现，也能从教科书里大量涌现的社会文化生活中的多元身份普通人身上得以展现，更可以从中外文化差异对比的他国篇目中得以呈现。特别是1980文科版大学英语教材和1986文理科大学英语教材一反60年代和70年代以"政治现象与问题"为主导的文化主题呈现，开始转向"人性与价值观"和"社会现象与问题"主题的他国文化内容，彰显了外语教材的教育功能和他者文化内涵的变化。

最为突出的代表是1980文科版大学英语教科书首次出现了以批判辩证主义（critical view）的价值取向来讨论"他者"文化观的文章。其中对他者文化观的讨论，直接表明在新时期"开放"的时代语境下，自我开始意识到他者的存在并包容他者的存在，自我与他者之间的关系从绝对的二元对立与否定开始转向对等共处。这篇文章题为 *Does Travel Broaden the Mind*，文中以第一人称"我"的叙事视角，通过记述我与刚从法国旅行回来的英国友人的谈话，总结出这位友人因为总是用他固有的英国人的方式来评判法国的一切，导致旅行并没有开阔他的文化视野的问题。进而引出："到底是应该坚守己国文化、对他者文化抱有偏见还是应该不再确信只有自己国家的风俗习惯才是唯一恰当的、变成本国文化的异类？"（Which is better? To be prejudiced against things foreign, or to lose your certainty that your own country's habits and customs are the only right ones? And then find yourself a stranger among your own people?）这一矛盾而又对立的他者文化观问题。文章最后给出的方案是：包容别国的风俗习惯而不放弃自己的风俗习惯。文章认为：或许评判一个外国人的标准是："他能否礼貌、温和地对待他人并体谅他人？"（Does he try to be polite and considerate to others?）而不是"他是否喜欢我"（Does he like me?）。这篇文章以一个旁观者的视角第一次正视他者与自我的关系，否认了承认他者即为否定自我，这样的他者与自我的绝对二元对立关系。文章认为喜不喜欢不是衡量他者与自我关系的基础，应该摒弃喜欢即接纳，不喜欢即排斥的二元对立观点，提倡包容他者文化而不放弃自我文化的他者文化观。这不仅意味着"开放"的文化政策下，我国自我文化主体意识的觉醒，也反映出整个社会开始放弃否认和对立他者的文化观，开始意识到对等他者的存在价值及其对自我文化的意义。

同时，这时期教材对"思想性"原则的理解有极大的突破。正如主编董亚芬自己所言，"过去认为只有对西方的都持否定态度才能体现教材的思想纯洁性，对西方国家代表人物的作品就更不敢问津了。"如1986文理版教材破例选用了两篇传达爱国主义精神的经典他国篇目，极大地拓宽了对"思想性"的认识范围和深度。如第四册第十一课 *Everyman to His Post* 是英国首相丘吉尔在二战前为鼓舞全国人民反对德国纳粹而作的经典演说。文章言辞铿锵有力，虽同样是政治主题，但从正面感染了学生，激发了学生的爱国主义热情。可见，对他者的对立和否定态度得到了极大的转变，教科书开始正视他者文化的存在及其对自我文化的价值和功能。

与此同时，1980文科版《英语》教科书第一次出现描写他国文化精神的文章。第三册第三课 *A New World* 改编自原文 *The Man Who Made America*。文章以历史的视角完整地记述了从印第安土著人生活的美洲大陆、哥伦布第一次发现的美洲大陆、英国殖民统治下的北美、西进运动，一直到美国的独立和美国人文精神诞生的全过程。客观真实地再现了美国的国家历史与文化精神的来源和生成过程，也再一次印证了80年代改革开放时期，摆脱对他者的意识形态偏见，突破他者与自我绝对的二元对立关系，开始正视他者的存在价值。

（6）"约化"与"简化"的他者表征策略

从表征策略来看，这一时期的大学英语教科书主要采用了"约化"或"同质化"的策略来表征他者。萨义德的东方主义所论述的约化策略指将某一单一具体的事物以总括或概约的方式赋予这一事物所具有的总体特性[①]。

具体来看，1986版文理科用大学英语教科书中的他国文化呈现出美国一边倒的现象，开始以"约化"或"同质化"的策略来表征他者。从表3-19可见，除了美国的人物形象是以文化主题聚集的形式出现，其他国家的人物形象基本是以孤立和碎片化的状态呈现。这一方面反映出教科书中他国文化的选择失衡，另一方面也折射出"美国化"的他者思维。因为他者的文化选择性失衡导致教科书中的整个西方他者被同质化为一个具体国家的文化特征，而当这一国家的文化特征被迫上升为整个西方他者的一般性特征时，这一刻板印象就会被逐渐固化下来。可以说，美国自此开始成为西方文化的代表，"美国化"的他者文化观自此开始深刻影响着未来的教材文化和青年一代的价值观。

与此同时，1987版理工科用大学英语教科书同样用"约化"的策略，将具体的各个西方国家概括为"西方国家"（western countries）。有可能会误导学生认为西方各个国家的礼仪是同质的，从而忽略其他他者国家的独特礼仪文化。同时，此套教材第三册第六单元至第九单元全部是围绕"留学生活"话题的相关他国篇目。主要包括英国高等教育的现状、留学英国高等学府的入学条件及外国留学生资助情况、美国麻省理工学校规模、院系设置、课程选课、教学资源等学校概况、中西交际文化的差异、中西学校文化的差异、英国人的性格特点、做客英国家庭的文化礼仪，等等。

---

① 刘惠玲.话语维度下的赛义德东方主义的研究[D].华中师范大学博士学位论文，2011.

全方位地介绍了从申请留学到去英美求学、生活所需要的相关文化知识。*Western Manners* 这篇文章恰好处于这些介绍英美留学生活的篇目的中间位置（第七单元）。这些文章有可能会误导学生认为，西方国家就是以英美为代表的国家，而所谓的西方国家包括英美的谈话礼仪都是同质的。这种"从总体到个体或从个体到总体"[①]的思维方式正是萨义德所谓的"约化"策略的直观体现。留学生活和相关礼仪的介绍一方面反映了80年代理工科大学生出国热的现象以及大学生对真实的英美国家文化知识的需求，另一方面也证实了教科书用"约化"的手段固化大学生对于真实他者的文化认识。

此外，1987理工科用教科书将英国人描写为性格腼腆、安静和保守，而美国人被描写为生活节奏快而不讲究形式或礼节。表面上是在帮助学生更深入地了解一个国家群体的人物性格，实则在用"简化"的方式将不可控的现实简化成可控的标签，将真实的他国人物形象塑造成一种简单的印象。学生可能因为这些群体形象的固定化描述，造成对他国人物"刻板印象"的产生。教科书用"贴标签"的词语描述方式来划分不同国家的人群，使之形成系列无害的讽刺性描述，如英国人安静而保守，美国人节奏快且不讲究礼数，但这些国家的人群并不一定拥有这样的特征。如果学生一旦记住了这种国家人物形象特征，并用它来区分不同的人群，那么一种固定的、刻板的并且通常是错误的形象就形成了。

### 小结

综上可见，这一时期的他者基本处在"对等"的地位。这里的"对等"指的是文化上的对等，即开始看到他者的存在以及他者文化与自我文化的差异。邓小平"改革开放"的大政方针不仅促成了"互相尊重、平等相待"式的国与国之间外交关系的处理方法，也使整个社会对待他者的态度从意识形态的分歧逐渐转向了他者和自我"文化的差异"。"对等"中的"他者"

---

[①] 刘惠玲.话语维度下的赛义德东方主义的研究[D].华中师范大学博士学位论文，2011：68.

实际隐含了黑格尔自我与他者关系中的他者内涵。使此时的自我与他者关系首次打破了"非存在"关系中绝对的对立关系，他者第一次获得了自我意识，且在一定条件下可以与自我发生相互转化，即自我不仅以文化差异看待他者，同时自我文化相对于他者文化而言，在一定条件下也可以是一种他者文化。可以说，这在一定意义上，实现了黑格尔眼中的"他者"概念，即自我与他者互为他物。但文化上的"对等"并不意味着自我与他者地位和身份的"平等"。正如教科书中所论述的他者文化观那样，包容不代表喜欢，更不意味着认同。这种"对等"更像是一种商品交易关系中的以物易物的对称关系和物质互惠的对等关系，中西双方均以自我的国家利益为基础。从这一时期的教科书他国篇目始终以"科学与技术"文化主题为主导，"科学家""职业"身份为主体，力图给学生呈现出一个"科技"他者中可见一斑，也可以从教材中使用"约化"和"简化"的策略，使"非我们"的国家被约化为"西方"，而西方又被同质化为"英美"中得到印证。这表明，我们始终将"英美"科技文化作为西方他国文化的代表，这样做凸显了英语作为阅读和了解国外各学科先进科技知识的工具性作用。这样的文化表征不仅反映出以"自我"为主体和在"自我认知框架"下的他者观，也使这一时期的自我与他者关系仍然处于二元关系中的不平等地位。这种对等但不平等的他者文化观将在一定程度上固化学生对于他者的文化想象。因此可以说，这一时期的大学英语教科书总体呈现的是一种对等的以"科学与技术"为主导的英美化他者。

## 3.5 稳定发展期（1999—2019）：共在的"美国化"人文他者

### 3.5.1 教科书外部影响因素分析

（1）社会背景：中国特色社会主义文化与人文他者的确立

稳定发展期的这二十年历史分为两个阶段。借用文秋芳教授的命名方法，前一时期是 1999—2012，可以称之为快速发展阶段；后一时期是 2012—2019，可以称之为深入发展阶段。

1）新冷战思维下的国际竞争格局（快速发展阶段）

进入 21 世纪，我国经济得到了飞速发展。在这期间，中国加入 WTO、市场经济不断深化、奥运会、世博会的成功举办、国际地位和总体经济实力不断提升、国际交往日益增多。2003 年 12 月，时任国家最高领导人胡锦涛总书记在纪念毛泽东诞辰 110 周年座谈会上发表重要讲话，第一次提出"要坚持和平崛起的发展道路和独立自主的和平外交政策"。

自 20 世纪 90 年代伊始，全球化成为一股不可阻挡的历史潮流席卷全世界。它不仅表现为经济的全球化、科技的全球化，还有文化的全球化。正如约翰·汤姆林森（John Tomlinson）在《全球化与文化》一书开篇所言："全球化处于现代文化的中心地位；文化实践处于全球化的中心地位。"[①] 面对全球化过程中的经济和文化冲击，中国对内大力发展经济的同时，也开始了新一轮的社会政治体制改革。2004 年 9 月，中共十六届四中全会提出了"构建社会主义和谐社会"的概念。建设和谐社会的重要任务之一就是建设"和谐文化"。在党的十六届六中全会《中共中央关于构建社会主义和谐社会若干重大问题的决定》中，"和谐文化"作为和谐社会理论中的重要概念被提了出来。决定中指出：建设和谐文化是巩固和谐社会的思想道德基础，而社会主义核心价值体系是建设和谐文化的根本。要求全社会树立以"八荣八耻"为主要内容的社会主义荣辱观，倡导爱国、敬业、诚信、友善等道德规范，在全社会形成知荣辱、讲正气、促和谐的风尚，形成男女平等、尊老爱幼、扶贫济困、礼让宽容的人际关系。

可见，面对新冷战思维下西方文化与经济的双重冲击，中国走上了对外宣称"和平崛起"，对内建设"和谐社会"的社会主义现代化道路。"和谐文化"不仅是现阶段中国特色社会主义文化的特殊表现形式，也是这一

---

① 韩艳．文化全球化的现代性诉求及其后果 [J]．深圳大学学报（人文社会科学版），2015（3）：92-96．

时代的活的灵魂。

2）重塑具有凝聚力和引领力的中国特色社会主义文化（深入发展阶段）

为了实现"建设具有强大凝聚力和引领力的社会主义，使全体人民在理想信念、价值理念、道德观念上紧紧团结在一起"[①]的远大目标，新时代中国共产党将"实现中华民族伟大复兴"中国梦深入人心，让"社会主义核心价值观"和"中华优秀传统文化"广泛弘扬，凭构建"人类命运共同体"彰显中国特色大国外交的新型国际关系，等等。系列举措不但增强了马克思主义意识形态在全球范围内的领导力和号召力，也在不断构建中国在全球领域的主导权和话语权。

面对文化全球化的单一性和同质化，以习近平同志为核心的党中央进一步提出了三个自信之外的第四个自信，即"文化自信"，将建设社会主义文化强国作为新时期的文化使命。文化的核心是价值观，文化自信的核心和灵魂在于核心价值观。党的十八大进一步将十六届六中全会提出的社会主义核心价值体系凝练为"富强、民主、文明、和谐、自由、平等、公正、法治、爱国、敬业、诚信、友善"24个字的社会主义核心价值观。自此，全党全社会积极培育和践行社会主义核心价值观，让社会主义核心价值观进校园、进课堂、进学生头脑，使社会主义核心价值观内化于心、外化于行。

云杉认为，要想"做到文化自信，关键是不忘本来、吸收外来、着眼将来"[②]。在增强对社会主义核心价值观、中华传统文化认同感的同时，也要不断"吸收外来"。他主张，"吸收外来"不仅要有开放包容的胸襟、辩证取舍的态度、更要有"以我为主、为我所用"的转化再造能力，实现外来文化的中国化和本土化。正如习近平在报告中指出的那样："加强中

---

① 习近平.决胜全面建成小康社会夺取新时代中国特色社会主义伟大胜利——在中国共产党第十九次全国代表大会上的讲话[M].北京：人民出版社，2017：41.
② 云杉.文化自觉文化自信文化自强——对繁荣发展中国特色社会主义文化的思考（中）[J].红旗文稿，2010（16）：6-7.

外人文交流，以我为主、兼收并蓄。"①总之，新型国际化竞争格局下的中国坚持文化自信，对保持中华民族自身文化的主体性，突破盲目西化而导致的全球文化的同质性和一元性，实现中华民族的伟大复兴具有非常重要的意义。

这一时期的"文化自信"不仅是新时期中国特色社会主义文化的重要特征，更是全球化时代彰显中国文化魅力、提升国际话语权、走向文化自强的必由之路。

从胡锦涛时代的"和谐文化"到习近平新时代的"文化自信"，从我们看世界到"中国文化走出去"，我们看到的不仅是建设有中国特色社会主义文化的不断深入发展，更是我国国际影响力和国际竞争力的不断发展、壮大的真实写照。在这样的文化大背景下，中国的外语教育也从快速发展逐渐走向内涵式发展的道路。

（2）学科背景：工具性与人文性的逐渐统一与跨文化意识的培养

全球化和国际化的浪潮促使英语逐渐成为一门国际语言（English as an international language or global language），为不同语言及文化背景的人们学习和使用。据统计，当今世界说英语的人数达到 15 亿，110 个国家将英语作为母语、官方语言或普遍的第二语言，全世界各地使用英语的人数甚至已经远远超过所谓的 native speakers。据 Eugene Eoyang 的估计，早在 1999 年，"我国学习英语的人数就已经超过了美国总人口"②。著名企业家 Jay Walker 在 TED 演讲中曾专门探讨"全球英语热现象"（A Mania for learning English），他指出全世界有 20 亿人在学习英语，而数中国学习人数最多，并风趣地说："因为中国规定自小学三年级就要开始学习英语，

---

① 云杉.文化自觉文化自信文化自强——对繁荣发展中国特色社会主义文化的思考（中）[J]. 红旗文稿，2010（16）：4.

② Eoyang Eugene. The worldliness of the English language: A Lingua Franca past and future[J]. ADFL Bulletin,1999, 31(1): 26-32.

所以中国能成为今年世界上说英语人数最多的国家。"[①]进入21世纪，我国步入高等教育大众化阶段。特别是自1999年高校实行扩招政策以来，高校人数逐年递增。据国家统计局统计，截至2018年，我国普通高等学校在校大学生人数已超过2831万人，是1999年普通高等学校在校人数（413万人）的近7倍[②]。作为高校在校大学生的一门必修课程，连年扩招使"大学英语成为我国高校中规模最大、影响范围最广的外语课程"[③]。可见，英语的全球化不仅促使我国成为学习英语人数最多的国家，也促成了大学英语成为高校学习人数最多、影响最广的课程。在新时代，影响广泛的大学英语教育不仅肩负着中国高等教育领域国际化的重任，同时也是人力资源规划与发展中提升人才国际素养的基本途径。英语全球化背景下的这二十年，大学英语教育的发展也经历了快速发展和深入发展两个阶段。

1）从"工具性"到"兼有工具性与人文性"（1999—2012）

改革开放二十年，我国外语教育取得的成绩有目共睹，但随着全球化时代的到来，对外语教育的质量和层次提出了更高的要求。就整体教学质量而言，这一时期外语教学"费时低效"的问题已成为不争的事实。早在1996年，时任国务院副总理的李岚清同志在一次外语教育座谈会上就指出了当前外语教育"费时较多、收效较低"的现象，认为当时以阅读为主导的外语教育不重视培养学生的外语交际能力，导致听不懂、讲不出的"聋哑英语"现象。当时的高教司外语处处长岑建君也赞同这一观点，认为"现在我们培育出来的大学生往往只会'哑巴英语'"[④]。针对此现象，时任高教司司长张尧学撰文指出，"错误的大学英语教学定位"是造成这一现象的重要原因之一，并认为"改革大学英语教育、提升大学生综合英语能

---

① Jay Walker. The World's English Mania[EB/OL]. http://blog.ted.com/2009/05/26/the_worlds_engl/, 2009-05-26.
② 国家数据[DB]. http://data.stats.gov.cn/easyquery.htm?cn=C01.
③ 欧阳旭东. 高校扩招背景下的外语教学策略——大学英语通过减课时实现任务型小班教学的可行性研究[J]. 教育理论与实践, 2009, 29（33）: 59.
④ 岑建君. 我国高校外语教学现状[J]. 外语教学与研究, 1999（1）: 4-7+79.

力应作为提升高等学校乃至国家国际竞争力的必需任务"①。学者们则进一步追根溯源、剖析本质,认为中国外语教育长久以来的重知识、轻能力的"语言工具论"才是造成外语教学"费时低效"的根源②。杨自检教授更是直截了当地指出我国长期把外语教育当作外语教学,只重视外语教育工具性的做法,提倡外语教育不仅是知识教学更是一种"思想"和"文化素质"的教育③。与此同时,全国上下正在大力推动"素质教育"的发展。1999 年 6 月召开的全国教育工作会议将"素质教育"明确为党和国家的大政教育方针,并将提高国民素质、培养跨世纪人才作为教育的根本使命。2010 年 7 月颁布的《国家中长期教育改革和发展规划纲要(2010—2020 年)》同样将坚持以人为本、全面实施素质教育作为教育改革发展的战略主题。正是在教育界和外语界都赞同外语教学应该走向文化素质教育课程的学科文化大背景下,这一时期陆续诞生了两份大学英语教学大纲。

第一份是于 1999 年颁布的《大学英语教学大纲》(高等学校本科用)修订版。这份大纲在响应《高等教育面向 21 世纪教学内容和课程体系改革计划》的号召下,教育部高教司委托大学英语教学指导委员会于 1996 年 5 月成立了《面向 21 世纪的大学英语课程教学内容与课程体系改革研究与实践》项目组(原国家教委"高等教育面向 21 世纪教学内容和课程体系改革计划"中的一个项目)通过大量调研对 1985 版理工科和 1986 版文理科《大学英语教学大纲》修订而成的。与之前的大纲相比,有如下特点:第一,1999 版大纲进一步发展了 1986 版文理打通的思路,大纲不再分文理科和理工科,而是面向全国各类高等学校非英语专业的本科生;第二,大纲中规定:"大学英语教学的目的是,培养学生具有较强的阅读能力和一定的听、说、写、译能力,使他们能用英语交流信息。"将"听说

---

① 张尧学. 加强实用性英语教学提高大学生英语综合能力 [J]. 中国高等教育, 2002 (08): 5-7.
② 罗益民. 外语教育"工具论"的危害及其对策 [J]. 外语与外语教学, 2002 (3): 50-51.
③ 杨自俭. 关于外语教育的几个问题 [J]. 中国外语, 2004 (01): 14-16.

写译"四项能力的培养并排放在了第一层次"阅读能力"培养目的的并列位置,成为第二层次的培养目标。这一举措提高了"听说写译"能力培养的地位。同时,开始注重学生"交流信息"能力的培养,不再只关注学生以英语为工具"获取专业所需要的信息"能力的培养。第三,大纲同时提出"大学英语教学应帮助学生掌握良好的语言学习,打下扎实的语言基础,提高文化素养,以适应社会发展和经济建设的需要"。首次将"提高文化素养"和"打下扎实的语言基础"放在同等重要的位置,认为"大学英语教学是实施素质教育的一个组成部分"[1]。开始注重大学英语的人文属性,将英语学习看作是开阔视野、扩大知识面、加深了解外部世界、借鉴和吸收外国文化精华的重要途径。但此份大纲仍将"较强的阅读能力"的培养放在了第一层次的地位,使学生始终无法适应全球化国际形势对"听说能力",特别是"英语应用能力"的需求[2]。同时此份大纲的一个重要决策"将四级定为全国各类高等学校均应达到的基本要求"[3]将"大纲的统一性方面的缺陷"[4]暴露无遗。蔡基刚教授认为"这项统一的基本要求多少带有计划经济时代的色彩",既忽视了社会对不同层次人才的市场需求也忽视了不同地区教育资源和水平的差异,同时,大学英语四六级考试的社会功利性现象也开始浮现。由于四六级考试的结果逐渐成为各级人事部门录用大学毕业生的标准之一。各高校开始出现以考代教、以考代学的现象,教师教授和学生学习大学英语均以获得考级证书为目的,使大学英语成为一门应试科目而非提高英语语言能力和文化素质的课程,与当前的素质教育方向背道而驰。

为了进一步深化大学英语教学改革,提高我国综合国力和国际竞争

---

[1] 佚名.《大学英语教学大纲》(高等学校本科用)修订说明[J].外语界,1999(4):17.
[2] 应惠兰.大纲设计的理论依据和社会基础[J].外语界,1996(2):41-45.
[3] 佚名.《大学英语教学大纲》(高等学校本科用)修订说明[J].外语界,1999(4):17.
[4] 蔡基刚.试论大学英语课程教学要求的基本原则和精神[J].外语与外语教学,2004(01):20.

力[1]，2003年教育部正式将大学英语课程教学改革列为"高等学校教学质量与教学改革工程"质量工程项目之一。并于3月8日成立《大学英语课程教学要求》项目组，组长为复旦大学的李荫华教授，负责撰写《大学英语课程教学要求》。2004年1月，教育部审批了180所大学英语教学改革试点院校，并于6月由上海外语教育出版社正式出版了《大学英语课程教学要求（试行）》。经过三年多的试点教学实践，以及《课程要求（试行）》修订项目组八个多月的修订工作，这一时期的第二份大学英语教学大纲——《大学英语课程教学要求》（正式版）于2007年正式出版供全国高等学校参照执行。2007年《大学英语课程教学要求》（正式版）（简称《课程要求》）较1999年《大学英语教学大纲》（修订版）又有了质的飞跃。首先，名称上有了质的变化。《课程要求》与《教学大纲》不仅是简单换个提法，更是避免统一性方面的缺陷，将大学英语教学的基本出发点和重心转向学生，满足学生的个性化需求的重大变革。《课程要求》不再设置统一的教学要求、教学安排和考试要求，各类高校可以根据当地学生的水平和社会的需要选择相应的等级要求来设定教学和考试要求。蔡基刚认为，课程要求体现了"从计划经济走向市场经济，从指令性走向指导性，从统一性、规范性教学走向多样性和个性化教学，从纯语言考虑走向根据需要培养"[2]的基本原则和精神。其次，大学英语将"培养学生的英语综合应用能力，特别是听说能力"作为教学目标，不再单独出现"阅读能力"和"打基础"的字样，着力培养"听说能力"，以落实大学生英语"综合应用能力"的培养。最重要的是，《课程要求》第一次明确地将大学英语的工具性和人文性统一了起来。《课程要求》指出，"大学英语课程不仅是一门语言基础课程，也是拓宽知识、了解世界文化的素质教育课程，兼有工具性和人文性"。"兼有工具性和人文性"这一论断不仅打破了长久以来的

---

[1] 张尧学.关于大学本科公共英语教学改革的再思考[J].中国高等教育，2003（12）：19-21.

[2] 蔡基刚.试论大学英语课程教学要求的基本原则和精神[J].外语与外语教学，2004（01）：21-22.

外语教育纯"工具论",标志着大学英语课程开始注重语言和文化的关系,同时第一次明确了"大学英语教学内容除了语言知识、语言技能之外,还应涵括人文情感、人文素养和人文理想的培育"[①]。试图彻底转变英语作为工具的思想,视英语为素质教育的重要组成部分。但可惜的是,"兼有工具性和人文性"这九个字仅在"课程设置"板块出现,《课程要求》认为在设置大学英语课程内容时充分考虑人文知识就可以满足当时对工具性和人文性"兼有"的要求,至于什么样的文化内容才算体现课程的人文性,人文性能不能算是课程的基本属性,人文性的功能和价值"为何"均未说明。可见,工具性和人文性相结合的意识开始走入课程要求,但并未深入人心。

2)走向"工具性与人文性有机统一"的开放系统(2012—2019)

2013年,教育部开始研制高等学校本科人才培养质量国家标准,作为新时期"人才培养的基本依据"[②],即外语教育人才培养质量的国家标准,《大学英语教学指南》(以下简称《教学指南》)应运而生。《教学指南》在大学英语教指委成立的教学指南项目组领导下,历经近两年的时间研制而成,2017年正式出版使用。就大学英语的人文属性,《教学指南》在开篇的重要位置"课程性质"板块作出了几点重大改变:其一,明确界定:"大学英语课程是高等学校人文教育的一部分,兼有工具性和人文性双重性质。"《教学指南》不再将"工具性和人文性"仅视为课程设计的一部分,而是将其看作是大学英语课程的基本属性,是贯穿整个大学英语教育实践的出发点和关键点,充分肯定了大学英语的人文属性的地位。其二,明确"大学英语课程重要任务之一是进行跨文化教育"。《教学指南》明确指出,学生学习大学英语不仅是为了专业信息和科技信息的学习和交流,而是有意识地在大学英语语言学习的过程中,增进对不同文化的理解、对中外文化异同的意识,培养跨文化交际能力。凸显出大学英语文化育人的

---

[①] 王守仁.进一步推进和实施大学英语教学改革——关于《大学英语课程教学要求(试行)》的修订[J].中国外语,2008(01):7.

[②] 王守仁.《大学英语教学指南》要点解读[J].外语界,2016(03):2.

功能在于"增进国际理解",形成"文化自觉"[①]。其三,有机融入"社会主义核心价值观"。将社会主义核心价值观有机融入大学英语教学内容既体现了习近平新时代树立文化自信,建设社会主义文化强国的时代使命,也明确了大学英语"工具性与人文性"有机统一的文化教学内容。可见,《教学指南》一开篇就从大学英语人文属性的地位、功能以及应有的文化教学内容三个方面将大学英语教育的人文内涵进行了明晰的阐述,充分肯定了大学英语的人文性及其对人的价值观、文化意识养成(国际理解和形成文化自觉)方面的价值和功能。

从课程要求和课程设置板块来看,《教学指南》突破了 2007 版《课程要求》封闭和固定的指标系统,遵循因地制宜、因材施教的原则,以学生需求为基础,体现了大学英语课程倡导人文精神的内涵。如 2007 版的《课程要求》继续坚持了以往教学大纲中的"一般要求、较高要求和更高要求"的划分框架。从表面上看,《课程要求》使不同学校可以根据自己学校的培养目标行使一定的选择权,但从本质上来分析,大学英语对于学生仍然是一门必须学习的课程。同时,《课程要求》只是对三个要求的个别指标做了微调,其本质上仍然是一个封闭和固定的系统,即所有在校大学生都要遵循且必须达到相应要求规定的指标体系。相比之下,《教学指南》规定:"大学英语作为大学外语教育的最主要内容,是大多数非英语专业学生在本科教育阶段必修的公共基础课程",意味着不要求所有大学生都要学习大学英语。其次,一改以往统一的教学要求,《教学指南》将大学英语的教学目标重新设计为基础目标、提高目标和发展目标三个级别的目标体系。基础目标体系是高考成绩合格的大多数非英语专业学生的基本需求,提高目标体系针对高考成绩较好的学生,而发展目标体系则满足的是学有余力的学生需求。各类高校完全可以按照学生的入学水平差异和多元化需求选择不同等级的目标体系,确定具有本校特色的教学目标和教学要求。最后,《教学指南》通过"通用英语""专门用途英语"和"跨文化交际"

---

① 王守仁. 坚持科学的大学英语教学改革观[J]. 外语界,2013(06):9-13+22.

三大类课程内容的设置进一步优化了以往《课程要求》中的五大类课程结构，特别是"跨文化交际"类课程内容的设置突出了大学英语的人文特性。各类高校可以根据自身需求，将三大类课程结合三个层级分明的目标体系，采用必修课、限定选修课和任意选修课三种不同的课程形式，形成自己的个性化大学英语课程体系。可见，分级目标体系的设定和三大类课程内容的设置都凸显了教学指南的灵活性和开放性，为建设多层次、多类别、个性化的人文精神取向的大学英语课程体系奠定了坚实的基础。

3）教材编写原则：彰显时代性和人文性

依据董亚芬教授对大学英语编写史的三代论[1]以及李荫华教授和蔡基刚教授分别对第四代和第五代大学英语教材的提法[2]，本书的60年代初步形成期大学英语教科书可称为第一代教材；恢复发展期的前一阶段（1977—1984）可算是第二代教材；恢复发展期的后一阶段（1985—1998）属于第三代教材；平稳期则以2007版《大学英语课程要求》为分界点，依据1999版《大学英语教学大纲》编写的教材则为第四代大学英语教材；依据2007版《大学英语课程要求》和2017版《大学英语教学指南》编写的教材可称为第五代大学英语教材。可见，平稳期的教材编写原则主要指第五代教材兼含第四代教材。

细读这一时期的大学英语教学大纲发现，有关教学内容的规定包括：《课程要求》指出"以英语语言知识与应用技能、跨文化交际和学习策略为主要内容"；《教学指南》中明确要求将"社会主义核心价值观有机融入教学内容"，对通用英语课程内容的要求有"增加学生的社会、文化、科学等基本知识，拓宽国际视野，提升综合文化素养"、"可在通用英语课程内容中适当导入一定的中外文化知识，以隐形教学为主要形式"等。可见，两份大纲均要求大学英语注重文化知识内容的传授，体现大学英语

---

[1] 董亚芬.《大学英语（文理科本科用）》试用教材的编写原则与指导思想[J].外语界，1986（04）：20-21.

[2] 蔡基刚，唐敏.新一代大学英语教材的编写原则[J].中国大学教学，2008（04）：85-90.

教学内容的人文性。尤其是《教学指南》反对"工具人"的培养规格，注重学生跨文化领导力的培养，更加注重核心价值观的传导。

依据这一时期教学大纲要求和教材编者的理解所编写的系列教材在选材标准上也大同小异。《大学英语》（全新版）系列教材的主编李荫华主张"选用当代英语的常见语体或文体的典型样本作为素材"，仍延续董亚芬主编的《大学英语》系列教材的优良传统，坚持"久经考验、百读不厌的范文"原则，要求选"文情并茂"的文章，即"不仅要语言规范而且应富有文采、引人入胜、给人以启迪"[1]。新视野系列教材主编郑树棠认为21世纪的大学英语教材应该"题材多样，体裁广泛，练习新颖，具有时代特色"[2]。随后出版的《新视野大学英语》系列教材（第三版）前言中，明确要求"选材富有时代气息，体现思辨性和人文性"，即在充分考虑学生时代特征的基础上，注重选文的思想性和趣味性，培养学生看待人与社会及世界的多元视角。陈坚林认为，进入21世纪的第四代大学英语教材教学理念先进，依托网络及多媒体技术的日益革新，体现了教育信息技术的发展，打破了局限传统教学的模式，呈现出立体化、信息化的时代性特征，但仍然存在"以阅读能力的培养为主"，"使用效率低下"的问题[3]。根据第四代教材的现状，蔡基刚主张第五代大学英语编写应进一步打破以教师为中心的教学模式，在选材上突出"实用性"，以并不十分专业的但较系统的学科知识为主要内容的内容型教材为主，将语言知识的教学模式转到学科知识内容的学习模式[4]。2011年，蔡基刚教授通过进一步分析2007年至2010年间出版的4套比较有影响的新编教材后发现，大学英语教材

---

[1] 李荫华. 继承、借鉴与创新——关于《大学英语》系列教材（全新版）的编写[J]. 外语界，2001（05）：2-8+57.

[2] 郑树棠，卫乃兴. 面向21世纪开发新一代大学英语教材——大学英语教学现状研究之二[J]. 外语界，1997（01）：31-36.

[3] 陈坚林. 大学英语教材的现状与改革——第五代教材研发构想[J]. 外语教学与研究，2007（05）：374-378.

[4] 蔡基刚，唐敏. 新一代大学英语教材的编写原则[J]. 中国大学教学，2008（04）：85-90.

存在"人文性内容一统天下的情况",呼吁出现"以内容为依托的大文大理的大学英语教材"①。可见,学界对于第四代,特别是第五代教材的编写原则始终有不同的声音,但第四代和第五代教材编写的总体特征可以总结为彰显时代性和人文性。

(3)育人标准:培养具有文化自觉意识的国际化人才

1)外语是提升国际竞争力的重要手段

随着中国加入 WTO,中国在不断开放的同时也意味着必须面对交往愈加频繁、竞争愈加激烈的国际化环境。为了进一步提升国际竞争力和综合国力,就必须培养一大批能适应国际化竞争的人才。外语作为国际化人才的基本条件,学好外语不仅是参与国际竞争,更是提升国际竞争力的重要手段。正如教育部高教司司长张尧学 2002 年指出的那样:进入 21 世纪,在经济全球化和科技国际化成为新时代特征的大背景下,"外语是提升我国国际竞争力的重要手段","外语,特别是英语不仅仅是人们交流和沟通的工具,更重要的,它还是竞争的武器"②。可见,在英语成为国际通用语的全球化时代,英语作为提升我国国际竞争力的重要手段,地位不容忽视。这一点在这一时期诞生的大学英语教学大纲(特别是 2007 版《课程要求》和 2017 版《教学指南》)中,都得到了不同程度的体现。通过统计和对比平稳期三份大纲中"国际"出现的位置和内容,我们可以清楚地看到我国加入"国际化"竞争格局给大学英语带来的深刻变化。如表 3-21 所示。

---

① 蔡基刚. 转型时期的大学英语教材编写理念问题研究 [J]. 外语研究,2011(05):5-10+112.

② 张尧学. 加强实用性英语教学提高大学生英语综合能力 [J]. 中国高等教育,2002(08):5.

表 3-21 "国际"在平稳期教学大纲中出现的位置及内容

| 大纲/要求 | "国际"出现的内容 | "国际"出现的位置 |
|---|---|---|
| 1999《教学大纲》 | 未出现 | 未出现 |
| 2007《课程要求》 | 大学英语的教学目标是培养学生的英语综合应用能力，特别是听说能力，使他们在今后学习、工作和社会交往中能用英语有效地进行交际，同时增强其自主学习能力，提高综合文化素养，以适应我国社会发展和国际交流的需要。 | 教学性质和目标 |
| | 口语表达能力：能在国际会议和专业交流中宣读论文并参加讨论。 | 教学要求 |
| | 大学英语课程不仅是一门语言基础课程，也是拓宽知识、了解世界文化的素质教育课程，兼有工具性和人文性。因此，设计大学英语课程时也应当充分考虑对学生的文化素质培养和国际文化知识的传授。 | 课程设置 |
| 2017《教学指南》 | 当今世界，经济全球化和科技进步将不同国家与地区的人们紧密联系在一起。英语作为全球目前使用最广泛的语言，是国际交往和科技、文化交流的重要工具。 | 前言 |
| | 高校开设大学英语课程，一方面是满足国家战略需求，为国家改革开放和经济社会发展服务，另一方面，是满足学生专业学习、国际交流、继续深造、工作就业等方面的需要。 | |
| | 大学英语课程对大学生的未来发展具有现实意义和长远影响，学习英语有助于学生树立世界眼光，培养国际意识，提高人文素养，同时为知识创新、潜能发挥和全面发展提供一个基本工具，为迎应全球化时代的挑战和机遇做好准备。 | |
| | 口头表达能力：能在国际会议和专业交流中宣读论文并参加讨论。 | 教学要求 |
| | 通用英语课程的目的是培养学生英语听、说、读、写、译的语言技能，同时教授英语词汇、语法、篇章及语用等知识，增加学生的社会、文化、科学等基本知识，拓宽国际视野，提升综合文化素养。 | 课程设置（课程结构和内容） |

续表

| 大纲/要求 | "国际"出现的内容 | "国际"出现的位置 |
|---|---|---|
| 2017《教学指南》 | 发展级别的通用英语课程注重学生较高层次语言应用能力的拓展训练,满足具有拔尖创新潜质的高水平学生参与国际学术交流的需要。<br>发展级别的跨文化交际课程旨在通过系统的教学,进一步增强学生的跨文化意识,扩展学生的国际视野,进一步提升学生的语言综合应用能力和跨文化交际能力。 | 课程设置<br>(课程结构和内容) |

从表 3-21 可以看出,"国际"出现的次数在三份大纲中稳步提升(从 0 次到 7 次),在其中的位置越发重要,相关的内容要求也逐步具体化。具体而言,由于大纲的撰写和发布有一定的滞后性,1999 年的教学大纲实际是 1996 年开始撰写的,因此,我们在 1996 年大纲中没能找到"国际"的相关字眼;2007 版《课程要求》首次将"国际"融入了大学英语的教学目标,明确规定"学生学习英语需要适应国际交流的需要",同时进一步明确了学生需要具备"国际会议"专业交流的口语表达能力,并要求在教学设计中考虑"国际文化知识传授"的教学内容;与国际相关的语汇在 2017 版《教学指南》中尤为丰富,如国际意识、国际交流、国际视野、国际文化、国际交往等等,充分体现了"国际化"背景对大学英语教育的深刻影响。2017 版《教学指南》相比 2007 版增加了"前言"版块以"说明大学英语课程的价值"[①]。"国际"在"前言"版块中先后出现三次,分别从国家国际交往的战略需求,学生世界眼光、国际意识、国际交流能力培养的发展需要来阐述大学英语课程的价值,深刻反映了大学英语对培养国际化人才的重要价值。《教学指南》在课程设置中进一步从不同等级的课程内容设置上细化了对学生国际化的要求,对相关教学实践做出了明确的规定。与 2007 版《课程要求》在课程设置部分的点到为止相比,《教学指南》对国际化的要求显得更加深入、更有可操作性。由此可见,大学英语作为我国培养国际化人才英语能力的重要课程,对中国参与国际竞争、

---

① 王守仁.《大学英语教学指南》要点解读[J]. 外语界,2016(03):4.

提升综合国力、实现中国走出去战略，对大学生应对全球化时代的挑战和机遇以及自身未来发展具有重要意义。

2）培养具有中国情怀和国际视野的国际化人才

培养什么人、怎样培养人、为谁培养人是教育的根本问题。习近平总书记从新时代党和国家事业发展全局的战略高度认为，"培养担当民族复兴大任的时代新人"是体现了人的发展与时代进步相契合的新时代人才需求，为新时代中国特色社会主义的人才培养指明了目标方向、提供了根本遵循。在高度全球化和文明冲突与调和成为世界课题的今天，中国提出"一带一路"的倡议和"构建人类命运共同体"的方案，不仅彰显了中国智慧，也意味着以合作共赢为核心的新型国际关系的构建。为了在国际舞台加强话语权和影响力并如期完成民族复兴大业，培养"一批具有中国情怀和国际视野的复合型专业化国际人才"[1]是时代新人被赋予的特定内涵。十九大代表张晓宏认为，培养具有国际视野和中国情怀的青年是高校人才强国战略的关键[2]。其中，中国情怀指的是坚定中国特色社会主义道路自信、理论自信、制度自信和文化自信，拥有深厚的爱国主义情怀，而国际视野指的是要用国际眼光客观理性看待世界，进而理解包容，求同存异，友善相处。换句话说，"具有中国情怀和国际视野"实际上就是要具备费孝通先生提出的"文化自觉"意识。只有对本国文化和其他文化有自知之明，明白它的来历、形成过程、所具有的特色和发展的趋向，并确立自身位置的基础上，才能以包容开放的胸怀去鉴赏和理解他国文化，从不同的文化中汲取养分，为我所用。文化多元化、全球化的文化转型时期呼唤文化自觉。在相互依存、共生共荣的全球化新时代，只有培养具有文化自觉意识的时代新人，才能够知己知彼，更自主、更宽容、更平和地融入全球化格局之中，从全球着眼、从本地入手（think globally, act locally），在反思中融合，

---

[1] 刘利琼，徐松.新时代全球治理视域下的国际化人才职业道路拓展探讨[J].外语学刊，2019（02）：81-85.

[2] 十九大代表张晓宏：培养具有国际视野和中情怀的青年人才[EB/OL].（2011-05-8）. https://www.sohu.com/a/201158967_118392.

取长补短，与他国文化和平共处，各抒所长，共同发展。

### 3.5.2 教科书中的他者文化分析

进入21世纪，大学英语蓬勃发展，大学英语教材逐渐多元化、立体化、数字化，涌现出很多具有时代特征的教材。面对种类繁多的教材，选择平稳期的教科书研究对象依旧按照编写团队为上海交通大学和复旦大学这两条主线，所选的四套教材分别来自上海外语教育出版社（简称外教社）出版的《全新版大学英语》系列教材和外语教学与研究出版社（简称外研社）出版的《新视野大学英语》系列教材。这四套代表性教科书不仅是教育部推荐并被高校广泛使用的"十一五""十二五"普通高等教育本科国家级规划教材，同时正如柳华妮统计的那样，不管是从教材本身抑或出版社受关注程度来看，外教社出版的《全新版大学英语》教材和外研社出版的《新视野大学英语》教材都算是关注度高且影响广泛的大学英语教材[①]。所选的四套教材分别根据这一时期颁布的三份大学英语教学大纲编写而成。其中，"2001新视野"和"2001全新版"大学英语教科书是依据99年《大学英语教学大纲》编写而成；"2013全新版"大学英语教科书则是根据2007年颁布的《大学英语课程要求》编写而成；"2015新视野"大学英语教科书依据2017最新版《大学英语教学指南》精神编写而成[②]。同时，《新视野大学英语》系列教材是由上海交通大学郑树棠教授主编，外研社于2001年首次出版，"2015新视野"是在传承2001新视野第一版和2008新视野第二版经典特色基础上，根据新近颁布的《教学指南》修订而成；不同的是，《大学英语》系列教材（全新版）是在继承和发扬由外教社1986年出版，复旦大学董亚芬教授主编的《大学英语》系列教材的经

---

① 柳华妮. 大学英语教材研究二十年：分析与展望[J]. 外语电化教学，2013（02）：66-71.
② 尽管《大学英语教学指南》于2017年正式出版供各高校参照使用，但依据王守仁教授于2016年发表的《〈大学英语教学指南〉要点解读》中所述，《大学英语教学指南》于2013年启动，2015年5月已基本完成修订；且根据《新视野大学英语》（第三版）"前言"中的教材介绍，本套教材是依据《大学英语教学指南》精神编写而成。

典特色基础上由复旦大学李荫华主编团队不断创新的结果。

（1）美国文化频次最高

稳定发展期的四套教科书按照他国出现频次高低排序依次为：美国、英国、法国、加拿大、日本、德国和苏联或俄罗斯。但美国的出现频次独占鳌头，遥遥领先，其出现频次（208次）竟然是其他六国出现频次的总和（61次）还要多三倍。可见，这一时期的大学英语教科书出现了"美国"文化一边倒的现象。其他国家的文化相比之下均成为边缘弱势文化。如表3-22所示。

表3-22 稳定发展期文化归属国出现频次一览表

| 版本 | 美国 | 英国 | 法国 | 德国 | 加拿大 | 日本 | 苏联或者俄罗斯 | 出现频次 |
|---|---|---|---|---|---|---|---|---|
| 2001新视野（郑树棠） | 51 | 7 | 4 | 1 | 2 | 4 |  | 69 |
| 2001全新版（李荫华） | 57 | 4 | 2 | 2 | 3 | 3 | 1 | 72 |
| 2013全新版（李荫华） | 55 | 4 | 4 | 3 | 5 | 2 | 2 | 75 |
| 2015新视野（郑树棠） | 45 | 2 | 3 | 2 | 1 |  |  | 53 |
| 总计 | 208 | 17 | 13 | 8 | 11 | 9 | 3 | 269 |

具体来看，同为外语教学与研究出版社出版的由郑树棠编写的2001新视野版和2015新视野版大学英语教科书均未提及苏联或俄罗斯，同时2015新视野版大学英语教科书没有提及日本。但同为上海外语教育出版社李荫华主编的2001全新版和2013全新版两套大学英语教科书均实现了七国文化全覆盖。这说明这一时期由于出版社和编者理念的不同，教科书文化归属国也会出现相应的选择性差异。

（2）以"人性与价值观"为主导的文化主题多元化

这一时期的大学英语教科书首次打破"科学与技术"一统天下的局面，"人性与价值观"的出现频次高达61次，为其他大部分主题出现频次的两倍，频次占比达25%，成为这一时期最重要的他国文化主题。如表3-23所示。

## 3 大学英语教科书中的"他者"变迁历程

表 3-23 稳定发展期文化主题出现篇数一览表

| 版本 | 科学与技术 | 政治现象与问题 | 学生与生活 | 社会现象与问题 | 人性与价值观 | 人与自然 | 西方文化与习俗 | 跨文化差异与比较 | 他国篇目数 |
|---|---|---|---|---|---|---|---|---|---|
| 2001 新视野（郑树棠） | 13 | 13 | 4 | 18 | 8 | 3 | 3 | 3 | 65 |
| 2001 全新版（李荫华） | 8 | 9 | 12 | 5 | 17 | 6 | 5 | 1 | 63 |
| 2013 全新版（李荫华） | 11 | 9 | 8 | 9 | 16 | 6 | 3 | 1 | 63 |
| 2015 新视野（郑树棠） | 1 | 6 | 12 | 5 | 20 | 3 | 0 | 4 | 51 |
| 总计 | 33 | 37 | 36 | 37 | 61 | 18 | 11 | 9 | 242 |

另一重大变化是，这一时期的教科书均注重"跨文化差异与比较"主题的选择与呈现。值得一提的是 2015 新视野版大学英语教科书中以"西方文化与习俗"为主题的他国篇目均以跨文化差异与比较的形式呈现，突破了原有的单一文化呈现模式，使不同文化在跨文化对比中得到更全面而深刻的感知和理解。

（3）正反相统一的价值取向

稳定发展期的他国篇目中所呈现的作者价值取向虽仍以积极取向为主导，但持批判或否定价值取向的篇目数（93 篇）与积极取向的篇目数（107 篇）首次出现齐头并进，数量如此接近并基本持平的现象，各占他国篇目总数（242 篇）的 38% 和 44%，差距非常微弱。如表 3-24 所示。

表 3-24 稳定发展期他国篇目作者价值取向篇数一览表

| 版本 | P（积极取向） | N（负面或批判取向） | N（中立取向） | 他国篇目数 |
|---|---|---|---|---|
| 2001 新视野（郑树棠） | 13 | 38 | 14 | 65 |
| 2001 全新版（李荫华） | 35 | 20 | 8 | 63 |
| 2013 全新版（李荫华） | 31 | 17 | 15 | 63 |
| 2015 新视野（郑树棠） | 28 | 18 | 5 | 51 |
| 总计 | 107 | 93 | 42 | 242 |

可见，这一时期的教科书作者价值取向一反以往积极价值取向占绝对

优势的常态,第一次出现正反基本统一的价值取向趋势。但具体来看,每套教科书中他国篇目的作者价值取向并不十分一致。最显著的差别是2001新视野版大学英语教科书出现负面取向明显高于积极取向的情况,其他三套教科书仍然维持以积极取向为主导。

(4)以"弱势群体"为主体并出现"平民英雄"的普通人形象

从宏观和中观的分析,已经可以看到平稳期的大学英语教科书为我们大致勾勒出美国文化为主体、以"人性与价值观"主题为主导、正反价值取向基本统一的他者世界。进一步对人物形象统计后发现,稳定发展期的4套12册教科书中出现频次颇高的主要人物形象共有六类,按照人数多寡排序分别为:弱势群体、科学家、政治和经济人物、家庭成员、职业人物和学生。除去"其他"(17.5%),主要人物形象的总占比超过80%。其中,弱势群体的出现人数最多、占比最高,如表3-25所示。

表3-25 稳定发展期大学英语教科书中的主要人物形象分类统计表

N:人数

| 版本 | 科学家 || 政治、经济人物 || 弱势群体 || 职业人物 || 家庭成员 || 学生 || 其他 ||
|---|---|---|---|---|---|---|---|---|---|---|---|---|---|---|
| | N | % | N | % | N | % | N | % | N | % | N | % | N | % |
| 2001新视野（郑树棠） | 10 | 23 | 3 | 7 | 10 | 23 | 5 | 12 | 3 | 7 | 3 | 7 | 9 | 21 |
| 2001全新版（李荫华） | 6 | 12 | 9 | 17 | 11 | 21 | 6 | 12 | 9 | 17 | 2 | 4 | 9 | 17 |
| 2013全新版（李荫华） | 6 | 12.5 | 8 | 16.7 | 9 | 18.8 | 6 | 12.5 | 10 | 20.8 | 3 | 6.2 | 6 | 12.5 |
| 2015新视野（郑树棠） | 9 | 20 | 9 | 20 | 6 | 13.3 | 5 | 11.1 | 5 | 11.1 | 2 | 4.5 | 9 | 20 |
| 总计 | 31 | 16.5 | 29 | 15.4 | 36 | 19.1 | 22 | 11.7 | 27 | 14.3 | 10 | 5.5 | 33 | 17.5 |

尽管总体来看,弱势群体、科学家、政治和经济人物的出现人数基本持平,但具体来看,不同版本不同编者编著的教科书中出现的六类人物形象人数仍存在显著差异。其中,由外语教学与研究出版社出版、郑树棠主编的2001版和2015版新视野大学英语教科书仍以科学家人物形象为主体,

不同的是2001版同时关注弱势群体，但2015版更多关注经济和政治人物；由上海外语教育出版社出版的全新版大学英语教科书则以弱势群体和家庭成员为主体，同时，重点关注政治人物的形象。下文将具体分析这一时期每套大学英语教科书中所呈现人物的内外在形象。

1）2001新视野版教科书中以负面的"弱势群体"为主体的普通人形象

2001新视野版大学英语教科书最显著的特点是第一次以文化主题聚集的形式呈现出以美国为代表、以"社会现象与问题"为主导、以负面价值取向为主流的他国人物形象表征。

具体来看，首先，"社会现象与问题"第一次成为出现频率最高的文化主题，并以负面的"弱势群体"形象出现，如非洲裔人与拉丁裔人、寡妇、青少年儿童、环卫工人等等，以揭示一定的社会现象与问题，如种族、职业歧视问题、经济问题、枪支安全问题等，此外，第一次出现与"教育"相关的他国篇目，如家庭教养和品格教育等；其次，"政治现象与问题"与社会现象与问题类似，也以负面的弱势群体普通人为主体，如受歧视的黑人、移民、低保户等，第一次出现负面的政府贪腐官员形象；"科学与技术"一反以往自然科学领域科学家一统天下的局面，开始歌颂歌剧家、作曲家和文学家等人文社会科学领域的科学家精神（如创新思维）；再次，"学生与生活"主题的他国篇目以负面的学生形象为主体，如作弊的学生等；此外，"人性与价值观"则以自尊、正直、诚实、乐观的企业家和艺术家形象和乐观、善良的普通人形象为主；最后，"西方文化与习俗"和"跨文化差异与比较"分别以时间观极强但使外来人无法适应的美国人以及在文化冲击中的无所适从的普通人形象出现。

总体而言，2001新视野版大学英语教科书主要以负面形象的"弱势群体"形象出现，呈现出一个存在诸多社会和政治、跨文化问题的他国文化。如表3-26所示。

表3-26　2001新视野版大学英语教科书中的人物形象一览表

| 文化主题 | 人物类别 | 美国 | 英国 | 法国 | 德国 | 加拿大 | 日本 |
|---|---|---|---|---|---|---|---|
| 科学与技术 | 名人 | 发明家爱迪生、发明家兰德 | 诗人、戏剧家莎士比亚 | 数学家庞加莱、数学家笛卡尔 | 作曲家瓦格纳、作曲家贝多芬 | — | — |
| 政治现象与问题 | 名人 | 受到种族歧视的非裔美国小说家佐拉·尼尔·赫斯顿 | — | — | — | — | — |
| 政治现象与问题 | 普通人 | 在跨种族婚姻中受到歧视的非裔美国人、受美国经济殖民的印度国民、不满美国入境政策的意大利移民、被政府不正当督查的低保户 | 二战不畏牺牲不畏敌人的英国人民、因政治贪腐被捕的财经部长安东尼·威廉姆斯 | — | — | — | 二战中遭到美国原子弹袭击并带来后遗症的Kaz一家 |
| 学生与生活 | 普通人 | 作弊的学生、在美国学习的巴西交流生、与室友发生矛盾的大学生 | — | — | — | — | — |
| 社会现象与问题 | 名人 | 接受父母良好教育方式的爱因斯坦 | — | — | — | — | — |
| 社会现象与问题 | 普通人 | 感染艾滋病的非裔美国人和拉丁裔美国人、感染艾滋病毒受歧视的非裔美国同性恋跳板奥运会冠军、怀念往事的寡妇、受歧视但善待他人的环卫工人、持枪抢劫的青少年儿童、出于对非裔男性的恐惧而持枪的白人市民、因吸烟而得肺炎的父亲、溺爱孩子的父母与不懂感恩的孩 | — | — | — | 移民加拿大的波兰家庭 | — |

续表

| 文化主题 | 人物类别 | 美国 | 英国 | 法国 | 德国 | 加拿大 | 日本 |
|---|---|---|---|---|---|---|---|
| 社会现象与问题 | 普通人 | 子、以貌取人的路人、经济低迷期找不到方向的现代年轻男女、注重品德性格教育的海德中学校长、选择独居的美国人 | — | — | — | — | — |
| 人性与价值观 | 名人 | 自尊正直诚实的奥美广告公司创始人大卫·奥格威、热爱艺术回归生活的插画家玛丽·恩格尔布赖特 | 生活不幸但依然幽默人生的查尔斯·卓别林 | | | | |
| | 普通人 | 身残志坚、乐观豁达的父亲；善良的假装老人儿子的海军陆战士兵、短视而急功近利的年轻人、拥有过硬心理素质与专业飞行能力的飞行少校帕特里克·汉密尔顿 | — | — | — | — | — |
| 西方文化与习俗 | 普通人 | 时间观念极强的美国人 | — | | | | |
| 跨文化差异与比较 | 普通人 | 身陷中美文化差异欲做中国女婿的美国小伙 | | | | | 忠诚有责任感重视品质保证的日本企业 |

2) 2001 全新版教科书中以积极正面的"弱势群体"为主体的普通人形象

2001 全新版大学英语教科书最显著的特点是延续 86 文理科版大学英语教科书的编写模式，以文化主题聚集的形式呈现以美国为代表、以"人性与价值观"为主导、以正面价值取向为主流的他国人物形象表征。

具体来看，频率最高的"人性与价值观"主题中，除沿用 86 版中的总统身份外，第一次出现了企业家和运动员的名人形象，而普通人多以社会中的弱势群体身份为主体，如老年人、残疾人、盲人、乞丐、偷包男孩儿等，其次是职业身份（如列车员、海岸巡逻、商人）和家庭成员（父亲和儿子），同时多以乐观、勤奋、努力、感恩、乐于助人、见义勇为、不怕困难等积极正面的内在精神品质出现；"学生与生活"主题中，依然以学生和家庭成员身份的普通人形象为主体，第一次出现女学生身份，包括热爱学习的学生、尊重孩子的父亲、重视友谊的司机与乘客形象等；"政治现象与问题"主题中，以平等、反战为话题，以争取种族平等的黑人领袖，努力向上、打破偏见的女性形象和负面的二战领袖形象为主体；"社会现象与问题"主题中以教育问题、现代社会生活方式和问题为主要内容，以"家庭成员"和市民身份为主体，呈现出缺乏安全感和焦虑的人物性格形象；"科技现象与问题"主题中，依然以科技与普通人生活的关系为主要内容，以"家庭成员"身份和"科学家"身份为主体，倡导公众科普；"人与自然"主题中，以在天灾中自救的"家庭成员"形象、探险自然的作者和提倡自然为人类的利益服务的理性环保主义者为主体，体现了一种人类可以征服自然的观点；"西方文化与习俗"主题以美国特有的"美国梦"文化为主要内容，以靠自身努力最终实现美国梦的移民和曾经的街头混混等励志形象为主体，宣扬美国梦背后所代表的勤奋、努力、乐观和积极向上的美国文化价值观；"跨文化差异与比较"以中美教育差异比较为主要内容，以美国教育家形象为主体，以辩证的取向来看待中国教育的现象与问题和中美教育的差异，提倡一种批判辩证的他者文化观。

总之，2001全新版大学英语教科书呈现出一种以积极正面的"弱势群体"形象为主导，家庭成员、职业身份次之的普通人形象，试图描绘出一个文化价值观积极向上，存在一定种族、性别平等的政治问题及与现代科技、教育、生活方式等相关社会问题的他者国家。如表3-27所示。

表 3-27　2001 全新版大学英语教科书中的人物形象一览表

| 文化主题 | 人物类别 | 美国 | 英国 | 加拿大 | 德国 |
|---|---|---|---|---|---|
| 科学与技术 | 普通人 | 因女儿迷上网上交友而感到焦虑的母亲 | — | — | — |
| | 名人 | 相信有外太空生物的宇航员、质疑有外太空生物的物理学家、倡导公众科普的霍金、相信动物智慧的科学家 | — | 持之以恒的天文学家 | — |
| 政治现象与问题 | 名人 | 始终坚持美国种族运动的马丁·路德·金、汤姆叔叔的原型黑奴民权运动英雄 Josiah Henson、反战的牧师民权运动领袖、相信速战速决战略但没有考虑地方气候而战败的拿破仑、领导诺曼底战役为德国纳粹灭亡打下坚实基础的美国高级将领艾森豪威尔 | — | — | 相信速战速决战略但因地方气候而战败的希特勒、在诺曼底战役关键时刻回家给妻子过生日的德国将领隆美尔 |
| | 普通人 | 将工作、学习和生活都兼顾得很好的超级女人、不赞同超女是在闲暇时光中诞生的童话故事但佩服她们努力向上并为此付出巨大代价的女作者、自称美国是一个无种族歧视平等国家但却要求外来人离开否则对他们进行扣押的县警、重新求学成就记者梦想的 30 岁新女性 | — | — | — |
| 学生与生活 | 普通人 | 被一位付不起割草费的老人开启享受阅读之旅的 14 岁少年、尊重孩子意愿不愿将自己的期望强加给孩子的父亲、发现自我和学习兴趣的美国高中生、倡导珍惜友谊的出租车司机和乘客、有代沟的一家四口、第一次求职面试的女修道院学生 | — | — | — |

175

续表

| 文化主题 | 人物类别 | 美国 | 英国 | 加拿大 | 德国 |
|---|---|---|---|---|---|
| 人性与价值观 | 名人 | 提倡碰到困境让自己去学习新鲜事物的前美国总统吉米·卡特、勤奋简朴的企业家沃尔玛、坚持努力刷新世界纪录的盲人撑竿跳高运动员迈克尔·斯通 | — | — | — |
| 人性与价值观 | 普通人 | 见义勇为救起儿童的35岁列车员、信任男孩本性善良并教他改邪归正的善良的大个女人Washington Jones、感谢被别人善意信任和温暖的偷包男孩Roger、持精神重于外表的爱情观的中年人、坚守爱情的老年人、乐于助人的盲人、受到精神鼓舞的残疾人、懂得感恩的海岸巡逻队员、为朋友牺牲自己的贝尔曼、乐观坚韧的残疾推销员比尔、有不同价值观的蓝领父亲和白领儿子 | 外表温和内心铁石心肠的商人伯顿 | 对乞丐存有偏见的我、对我施予援助的乞丐 | — |
| 人与自然 | 普通人 | 在洪水中坚强自救并最终获救的11岁女孩和她的父亲、认为大自然为人类服务的理性环保主义者、在厄瓜多尔探险的美国作者 | — | — | — |
| 社会现象与问题 | 普通人 | 教育问题导致命运差异的一家六代人、批判计算机过度使用的数学教师、享受田园生活的一家、无法享受家庭快乐的现代Cleaver一家、没有安全感和信任感的市民、为保护自己和孩子而拥有枪支但倍感焦虑的母亲 | — | — | — |
| 西方文化与习俗 | 普通人 | 通过自身努力从一个街头打架斗殴的男孩成长为成功的脑外科医生的Ben（实现美国梦）、沉思现代美国的感恩节已经成为远距离家庭相聚和别离的节日的作者、通过正直、勤奋、自律并成为实业家的意大利裔美国移民 | — | — | — |

续表

| 文化主题 | 人物类别 | 美国 | 英国 | 加拿大 | 德国 |
|---|---|---|---|---|---|
| 跨文化差异与比较 | 名人 | 发现中美教育差异的教育学家加德纳 | — | — | — |

注：加粗部分为此版特有。

3) 2013 全新版教科书中以积极正面的"家庭成员"为主体的多元普通人形象，凸显时代性特征

由于 2013 全新版大学英语教科书是在 2001 全新版大学英语教科书基础上修订而成，因此，2013 版保留了 2001 版的绝大部分课文，2001 版中近三分之二（43 篇）的课文被保留，2013 版仅对部分课文进行了更新。

2013 全新版大学英语教科书沿袭了 1986 文理科版董亚芬主编的大学英语教科书和 2001 全新版大学英语教科书的内容特点：以文化主题聚集的形式呈现以美国为代表、以"人性与价值观"为主导、以正面价值取向为主流的人物形象表征。

由于 2013 版为 2001 版的修订版，通过比较两个版本的具体内容可知本版本的具体变化。对比表 3-27 和表 3-28 可见，2013 全新版大学英语教科书对除"跨文化与差异"主题外的每一个主题下的他国篇目都进行了更新。特别是科技、政治和西方文化与习俗主题的他国篇目。但更新后的绝大多数文章内容依然沿袭了 2001 版原课文的基本人物形象和主旨。具体来看，第一，"西方文化与习俗"主题中更新的篇目依然选择的是通过自身努力实现美国梦的移民形象；第二，政治主题中的名人形象仍旧选择的是反抗种族歧视的民权运动领袖，只是将马丁·路德·金换成了 Rosa Parks，而普通人形象也仍然关注的是女性平等问题，选择积极正面的女性形象，如打破世俗、成就自我的女工程师形象；第三，"学生与生活"主题选择的依然是穷苦的初中生形象，只是多了一重少数族裔的身份，所不同的是，2001 版阐述的是发现自我与阅读乐趣的自我成长，而 2013 版中的初中生是在争取个人权益中获得了自我成长，新旧版两篇文章均呈现了

积极向上，追求自我成长的初中生形象；第四，"科学与技术"主题更新的篇目也一样关注科技与普通人的关系，塑造了一位沉迷虚拟世界的宅女形象，增加了专注勤奋、富有想象力、批判迷信权威的科学家形象；第五，"人性与价值观"替换的篇目仍旧体现的是人性的善良与无私，塑造了一位善良的士兵形象；第六，"人与自然"主题仅保留了探访大自然的夫妻和作者形象，体现了人与自然和谐相处的自然观。

与2001版不同的是，西方文化与习俗中对西方感恩节的现代沉思的作者形象替换成了在基督教慈善事业中得到内心丰富的53岁基督徒形象；"政治现象与问题"中首次出现了凸显时代性的"反恐"问题，塑造了反战和反恐的美国民众身份及其爱国主义的精神品质；"社会现象与问题"更新了一篇凸显时代特征的有关平衡工作和家庭生活的新型社会问题，塑造了一位为工作放弃了家人、朋友甚至生命的负面的公司总裁形象。可见，2013版所更新的篇目更能体现当下他国文化的时代性特征，以家庭成员、弱势群体和职业身份的普通人形象为主体但总体上仍旧在试图描绘一个文化价值观积极向上，存在一定种族、性别平等、反恐等政治问题及与现代科技、教育、生活方式等相关社会问题的他者国家。如表3-28所示。

表3-28　2013全新版大学英语教科书中的人物形象一览表

| 文化主题 | 人物类别 | 美国 | 英国 | 加拿大 | 德国 |
|---|---|---|---|---|---|
| 人性与价值观 | 名人 | 勤奋简朴的企业家沃尔玛、坚持努力刷新世界纪录的盲人撑竿跳高运动员迈克尔·斯通 | — | — | — |
| | 普通人 | 持精神重于外表的爱情观的中年人、坚守爱情的老年人、乐于助人的盲人、受到精神鼓舞的残疾人、懂得感恩的海岸巡逻队员、为朋友牺牲自己的贝尔曼、乐观坚韧的残疾推销员比尔、有不同价值观的蓝领父亲和白领儿子、**为一位将死的父亲充当冒牌儿子的善良的海军陆战队士兵** | 外表温和内心铁石心肠的商人伯顿 | 对乞丐存有偏见的我、对我施予援助的乞丐 | — |

续表

| 文化主题 | 人物类别 | 美国 | 英国 | 加拿大 | 德国 |
|---|---|---|---|---|---|
| 科学与技术 | 普通人 | 因女儿迷上网上交友而感到焦虑的母亲、**过分依赖虚拟世界与父母疏远的宅女** | — | — | — |
| | 名人 | 倡导公众科普的霍金、相信动物智慧的科学家、**专注勤奋、富有想象力、批判迷信权威的爱因斯坦、认为克隆自己并不侵犯人权的克隆人科学家** | — | 持之以恒的天文学家戴维·H.利维 | |
| 社会现象与问题 | 普通人 | 教育问题导致命运差异的一家六代人、批判计算机过度使用的数学教师、享受田园生活的一家、无法享受家庭快乐的现代 Cleaver 一家、没有安全感和信任感的市民、为保护自己和孩子而拥有枪支但倍感焦虑的母亲、**为工作忽视家庭并过劳死的公司副总裁** | — | — | — |
| 学生与生活 | 普通人 | 发现自我和学习兴趣的美国高中生、倡导珍惜友谊的出租车司机和乘客、有代沟的一家四口、第一次求职面试的女修道院学生、**争取个人权益获得成长的西班牙裔美国初中生** | | | |
| 人与自然 | 普通人 | 在厄瓜多尔探险的美国作者 | 探访新西兰的伦敦夫妻 | — | — |
| 政治现象与问题 | 名人 | 汤姆叔叔的原型黑奴民权运动英雄 Josiah Henson、反战的牧师民权运动领袖、相信速战速决战略但没有考虑地方气候而战败的拿破仑、领导诺曼底战役为德国纳粹灭亡打下坚实基础的美国高级将领艾森豪威尔、**民权运动之母 Rosa Parks** | — | — | 相信速战速决战略但因地方气候而战败的希特勒、在诺曼底战役关键时刻回家给妻子过生日的德国将领隆美尔 |

续表

| 文化主题 | 人物类别 | 美国 | 英国 | 加拿大 | 德国 |
|---|---|---|---|---|---|
| 政治现象与问题 | 普通人 | 重新求学成就记者梦想的30岁新女性、**打破偏见成为机械工程师的女孩儿**、911事件中的美国民众 | — | — | — |
| 西方文化与习俗 | 普通人 | 通过正直、勤奋、自律并成为实业家的意大利裔美国移民、**从墨西哥越境，通过努力成为脑外科大夫的墨西哥裔美国移民**、在基督教慈善事业中获得内心富有的53岁的我 | — | — | — |
| 跨文化差异与比较 | 名人 | 发现中美教育差异的教育学家加德纳 | — | — | — |

注：加粗部分为此版特有。

4）2015新视野版教科书中以"平民英雄"为主体的多元普通人形象

2015新视野大学英语教科书最显著的特点是并未延续2001新视野版大学英语教科书的编写风格，虽仍以文化主题聚集的形式呈现出以美国为代表的他国篇目，但不再以负面价值取向和"社会现象与问题"主题为主导，而是以"人性与价值观"主题和正面积极的价值取向为主流，同时大幅度削减"科学与技术"主题（仅有1篇，讲述理性思维无人物形象描写），并以"跨文化差异与比较"主题内容代替了"西方文化与习俗"主题的文章。

具体来看，第一，"人性与价值观"中，除了传统的总统、企业家等名人形象外，第一次频繁出现充满人性光辉和具有良好道德品质的演员、导演、DJ等文艺界的名人形象，以及一系列在平凡的工作和生活中做出不平凡的"平民英雄"形象，这些普通人形象包括不同职业身份的人物，如不怕危险、英勇救人的职员、警察、坚持传统做法具有工匠精神的修鞋师傅以及不同的家庭成员，如舍己救人的丈夫，在危难中用母爱消灭恐惧的母亲（共6位）。此外，这一主题还出现了一些凸显现代社会特征的消费观和文化观讨论的他国篇目，主要以被物欲控制的消费者和批判主流社会文化偏见的移民形象为主；第二，"政治现象与问题"主要以"女性""反战""移民"为主要话题，呈现了一群积极努力寻求平等的家庭妇女、职场女性和移民的形象，以及在二战中遭受战争伤害的国人形象；第三，"学生与生活"主题中第一次以从学习中获得成功的名人形象为主体，同时呈现出一些正面临经济问题和社会问题的普通大学生形象；第四，"社会现象与问题"主要针对社会经济问题，呈现遭遇失业困境的负面中年女性形象；第五，"人与自然"主题除了沿用2001新视野版本中倡导自然为人类利益服务的理性环保主义者形象外，更注重人与动物的关系话题，呈现出关爱动物的动物权利活动家、抛弃动物的主人和反对盲目阻止动物实验的医生形象；第六，"跨文化差异与比较"主题是本套教科书最有突破的主题之一，教科书不再有具体国家"西方文化与习俗"主题的他国篇目，均采用跨文化比较的视角来呈现西方他者，如对"友谊"持不同观点的美国人、德国人、法国人以及因文化定见导致合作失败的商人形象等。可见，2015新视野版大学英语教科书试图描绘出一个以"平民英雄"和家庭成员的普通人形象为主体的，价值观积极向上，存在一定文化偏见、性别平等问题的文化多元的他者世界。如表3-29所示。

表3-29 2015新视野版大学英语教科书中的人物形象一览表

| 文化主题 | 人物类别 | 美国 | 英国 | 法国 | 德国 | 加拿大 |
|---|---|---|---|---|---|---|
| 人性与价值观 | 名人 | 家庭贫寒但执着追求成功的美国总统林肯、被老师视为问题儿童但在父母鼓励下不放弃而获得成功的爱因斯坦和爱迪生、受女性身份歧视但始终不放弃梦想获得成功的第一位女性大法官桑德拉·戴·奥康纳、曾是学习困难儿童坚持梦想勤奋学习最终被机会青睐并成为知名DJ的莱斯·布朗、纯朴、仁爱、有魅力、善良、具有社会责任感和伟大奉献精神的演员 | 鼓励年轻人永不放弃追求成功的英国首相丘吉尔 | — | — | — |

续表

| 文化主题 | 人物类别 | 美国 | 英国 | 法国 | 德国 | 加拿大 |
|---|---|---|---|---|---|---|
| 人性与价值观 | 名人 | 奥黛丽·赫本、学业成绩不佳但用实力和努力击垮质疑获得成功的电影人斯皮尔伯格、尊重员工和团队精神的 FEDEX 创办人史密斯、拥有员工—服务—利润哲学的星巴克创始人 Howard Schultz、鼓励我们放弃那些似乎只有表面价值的东西，而去追求那些能真正丰富我们生活的东西的行为经济学教授丹·艾瑞里 | — | — | — | — |
| 人性与价值观 | 普通人 | 枪击案中不怕危险帮助他人的平民英雄（政府职员和丈夫）、车祸事件中的救人英雄职员 Jonda、被物欲控制的美国人、选择过多而觉得身心疲惫的消费者、用母爱消灭恐惧的 35 岁母亲、坚持传统做法具有工匠精神的修鞋匠、努力找寻多元文化带来的思想上改变和创新的作者、批判美国主流社会总是以一种狭隘的成见看待中国人的美籍华裔 | — | — | — | 不怕危险英勇就义的平民英雄（警察罗素） |
| 政治现象与问题 | 普通人 | 反对女权主义对男性的批判，认为贫富差距才是平等问题的根源的美国男人、因努力寻找身份认同而获得自我认同的爱尔兰裔纽约消防员、因性别歧视而遭受管理阻力的女性管理者、不认同家庭主妇是一种受压抑的生活方式并为自己感到自豪的家庭主妇、苦苦找寻二战孤儿的美国上尉史密斯 | 与男性平等的现代女性 | 在二战中失去父母但得到美国军官疼爱的孤儿路易 | 回忆残酷二战给自己的童年带来伤害和阴影的德国人 | — |

续表

| 文化主题 | 人物类别 | 美国 | 英国 | 法国 | 德国 | 加拿大 |
|---|---|---|---|---|---|---|
| 学生与生活 | 名人 | 通过语言学习而改变一生的人权活动家非裔美国人马尔·科姆·埃克斯、学习人文学科而成功的宇航员萨利·赖德拿、导演詹姆斯·卡梅隆、格温妮丝·帕特洛、蕾妮·齐薇格及马特·达蒙、诺贝尔医学奖得主哈罗德·瓦慕斯、迪士尼公司的总裁迈克尔·艾斯纳 | — | — | — | — |
| | 普通人 | 一位批判社会只看重学位不看重学识的从事过设计和造房的建筑专业的大学生、受信用卡之苦的大学生 | — | — | — | — |
| 社会现象与问题 | 普通人 | 美国经济危机中面临生存困境的失业中年妇女苏·约翰逊 | — | — | — | — |
| 人与自然 | 普通人 | 倡导理性环保主义的环保主义者、付诸一生关爱动物的动物权利活动家 Henry Spirn、抨击动物保护激进分子盲目阻止动物实验的儿科医生、将狗遗弃的家人 | — | — | — | — |
| 跨文化差异与比较 | 普通人 | 因文化定见而导致生意失败的商人 Ann 和 Kevin、友谊可以被宽泛地适用于一系列关系的美国人 | 将友谊的基础看作是共同参与活动的英国人 | 将友谊看作是带有明确界限的一种私人关系的法国人 | 将友谊看作是一种喜爱和感觉的德国人 | — |

（5）"共在"的他者表征论述

本时期共有四篇陈述他者文化观的代表性篇目，均在依照最新 2017 版《教学指南》编写的 2015 新视野版大学英语教科书中呈现。笔者认为，四篇文章自成一体，完整地呈现了编者所要传达的新时代他者文化观。透过这一时期的大学英语教科书的分析，我们依稀看到了这样一种自我与他者的共在关系。

具体来看，第一篇是第四册第五单元课文 Speaking Chinese in America，文中以美籍华裔主人公的视角披露了美国主流社会对中国人的成见。文中列举《纽约时报杂志》一篇文章中对中国人的观点："中文十分委婉和客套，中国人是如此'谨慎和谦虚'，以至于他们都没有词语来表达'是'和'不是'"。主人公从自己的经历出发否认了这一观点，并认为"中文并不是什么特别谨慎的语言"，以批判美国主流社会总是以狭隘的视角、简单概述的方式来描述中国人，即在自我的认知框架中做出价值判断的他者文化观无法呈现真实的他者。第二篇是第三册第四单元课文 The Surprising Purpose of Travel，文章以"我"为视角，以"为什么要旅行"为出发点，讨论全球化时代，异国文化对"我们"的意义。文中认为"体验异国文化可以赋予我们宝贵的开放性思维，使我们更容易明白即使是微不足道的事物也可以有多种意义"，文化的多元性能促使我们认识到对世界的多样性解读，"扩大认知范围"，更重要的是使我们"拒绝仅仅满足于最初的答案和先前的猜测"的思维范式，"使我们更加具有创造性"。文章的论述直接表明了他者文化对自我的意义，认同多元文化比较中的文化差异是"突破自我认知框架"，使自我思维得到"开放"与"创新"的"秘密基石"。

最具代表性的是第三册第八单元的两篇文章，这两篇文章在同一个单元"教养的艺术"中自成一体、相互呼应，用"对话"的方式呈现出新时代应该持有的"他者文化观"：一篇是 Reflections of a Chinese Mother in the West，文中一位西方华裔母亲从"opinionated westerners"（固执的西方人）对中国式教养方式的质疑出发，以中国父母的立场，用中西比较的方式阐释了中西父母的养育之道。文章从中西方父母存在的三种观念上的差异（three ideological differences）："是否相信孩子足够坚强"，"子女是否欠父母的"，"尊重孩子个性还是为孩子做好安排"，来表达自己对中西教养方式差异的理解并尽力澄清西方对中国式教养方式的误解，最后得出"All decent parents want to do what's best for their children. It's the methodology that's different."即尽管双方都有误解，但普天下称职的父母都想为孩子做最好的安排，只是方式方法不同而已的观点。另一篇 *A Western Mother's Response* 是一位西方母亲基于上篇文章给出的回应。文中以西方父母的立场，针对上篇文章中"proud Chinese mothers"（自豪的中国母亲）对西方父母养育方式的某些误解来阐明中西方父母养育方式差异背后的共通的养育之道。这位母亲认为尽管西方父母不会采取"尖叫恼怒"的中国式批评和谩骂的养育技巧，但实际做法"也融入了中国的元素"，同时指出这种咆哮如虎的教养方式并不适用所有的孩子，最后指明"Chinese mothers and I both understand that our job as mothers is to be the type of tigress that each of our different children needs."即中西方父母共通的养育之道为基于不同孩子的需求选择独特的"虎妈"式教养方式的观点。可见，两篇文章均从自我立场出发，站在他者的视角来审视自己的教养方式，在极力阐释差异和澄清他者对自我的误解同时，以沟通和理解的态度"求同存异"，既指出了中西方的异同，也尽力澄清对方的误解和吸收对方的优点。两篇文章的对话式编排以及文章相互回应的对话式内容均体现出教科书编者倡导中西方"对话"式他者文化观的良苦用心。

总之，四篇文章分别从突破自我的认知框架、认识他者文化对自我的意义以及建立"对话"式他者文化观三个方面层层深入地表达出完整的新时代他者文化观。这种对话理解式他者文化观实际隐含了与自我"共在"的"此在"他者观念。从上述他者文化观论述中可以见到的是，中西方母亲均以自我的立场，从他者的视角审视自我与他者的异同和自我的独特性。这时的自我与他者早已冲破二元对立的结构模式，两者不仅互为他者，且两者均以内在的"此在自我"去理性审视另一个"共在于世"的"此在他者"。这样的自我不再以塑造否定和对立的他者作为肯定自我的方式，而是在突破自我的框架下，在自我与他者"共在于世"的基础上，认识到自我与他者的差异以及这种差异对对方存在的意义，进而确认各自存在的价值和他者与自我之间的共性。可以说，这样的自我与他者都以"此在"的方式"共在"于世界中。

（6）"本质化"表征策略下的"美国化"人文他者

从表3-22"稳定发展期文化归属国出现频次一览表"可见，这一时期的四套教科书均沿袭了86版文理科用大学英语教科书"美国一边倒"的现象。从表3-26、3-27、3-28和3-29可见，四套代表性教材中美国的人物形象均以文化主题聚集的形式出现，而其他国家的人物形象基本是以孤立和碎片化的状态呈现。如果说恢复发展期的大学英语教科书中出现以"英美"为代表的他者文化是一种"约化"或"同质化"策略下的他者表征和他国文化的选择失衡。那么，从恢复发展期到稳定发展期，历经40年的时间沉淀，占据了新中国成立70年近六成的光阴历程，这一特征不仅仍然存在并逐渐被自然地固定了下来，无疑是一种使偶然变成必然的选择。可以说，从1986文理科用大学英语教科书开始，"美国"逐渐被"本质化"为大学英语教科书中"西方"的代名词，而一提到教科书中的西方文化就自然而然地会与美国文化结合在一起。至此，西方他者已然被本质化为美国的文化特征，而美国的文化特征经过时间的沉淀自然上升为整个西方文化的一般性特征，"美国化"的他者及其文化就这样在大学英语教科书中被合法地固化了下来。

进一步分析可以发现，这一时期的他国文化均呈现出一个"人文他者"。教科书不仅以"人性与价值观"主题为主导，"西方文化与习俗"主题中特定西方国家文化精神的书写，如 *America is a Collage*（美国是个大熔炉）和 *American Dream*（美国梦）将美国国家文化的多元文化特质和美国梦背后的美国文化信仰以故事的形式深刻地描绘出来。同时，微观刻画的人物形象以散发人性光辉、具有高尚道德品质的"平民英雄"，拥有积极向上价值观的"家庭成员"和正反价值观统一的"弱势群体"为主体，均呈现出一个贴近真实他国社会文化与精神生活的人文他者。而这也与蔡基刚教授对这一时期大学英语教科书的观点不谋而合：大学英语教科书"人文性内容一统天下的情况"①。人文他者的表征体现出大学英语不仅是单纯的语言知识与技能习得的语言课程，更多的是一门以包容、借鉴和理解他者文化价值观和人文精神为主要内容的人文学科，重视大学英语的教育功能和人文价值。综上，这一时期的教科书用"本质化"的表征策略，塑造了一个美国化的人文他者。

### 小结

综上可见，在全球化时代背景下的这一时期的大学英语教科书中的他者呈现出与自我"共在"于世界中的特点。文化的全球化，不仅带来了多元文化的冲突，也促成了全球文化的共生。从托马斯·弗里德曼最初提出的"世界是平的"到"世界是快的"，再到最近的"世界是深的"观点演变②，我们可以清楚地看到全球文化冲突与融合背后给每一个身处其中的自我和他者所带来的机遇和挑战。用弗里德曼的话说，在当今世界发展越来越快的今天，两国关系只有在互信融合、不断深入合作的基础上才能让世界变得更美好。可喜的是，通过这一时期的大学英语教科书的分析，我们依稀看到了这样一种自我与他者的共在关系。互信建立在对话与理解的基础上，大学英语教科书通过完整的他者文化观书写、传达了一种清晰的对话式他者文化观内涵。在这种对话模式中，中西双方不仅互为他者，且均以内在的"此在自我"去理性审视另一个"共在于世"的"此在他者"，不仅蕴藏了海德格尔的与自我"共在"的此在他者关系内涵，也以跨文化比较的方式阐明了自我应在突破自我认知的框架下，充分认识他者存在的意义。同时，微观的人物形象刻画以平民英雄为代表的多元化普通人形象为主体，更多地从正反基本统一的文化价值观以及用跨文化差异的视角来呈现出一个积极向上、和谐多元的普通人社会，更加贴近现实的他者社会

---

① 蔡基刚. 转型时期的大学英语教材编写理念问题研究 [J]. 外语研究, 2011 (05): 5-10+112.

② 托马斯·弗里德曼：世界是深的 [EB/OL]. (2009-09-07). http://finance.sina.com.cn/china/gncj/2019-09-07/doc-iicezueu4053621.shtml.

文化生活，也再一次验证了教科书对呈现真实的"共在"他者文化所做出的努力。

但从另一方面，我们也可以从上述分析中清晰地看到，在"本质化"表征策略下的"美国化"人文他者始终是我们想象中的他者，而不是所谓的真实的他者。他者文化的建构始终被局限在某一国的某一种具体的文化。这从教科书中政治与科技主题篇目的突然大幅度消失和人文性内容一统天下的情况可以得到充分验证。此外，除2010《新视野大学英语》有呈现负面弱势群体外，其余三套教科书均以积极正面的价值观取向的人物形象为主体，这种定型化的积极取向的"美国化"人文价值观的传导，在一定程度上仍然会固化学生对他者文化的想象。总之，我们可以说，这一时期的大学英语教科书总体呈现的是一种共在的、美国化的人文他者。

# 4 大学英语教科书中的"他者"变迁特征

通过纵向历史考察每一个时期的他者内涵和他者与自我的关系模式，我国的大学英语教科书中的他者经历了四个历史时期的发展变迁。本章将以比较分析的研究方法横向分析大学英语教科书中的他者所呈现出来的显著特征。具体分析将分为三部分：第一部分将分析内部视角下的大学英语教科书中的"他者"内容演变特征；第二部分将分析外部视角下的社会环境与教科书中的他者变迁互动关系特征，其中，教科书内部演变特征分析将依据本研究设计的"他者"文化分析框架中的关键内容变迁特征展开，而教科书外部特征分析将围绕教科书知识选择的三个影响因素与教科书中的他者变迁的互动关系展开；最后一部分将对大学英语教科书"他者"变迁的总体特征给予评价与分析。

## 4.1 从教科书内部演变视角看：呈现出"积极取向、美国文化为主导、科技先进、社会不平等"的他者

### 4.1.1 文化归属国为以美国篇目为主导的西方强国

为了清晰地描述 70 年间四个历史时期他国篇目中的文化归属国的变迁特征，特依据第三章中每一历史时期各个文化归属国在每套教科书中的

他国篇目数量，计算出每一时期各文化归属国他国篇目的百分比[①]，如表 4-1 所示。

表 4-1　各时期 7 个主要文化归属国篇目所占百分比一览表

| 历史时期 | 美国 | 英国 | 法国 | 德国 | 加拿大 | 日本 | 苏联或者俄罗斯 | 总计 |
|---|---|---|---|---|---|---|---|---|
| 初步形成期 | 27.5% | 42.5% | 10.0% | 7.5% | — | — | 12.5% | 100% |
| 严重破坏期 | 66.7% | 33.3% | — | — | — | — | — | 100% |
| 恢复发展期 | 59.8% | 26.5% | 3.2% | 3.7% | 2.1% | 2.1% | 2.6% | 100% |
| 稳定发展期 | 77.3% | 6.3% | 4.8% | 3.0% | 4.1% | 3.3% | 1.1% | 100% |
| 总数百分比 | 66.6% | 16.8% | 4.4% | 3.5% | 2.8% | 2.4% | 3.5% | 100% |

从表 4-1 可见，文化归属国为美国的他国篇目百分比以绝对优势居于榜首，说明 70 年间大学英语教科书以美国国家的文化为主体。同时，除初步形成期是以英国为主导的他国篇目外，在其他三个历史时期，美国篇目均以百分比优势排列首位，特别是稳定发展期，美国以 77.3% 的绝对优势位列第一，出现了以美国文化为主导的局面。这足见从初步形成期以英国文化为主导转向以美国文化为主导的他国篇目变迁趋势。此外，七个主要他者同时出现的频率可以看出，基本经历了初步形成期和严重破坏期的少数主要西方国家文化呈现，到恢复发展期和稳定发展期的主要他国全覆盖的演变过程。这说明，总体而言，大学英语教科书中的文化呈现始终走在多元他者的道路上，但"美国"这样的现代化超级大国和内圈文化国始终以绝对优势成为西方他者的代表。

---

[①] 因为每一套教科书的课文总数不一，有时某一主题的篇目数高并不代表主题实际比例高。例如 1974 年上海市版的课文总数为 16 篇，即使 100% 的篇目都为某一主题，总数也不过 16 篇，但 16 篇在拥有 110 篇课文总数的 87 理工版教科书中却占比较小，因此，为了更准确客观地看待各主题的变迁趋势，此处避免了以单纯的他国篇目数而以百分比来统计趋势。以下其他维度的统计也遵循这一规则，采用百分比来统计趋势。

## 4.1.2 文化主题为以科技为主导的多元文化呈现

（1）数量的变化：从科技与政治为主导到重视人文的多元化文化主题

为了描述清楚 70 年间大学英语教科书中的他国文化主题的数量变化，依据第三章中每一历史时期各个文化主题在每套教科书中的他国篇目数量，计算出每一时期各文化主题他国篇目的百分比，如表 4-2。为了更清晰直观地看出表格中八大主题在四个历史时期的变迁走势，特在表 4-2 的基础上制作图 4-1。

表 4-2 各时期八大文化主题所占百分比一览表

| 历史分期 | 科技 | 政治 | 学生 | 社会 | 人性 | 人与自然 | 西方文化 | 跨文化 | 总计 |
|---|---|---|---|---|---|---|---|---|---|
| 初步形成期 | 50% | 36% | 2.5% | — | 9% | — | 2.5% | — | 100% |
| 严重破坏期 | — | 100% | — | — | — | — | — | — | 100% |
| 恢复发展期 | 40.5% | 10.5% | 8.8% | 13% | 13% | 4.5% | 7% | 3% | 100% |
| 稳定发展期 | 13% | 15% | 15.5% | 15% | 25.7% | 7.8% | 4.0% | 4.0% | 100% |
| 总数百分比 | 25% | 16% | 12% | 13% | 18% | 6% | 7% | 3% | 100% |

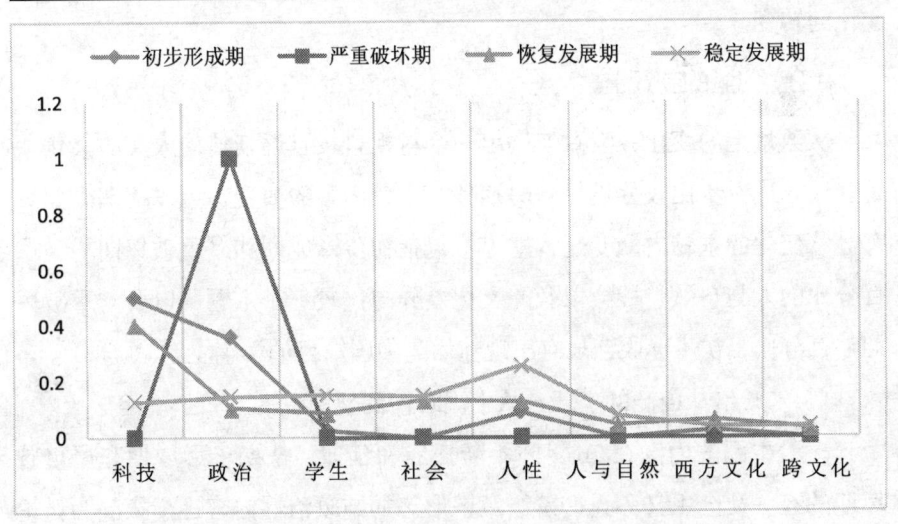

图 4-1 各时期八大主题所占百分比变迁走势图

从图 4-1 可见，四个历史时期分别经历了以科技为主导（占 50%）的初步形成期、单一"政治现象与问题"（简称政治）（占100%）主题的严重破坏期、以"科学与技术"（简称科技）（占40.5%）为主导的恢复发展期和以"人性与价值观"（占25.7%）（简称人性）为主导的稳定发展期。其中，除严重破坏期是政治单一主题，初步形成期缺失了社会现象与问题（简称社会）、人与自然以及跨文化比较与差异（简称跨文化）主题外，恢复发展期和稳定发展期均为八大主题全覆盖，稳定发展期的各主题百分比间的差距最小。结合八大主题他国篇目总数所占百分比可见，纵观70年来的大学英语教科书，始终是以"科技"为主导，逐渐走向多元化文化主题的他者文化。

进一步考察表4-2中各个主题的变迁情况，发现只有"科学与技术"和"政治问题与现象"两大主题在四个历史时期呈现出的是明显下降的趋势。其他六大主题均呈现出直线上升的趋势，特别是"人性与价值观"增幅最大且百分比高居榜首（25.7%）。这表明，70年间大学英语教科书经历了从重视"科技与政治"文化到重视以"人性与价值观"为主导的"人文"文化的转变。

（2）内涵的变迁

从数量上的变化，大致勾勒出一个重视科技且逐渐转向人文的文化主题变迁。进一步比较分析每一时期各个主题内容的演变，可以梳理出如下有显著变化的主题内涵变迁，这里不包括初步形成期和严重破坏期均为零百分比的人与自然、社会以及跨文化差异与比较三个主题，以及严重破坏期零百分比，初步形成期虽有出现但均为中国篇目的学生主题。

1）"政治"内涵的变迁：从中国政治到他国政治

政治主题的内涵在70年间不断拓展和延伸。从初步形成期和严重破坏期的有关社会主义和无产阶级意识形态的纯政治性内容逐渐拓展为讨论西方国家社会政治生活中的平等、人权以及西方国家特有的种族和移民矛盾与冲突，同时关注世界政治的反战、反殖民和新时代的反恐问题。如表4-3所示。

表 4-3　各时期政治主题内涵变迁一览表

| 历史时期 | 政治内涵的变迁 |
| --- | --- |
| 初步形成期 | 描述、反抗和批判资本主义社会的不公正待遇 |
| 严重破坏期 | 无产阶级革命国家和人民的书写 |
| 恢复发展期 | 反战、反强权、反殖民统治、性别平等、阶级平等、种族歧视、爱国 |
| 稳定发展期 | 种族歧视、反战、反殖民统治、性别平等、反贪污、社会平等（职业平等）、反恐、移民身份认同 |

政治主题的内涵变迁与大学英语教材"思想性"原则的内涵变迁息息相关。正如恢复发展期1986文理科版教材主编董亚芬所言，大学英语教材自新中国成立以来对"思想性"原则的理解有极大的突破："过去认为只有对西方的都持否定态度才能体现教材的思想纯洁性，对西方国家代表人物的作品就更不敢问津了。"随着大学英语教材思想性内涵的变迁，教科书中所呈现的政治主题也逐渐从强调我国的政治文化走入西方社会的政治生活并走向世界政治。

2)"科技"内涵的变迁：从自然科学拓展到人文与社会科学，从科学本身到其与生活的联系

科技主题的内涵也随着时代的变迁发生了扩展和延伸。明显可见的是初步形成期的"科技"单纯地指向自然科学技术，同时局限在科学家精神的书写和科普常识的相关内容上。而到了恢复发展期的"科技"内涵逐渐拓展到科技与生活的关系，并关注科学家人物的性格对普通人的启示。特别是稳定发展期的科技内涵有了质的突破，出现了人文与社会领域科学家的理性思维和科学品质的书写。如表4-4所示。

表 4-4　各时期科技主题内涵变迁一览表

| 历史时期 | 科技内涵的变迁 |
| --- | --- |
| 初步形成期 | 自然科学领域科学家精神、科普 |
| 严重破坏期 | 无 |
| 恢复发展期 | 自然科学领域科学家精神和性格、科技与生活、科普 |
| 稳定发展期 | 人文与社会科学领域和自然科学领域科学家精神品质、科技与公众、科技与生活 |

3）"人性与价值观"内涵的变迁：从批判他者价值观到积极书写他者价值观

70年间，"人性与价值观"文化主题的内涵有了根本性的变化。具体从初步形成期对资本主义金钱观、个人享乐主义的批判到恢复发展期对人性、道德品质、文化观的描绘，再到稳定发展期道德品质、人性、人生观、价值观、精神品质和文化观的书写。如表4-5所示。

表4-5 各时期人性与价值观主题内涵变迁一览表

| 历史时期 | 人性与价值观内涵的变迁 |
| --- | --- |
| 初步形成期 | 批判资本主义享乐主义和贪婪的金钱观 |
| 严重破坏期 | 无 |
| 恢复发展期 | 尽职救人、助人为乐的善良人性；批判贪婪的人性；自尊、坚毅、敢于冒险、坚持梦想努力奋斗、尊重事实等精神品质；诚实守信等道德品质；文化观等 |
| 稳定发展期 | 自尊、正直、诚实、感恩等道德品质；不怕苦难、乐观豁达的人生观；见义勇为、母爱等善良的人性；执着、努力勤奋向上、坚韧的精神品质；追求内心丰富而非表面价值的价值观；团队精神、永不放弃的精神；文化成见等 |

通过四个历史时期不同内容人性主题他国篇目的选编，极大地丰富了大学英语教科书中有关人性与价值观的内涵，更重要的是，在丰富人性主题内涵的同时，他国篇目的作者价值取向也随之从否定批判转向积极正面的描绘。可见，人性主题内涵的变迁及其所传达的核心价值观和道德品质观念有利于引导大学生形成良好的道德品质和积极的文化价值观取向。

4）"西方文化与习俗"内涵的变迁：从西方国家历史的宏观描述到西方节日、国人性格、人文精神的微观描写

70年间，"西方文化与习俗"主题从最初单一的国家历史的宏观描述逐步拓展为恢复发展期西方文化习俗和国人性格，再到稳定发展期的美国国家人文精神的微观描写。自从恢复发展期80年代董亚芬主编的文科教材开始出现西方文化习俗的选材，相较于60年代仅有1篇介绍英国起源与形成的国家史的简介性文章，不仅在数量上有所突破，西方文化与习俗

这一文化主题实现了深层国家文化的质性突破。如表 4-6 所示。

表 4-6　各时期西方文化与习俗主题内涵变迁一览表

| 历史时期 | 西方文化与习俗内涵的变迁 |
|---|---|
| 初步形成期 | 英国的起源与形成 |
| 严重破坏期 | 无 |
| 恢复发展期 | 西方节日、西方国家国人性格、西方发起的青年旅舍文化 |
| 稳定发展期 | 西方国人观念、处事方式、西方节日、"美国梦"文化、追求内心丰富的西方宗教价值观 |

极具代表性的西方国家人文精神描写出现在稳定发展期 2001 全新版和 2010 全新版都有的"American Dream"单元主题中。这个单元的两篇课文均围绕美国梦背后的人文精神，以窘迫穷苦的意大利移民、翻墙越境的墨西哥移民和不被看好的街头混混为主人翁，通过记述他们的决心、勤奋、不懈的坚持、乐观、自信、上进、自律等优秀品质最终成就自我、获得成功的美国梦故事来传达只要努力坚持，就能实现个人成功的美国文化精神和美国人的生活理想。2001 全新版第四册课文 *American is a Collage* 更是直接指出 "The essential characteristic of American culture: the chance to try, culture and space." 将美国国家文化的本质特点书写了出来。至此，"西方文化与习俗"越来越成为一个特定西方国家人文精神的代名词。

### 4.1.3　作者价值取向以积极取向为主导的正反基本统一

（1）数量的变化

为了清楚地描述 70 年间大学英语教科书中不同作者价值取向的他国篇目的数量变化。依据第三章中每一历史时期各价值取向在每套教科书中的他国篇目数量，计算出每一时期各价值取向他国篇目的百分比，如表 4-7。为了更清晰直观地看出表格中三大取向在四个历史时期的变迁走势，特在表 4-7 的基础上制作图 4-2。

表 4-7 各时期作者价值取向所占百分比一览表

| 历史时期 | P 积极取向 | N 负面或批判取向 | N 中立取向 | 总计 |
| --- | --- | --- | --- | --- |
| 初步形成期 | 50.0% | 31.5% | 18.4% | 100% |
| 严重破坏期 | 100.0% | 0.0% | 0.0% | 100% |
| 恢复发展期 | 44.5% | 26.9% | 30.2% | 100% |
| 稳定发展期 | 44.2% | 38.4% | 17.4% | 100% |
| 总数百分比 | 45% | 33% | 22% | 100% |

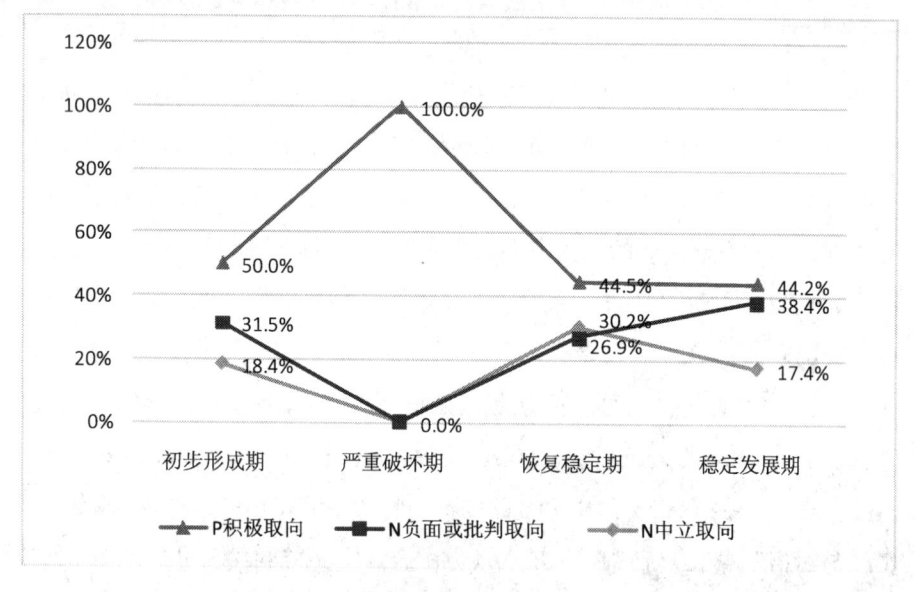

图 4-2 各时期作者价值取向变迁走势图

首先，从表 4-7 可见，积极取向的占比最高，达 45%。可以说，70 多年来的大学英语教科书以积极取向为主导。同时，从图 4-2 可以看出，积极取向总体占比基本持平略有下降趋势；而负面或批判取向总体呈上升趋势；中立取向则呈曲线发展，上升后又略有下降，但总体基本持平。进一步看，积极取向和负面或批判取向的百分比差距逐渐缩小，到稳定发展期时两种价值取向的占比已基本相同。因此，总体而言，70 多年的大学英语教科书中的作者价值取向是以积极取向为主导，但从积极取向逐渐走向正反基本统一的变迁特征。

（2）内涵的变迁：N 从否定（negative）取向到批判（critical）取向

随着历史的变迁，不仅他国篇目的总体价值取向发生了一定的转向，三个价值取向中的 N（否定或批判）取向的内涵也悄然发生了变化。回顾初步形成期中 60 文科版中的对政治主题的他国篇目大多是通过对工人、农民和黑人的不公正待遇和悲惨遭遇痛斥资本主义政治经济制度下的阶级压迫，这里的 N 尽管有时被翻译为批判，但其实表达的是"否定"的价值取向，即否定资本主义社会制度的不公正。

从 80 年代开始，80 版文科教科书中出现了具有真正批判意义的价值取向他国篇目。其中最具代表性的是上文提过的 80 文科用大学英语教科书中的 *Does Travel Broaden the Mind* 作者基于正反两面对待外来文化的观点，即是应该坚守己国文化、歧视外国文化，还是被西化成为本国文化的异类，进行立论，即否认了非此即彼的他者观，也体现出作者对文化的辩证思考态度和价值取向。此类体现作者理性态度与辩证价值取向的文章在稳定发展期更是不胜枚举，如 2015 新视野第二册课文 *Spend or Save—The Student's Dilemma*，题目就是一个两难的选择题，但文章作者并没有简单地给出 Spend or Save 的答案，而是基于理性辩证的视角分别从 Spend 背后的美国消费主义根源和 Save 背后所反映的美国传统价值观入手，分析两面现象背后的根源后，提出理性消费的金钱观和做聪明的消费者的观点。可见，这时的"N"已悄然变身成为"辩证统一"的代名词，批判也不再是否认而更多的是理性的、辩证的价值取向，而稳定发展期和恢复发展期的大学英语教科书选材更倾向于那些体现辩证统一视角的他国篇目，以培养学生的批判性思维。

4.1.4 人物形象：以科学家和弱势群体为主体的人物形象表征，凸显社会的不平等

（1）总体数量变化

为了清晰地描述四个历史时期大学英语教科书中的主要人物形象变

迁，特整合归纳第三章中每一历史时期中主要人物形象一览表和分类统计表，制作表4-8。纵观4个时期的主要人物形象的出现频次及其百分比，可以看出，除严重破坏期，以政治人物形象为主体外，总体来看，我国大学英语教科书中的人物形象表征是以科学家和弱势群体为主体的他国文化呈现。相比之下，学生是六类主要人物形象中出现频次最低，占比最少的群体。如表4-8所示。

表4-8 各时期大学英语教科书中的主要人物形象分类统计表

N：人数

| 版本 | 科学家 | | 政治、经济人物 | | 弱势群体 | | 职业人物 | | 家庭成员 | | 学生 | | 其他 | |
| --- | --- | --- | --- | --- | --- | --- | --- | --- | --- | --- | --- | --- | --- | --- |
| | N | % | N | % | N | % | N | % | N | % | N | % | N | % |
| 初步形成期 | 16 | 70 | 0 | 0 | 7 | 30 | 0 | 0 | 0 | 0 | 0 | 0 | 0 | 0 |
| 严重破坏期 | 0 | 0 | 5 | 100 | 0 | 0 | 0 | 0 | 0 | 0 | 0 | 0 | 0 | 0 |
| 恢复发展期 | 22 | 20 | 16 | 15 | 18 | 16 | 20 | 18 | 12 | 11 | 3 | 3 | 19 | 17 |
| 稳定发展期 | 31 | 16.5 | 29 | 15.4 | 36 | 19.1 | 22 | 11.7 | 27 | 14.3 | 10 | 5.5 | 33 | 17.5 |
| 总计 | 68 | 22 | 50 | 16 | 61 | 19 | 42 | 13.3 | 39 | 12.3 | 13 | 4.1 | 42 | 13.3 |

（2）科学家和弱势群体人物形象内涵的变迁

通过主要人物形象的分类统计表，我们已经很清晰地看出科学家和弱势群体是大学英语教科书中最为重要的两类人物形象。本小节将重点分析名人当中出现频次最高的"科学家"形象和普通人形象中出现频次最高的"弱势群体"形象内涵的变迁以进一步揭示总体人物形象的变迁特征。

1）科学家形象的变迁：科技先进的西方他者

①总体变化：呈上升趋势

各时期科学家形象出现的频次基本处于明显上升趋势（除严重破坏期外）。这说明科学家形象受到大学英语教科书的持续和越来越多的关注。从图4-3所示。

4 大学英语教科书中的"他者"变迁特征

```
35
              31
30
25        22
20
15  16
10
 5
 0
   初步形成期  严重破坏期  恢复发展期  稳定发展期
```

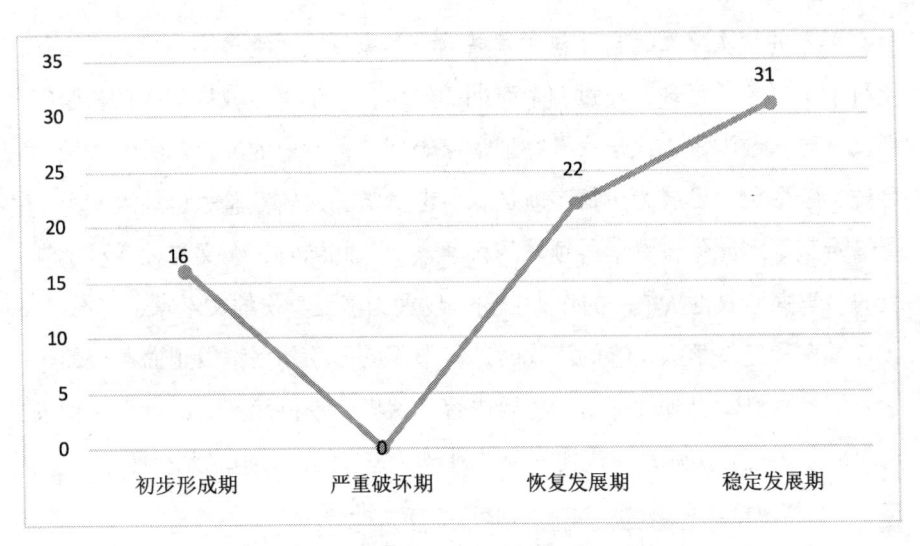

图 4-3 各时期科学家形象频次变迁图

②具体形象内涵的变迁：以自然科学领域的科学家为主导，从单一到多元

仔细分析各时期"科学家"的具体形象内涵发现，科学家形象的内涵在不断丰富和延伸，体现出从单一到多元的变迁特征。如表 4-9 所示。

表 4-9 各时期科学家具体形象一览表

| 历史时期 | 科学家形象的变迁 | 频次 |
| --- | --- | --- |
| 初步形成期 | 作家 | 1 |
|  | 自然科学领域科学家 | 15 |
| 严重破坏期 | 无 | 0 |
| 恢复发展期 | 自然科学领域科学家 | 19 |
|  | 共产主义艺术家 | 1 |
|  | 文学家 | 2 |
| 稳定发展期 | 自然科学领域科学家 | 19 |
|  | 文学家和艺术家 | 9 |
|  | 教育学家 | 2 |
|  | 经济学家 | 1 |

具体来看：第一，以自然领域的科学家形象为主导。从各时期不同科

199

学家形象的频次来看，自然科学领域的科学家频次始终最高；第二，多元化科学家形象的呈现。经过四个时期的发展，大学英语教科书中的科学家形象早已从数学家、化学家、物理学家等理工科专业的纯自然科学领域的科技专家形象，发展为包括宇航员、科考队员、人体实验家、地震专家、蜜蜂专家等多元化自然学科领域的科学家。与此同时，人文与社会科学领域的科学家形象也从单一的作家身份，发展为多元身份的文学家、艺术家、教育学家和经济学家，等等。同时，科学家的形象几乎都以正面积极的科学家精神和科学思维的书写为主要内容，这样几乎持续不断的科学家积极正面形象的书写实际是在建构一个"科技"先进的西方他者刻板印象。

2）弱势群体形象的变迁：不平等的西方他者

①总体变化：各时期弱势群体形象出现的频次基本处于快速上升趋势（除严重破坏期外）。这说明弱势群体形象不仅受到大学英语教科书的持续攀升的关注，使其成为普通人形象中快速增长且被重点关注的人群。如图4-4所示。

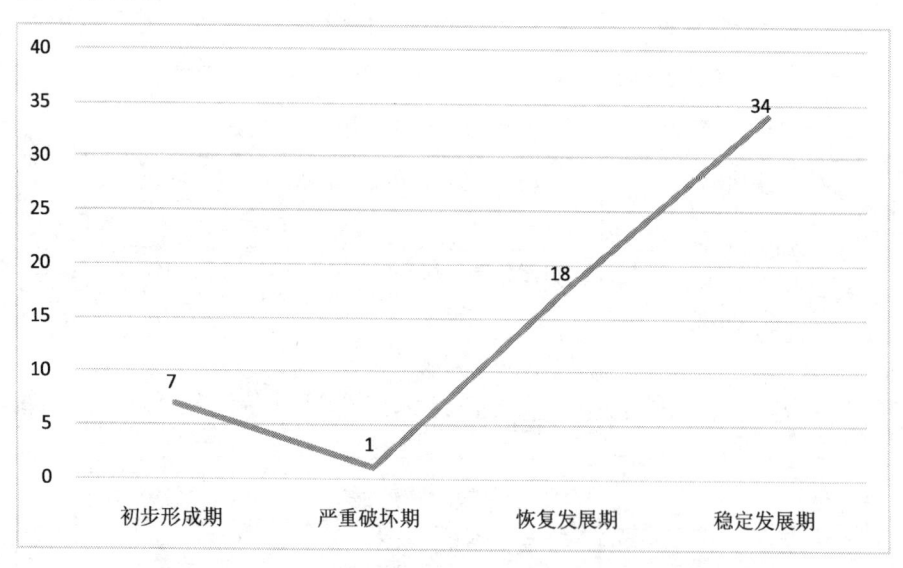

图4-4 各时期弱势群体形象频次变迁图

②具体形象的变迁：从被压迫阶级到多元化弱势群体，关注"平等"

问题。大学英语教科书中塑造了诸多弱势群体形象，不同时代西方国家社会总会有不同的受不公正待遇的多元弱势群体形象出现。如表4-10所示：

**表 4-10　各时期弱势群体具体形象一览表**

| 历史时期 | 弱势群体形象的变迁 | 频次 |
| --- | --- | --- |
| 初步形成期 | 工人、农民 | 5 |
|  | 黑人 | 2 |
| 恢复发展期 | 反殖民统治人民 | 1 |
|  | 少年犯 | 1 |
|  | 老人 | 7 |
|  | 儿童 | 4 |
|  | 女性 | 5 |
| 稳定发展期 | 女性 | 9 |
|  | 移民 | 7 |
|  | 残疾人 | 6 |
|  | 黑人 | 4 |
|  | 青少年儿童 | 3 |
|  | 乞丐 | 2 |
|  | 殖民地国民 | 1 |
|  | 低保户 | 1 |
|  | 二战孤儿 | 1 |

　　弱势群体形象随着历史的变迁大致呈现出以下几个特点：第一，弱势群体的内涵发生了变化。从初步形成期和严重破坏期的被压迫阶级和劳动者形象，变化为恢复发展期和稳定发展期时的社会生活中的常见弱势群体如老人、儿童、女性、残疾人；以及少数族裔如黑人、移民；边缘人如乞丐、低保户、少年犯等。第二，弱势群体的具体形象也经历了从单一到多元的变迁。从初步形成期单一的劳动者身份发展到稳定发展期的边缘人、少数族裔、常见弱势群体，等等。第三，始终关注弱势群体的"平等"问题。无论是初步形成期和严重破坏期中的被压迫阶级的平等，抑或恢复发展期

和稳定发展期的女性平等，殖民地人民、移民和少数族裔的人权平等、常见弱势群体和边缘人的地位和待遇平等，显现出大学英语教科书对他国弱势群体的人性关怀和平等社会理想的期待。第四，"积极向上"的弱势群体形象的塑造。尽管西方社会始终存在诸多不平等的社会与政治问题，但教科书中的弱势群体形象大都是积极向上的正面形象。初步形成期遭受压迫的工人和农民基本都是"不畏强权、努力抗争"的光辉形象，恢复发展期和平稳期中，除了1980版理工科和2001版新视野大学英语教科书有少数负面形象出现外，教科书中要么是克服困难和偏见，最后成功或充满智慧的职业女性形象，要么是通过自身的坚持和努力实现美国梦的移民形象，即便是乞丐或流浪者等边缘人都会向陌生人伸出援手，表现出人性善良的一面。可见，教科书通过塑造西方国家积极向上弱势群体形象，主要是引领学生树立正确的价值观和积极向上的生活态度。

综上可见，从文化归属国、文化主题、作者价值取向和人物形象表征四个维度的横向比较分析，不仅再一次清晰地看到了70年间大学英语教科书中"他者"内容的演变特征，也有助于看清教科书中他者的实质。主要国别的变更、主题的科技到人文的转向、价值取向由否定式批判到辩证统一式批判以及科学家和弱势群体内涵的不断拓展和延伸、具体形象的不断多元化，给我们呈现出一个持续被建构和被自我想象的"他者"文化。横向比较分析就像一个透视镜，让我们再一次认清大学英语教科书中的他者并不是静态的、固化的和纯粹的西方文化的复制品。恰恰相反，我们看到的大学英语教科书构筑了一个不断演变革新的他者表征系统，而这个经由语言生产意义的他者表征系统的变迁过程向我们展现的是一个动态的、演变的"他者"文化。可以说，通过纵向的历史考察和横向的比较分析，我们将教科书中的他者文化动态化，这时的他者文化不再指的是教科书中的文化知识，而是一个持续建构和演变的动态过程。

## 4.2 从教科书外部影响因素与他者变迁的互动关系看：呈现出以国家意识形态为本的"唯我性"他者

通过考察大学英语教科书的外部影响因素与他者变迁的互动关系，我们看到了一个受不同时期国家需求更迭而变迁的"他者"文化。换句话说，他者的变迁完全依附于自我的需求和国家利益的需要。从表面上看，教科书中的文化知识的选择是受到社会、学科和育人标准三方面背景的影响，然而仔细梳理和分析三方面的影响因素，会发现任何一时期的社会、学科和育人标准的背后都隐藏着一只强大的"手"，控制着社会、学科的发展、育人标准的演变，而"支配集团的意识形态最乐意最可能成为这只'手'"[1]。

纵观"他者"变迁的历程，教科书中界定什么是"我们"与"他者"，以及呈现"他者"的角度一直在变。综合整理70年间12套40册大学英语教科书中的他者与社会历史语境互动生成的过程，可归纳出以下两种类型的呈现他者的角度，分别是："文革"及其以前的中西社会制度的分歧和改革开放及其以后的中西社会文化的差异，伴随出现的他者及他者与自我的关系内涵也随之变迁。具体如表4-11所示。可以说，从教科书外部影响因素与他者变迁的互动关系看，呈现出以国家意识形态为本的"唯我性"他者。以下将从政治意识形态与文化意识形态两个方面及其呈现他者的角度变化入手，论述"唯我性"他者的特征。

表4-11 大学英语教科书中的他者内涵，自我与他者关系及其呈现角度变迁一览表

| 历史分期 | 教科书版本 | 他者内涵 | 自我与他者关系内涵 | 呈现他者的角度 |
| --- | --- | --- | --- | --- |
| 初步形成期 | 1960 理科（凌渭民） | 资本主义他者 | 社会主义自我与资本主义他者 | 社会制度的分歧 |
| | 1960 文科（董亚芬） | | | |
| 严重破坏期 | 1974 上海市版 | 资产阶级他者 | 无产阶级自我与资产阶级他者 | |
| | 1974 南开版 | | | |

---

[1] 石鸥，刘学利.教科书文本内容的构成[J].教育学术月刊，2013（05）：77-82.

续表

| 历史分期 | 教科书版本 | 他者内涵 | 自我与他者关系内涵 | 呈现他者的角度 |
|---|---|---|---|---|
| 恢复发展期 | 1980 理科（吴银庚） | 英美化科技他者 | 经济自我与英美化科技他者 | 社会文化的差异 |
| | 1980 文科（董亚芬） | | | |
| | 1986 文理（董亚芬） | | | |
| | 1987 理工（杨惠中） | | | |
| 稳定发展期 | 2001 新视野（郑树棠） | 美国化人文他者 | 文化自我与美国化人文他者 | |
| | 2001 全新版（李荫华） | | | |
| | 2013 全新版（李荫华） | | | |
| | 2015 新视野（郑树棠） | | | |

## 4.2.1 政治意识形态与社会制度分歧

综观"文革"及其以前教科书中的他者变迁，无论是初步形成期教科书中二元对立的资本主义他者世界的构建，还是"文革"期间有意美化和否定的资产阶级他者表征，都折射出他者的内涵、自我与他者的关系、呈现他者的角度与这一阶段的政治意识形态密切相关。

具体而言，初步形成期在社会主义和资本主义意识形态对立的国际政治大背景下，刚刚成立的新中国选择了社会主义制度，迫切地走上了全面学习苏联的社会主义现代化建设模式。学习苏联不仅带来了俄语热，也使大学英语在新中国成立初期的 50 年代几乎绝迹。直到中苏关系破裂、中国与多国建立外交关系，英语才开始成为第一外语。从理工科用大学英语教科书中呈现出单一的"科学与技术"主题，以纯理工科专业的自然科学领域科学家精神书写为主要内容，以及从文科大学英语教科书中呈现出以单一的"政治现象与问题"主题，以批判资本主义现实和被压迫阶级形象为主体的教科书内容充分体现我国对西方资本主义"他者"文化的态度。对资本主义社会制度及其社会现实的批判可以看作是与西方资本主义划清意识形态界限的有力证据，而理工科专业科学家精神的书写则可算是急切要学习西方先进科学技术以发展社会主义经济和实现社会主义现代化的有力证明。在社会主义的意识形态支配下，西方资本主义科技的发达并不意味着制度的先进,赶超英美,苏联的今天就是我们的明天等思想深刻地影响了这一时期对他者的呈现。

### 4.2.2 文化意识形态与社会文化差异

改革开放后,特别是进入文化全球化时代的中国,"和谐文化""文化自信"成为中国特色社会主义文化的内涵,"一带一路"、"文化走出去"以及"人类命运共同体"倡议的提出,不仅彰显了中国走上文化自觉和文化自信的文化强国道路,也体现出中国强调文化多样性和文化民族性的文化理念。这一时期对等的英美化科技他者,特别是共在的美国化人文他者都反映出他者的内涵、自我与他者的关系、呈现他者的角度与这一时期的中国特色社会主义文化意识形态息息相关。

具体来说,在改革开放时期以国家利益为基础,经济建设为中心的开放政策指引下,对他者的态度开始从制度的分歧转向文化的差异。中国开始开眼看世界并且意识到要想尽快发展经济,加快四化建设,就必须解放"文革"以来的否定西方一切的思想枷锁,引进国外先进技术、先进设备、吸收外资,同世界各国经济合作。而学习西方文化特别是西方的先进科学与技术就成为必然的选择。这一点从恢复发展期以"科学与技术"为主导的多元化文化主题,以科学家和职业身份的普通人形象为主体的英美化大学英语教科书内容中得到了充分印证。大学英语不仅成为培养专业技术人才外语能力的一门重要工具,也体现出中国以经济建设为中心的自我与科技他者的关系内涵。

稳定发展期在文化全球化和文化同质化的冲击下,文化自信成为中国特色社会主义文化的主旋律,重塑文化自我,实现民族复兴成为这一时期的最强音。为提升国际竞争力,让世界听到中国的声音,大学英语成为培养具有文化自觉意识的国际化人才和提升高等教育国际竞争力的重要工具。此时的大学英语教科书不仅注重文化的内核,以体现他国人文精神和价值观的人文性内容为主导,以积极的平民英雄、家庭成员、弱势群体形象为主体,关注西方社会现实生活和问题,同时,明确传达出新时代的对话式他者文化观，充分体现了人文、共在的"他者"与"自我"关系的内涵。

discussion"文化多元"就是讨论"选择什么"的多元，它的前提是人们能够选择。经过改革开放和文化全球化的洗礼，中国文化意识不断自觉，不仅开始意识到西方他者的存在，同时试图以跨文化比较的方式来理解他者并与之对话，以对他者的理解来认知自我。与此同时，在这个学习西方他者的过程中，中国始终以自我利益为主体来选择他者的文化，试图从他者文化中汲取自我发展的营养，呈现出自我化的他者。于是当制度的分歧走向文化的差异，西方文化成为"自我"能够和必然的选择，但文化多样性的理解，文化自信和文化自觉的文化民族性意识也使自我对他者的建构和想象成为一种唯我性（以自我为中心的）表征他者的文化实践过程。

## 4.3 从总体变迁向度与程度看：呈现出突变与渐变交织的非线性发展过程

综合来看，大学英语教科书中的他者变迁历程并不是一个持续的线性发展过程。它更多的是一个迂回曲折的非线性发展过程，并表现出一种突变与渐变交织的变迁形式。

### 4.3.1 变迁向度：曲折前进的非线性发展

从对立的、不在的，到对等的和共在的他者内涵及其与自我关系的演变历程可以很清晰地看到，如同社会的进步和发展一样，大学英语教科书中他者的历史演进并不是线性的和持续性的发展，而是经历了前进、停滞、倒退、恢复、发展等一系列曲折往复的非线性变迁过程。

就如同他者变迁的四个历史阶段的名称那样，70年大学英语教科书中的他者变迁大致经历了从新中国成立初期的初步形成期、"文革"时期的严重破坏期、改革开放时期的恢复发展期、以及全球化时代的稳定发展期。总体而言，自我对他者及他者与自我关系内涵的认识是在不断拓展前进的，但却是一种在曲折中前进的发展历程。回顾这一发展历程，他者的变迁大致经历了两个曲折发展时期。第一个曲折发展时期是"文革"时期,这里形容为"急转直下"时期。即使是那时自编和使用的大学英语教科书也鲜少出现他国文化,即便出现的他国文化形象也是以美化和掩饰的无产阶级形象出现,否定的文化表征促使"文革"时期教科书中的他者从初步形成期"对立"的他者内涵直接退化为"缺席的"和"不在的"他者。正是因为"文革"时期对他国文化态度的急转直下,使刚刚执行了两年的《外语教育七年规划纲要》被迫中止,大学英语好不容易刚刚迎来的新局面也随之戛然而止。可喜的是,他者紧接着迎来了第二个曲折发展时期,这里将它形容为"上升蜕变"时期。"文革"后的外语教育基本处在无教材、无大纲、无计划的"三无"局面,直到十一届三中全会后的第一次全国外语教育座谈会的召开,会上在总结过往外语教育经验的基础上,重新从国家战略的高度明确了加强外语教育的重要意义。会后下发的《加强外语教育的几点意见》成为他者文化观"上升蜕变"的直接诱因。到1984年底全国外语教育出现了从未有过的欣欣向荣局面。学习大学英语的人数首次突破一百万大关,三套大学英语教学大纲先后在这一时期诞生,一批优秀的公共英语教材应运而生,教材内容出现了多元化的文化主题和多元身份的普通人形象,开始贴近西方的现实文化生活。特别是改革开放时期他者化标准的转变,使教科书中的他者地位直接从"否定"上升为"对等",他者的内涵和他者文化观实现了质的蜕变。同时,这一时期的大学英语水平不仅达到而且超过了60年代的水平[①]。

"急转直下"和"上升蜕变"的曲折发展时期不仅表明了自我对他者的认识道路是曲折的,同时也预示着历史的车轮总是不断前进的,尽管有停滞和倒退,但那并不代表变迁的停止和沉寂,相反,暂时的曲折有可能带来的是更大的进步和发展。

---

① 李良佑.中国英语教学史[M].上海:上海外语教育出版社,1988:569.

### 4.3.2 变迁程度：突变与渐变交织

基于上一小节的变迁向度分析可以很清晰地看到，两个曲折发展时期也同时带来了两次他者内涵的突变。如果按照第一套大学英语教材的正式诞生时间，也就是1961年算起，准确地说，教科书中的他者经历的第一次突变，从"对立"到"不在"的过程，仅用了五年多的时间。而他者文化观突变的直接导火索是1966年6月开始的"文化大革命"。1964年《外语教育七年纲要》的颁布本来已经为大学英语的发展开辟了崭新的道路。至1965年，高校中修读英语课的学生人数约占同年级学生总数的30%~40%，略少于修读俄语课的学生[①]。因为"文革"时期对他国文化态度的急转直下，造成大学英语教科书中他国文化的"不在"与第一次突变。

紧接着他者文化的第二次突变，即从"不在"到"对等"的过程在改革开放国策的制定下再次发生。造成这次突变的关键事件可以算是1978年8月在北京召开的"文革"后第一次全面研究和规划外语教育的会议——全国外语教育座谈会。廖承志副委员长在会上所作的题为《为实现四个现代化加紧培养外语人才》的报告第一次从国家战略的高度明确了加强外语教育的重要意义。座谈会上提出的《加强外语教育的几点意见》（以下简称《意见》）经国务院批准于次年印发全国。该《意见》明确指出了大学英语教育的目标是"培养既懂专业又掌握外语的科技人才"。至此，新一代的大学英语教学大纲和大学英语教科书应运而生，教科书中的他者也直接从"缺席"和"不在"蜕变为对"对等"他者文化观的直接书写。如果以1976年粉碎"四人帮"的时间为节点，到作为突变的关键事件全国外语教育座谈会召开的日期来算，这次历史性的突变在不到两年的时间内"奇迹"般地发生了。

"他者"的渐变形式主要发生在第二次突变后的恢复发展期和稳定发展期，经历"文革"的洗礼，教科书中的他者文化几乎从零开始，伴随大学英语教育在这四十多年的历史变迁，先后经历了恢复、上升、快速和内

---

① 李良佑.中国英语教学史[M].上海：上海外语教育出版社，1988：542.

涵式的持续前进的渐变式发展历程。在这个渐进的发展过程中，教科书的他者文化以累积变迁的方式不断发展为以积极取向为主导、以辩证统一的价值取向、以美国人文文化为代表、以平民英雄等身份的普通人为主体的他者文化内容。从中体现了自我对他者的认识的不断深化，不断突破自我的认知框架的过程，在这期间，他者的内涵不但实现了新的发展，他者与自我的关系也因自我对他者存在意义理解的不断深化，而正一步步迈向对话式的理性他者文化观。

综上，无论是曲折前进的变迁向度，还是突变与渐变交织的变迁程度，都向我们再一次印证了大学英语教科书中的他者变迁历程其实就是一个自我对他者持续不断的建构和想象的过程。两次曲折和突变都是在看似偶然事件作用下的必然结果，而累积式变迁的渐进过程也是自我文化意识不断觉醒，文化自觉和文化自信不断建立过程之中的必然反映。

# 5 大学英语教科书中的"他者"变迁反思与启示

> "我们如何对待他者,将会决定我们是什么样的人;我们如何看待他者的文化,也将决定我们自己的文化。"
>
> ——李有成[①]

任何教科书都不是对客观世界纯粹实体的客观再现,而是在特定的文化观念、历史传统和价值信仰的规约下建构形成的学科话语。社会价值、意识形态等文化因素在 70 年大学英语教科书中的他者变迁历程中广泛渗透,构成了教科书文化实践的一个必要条件。作为教科书表征文化实践的产物,表征"他者"不仅是对自我存在与特性的确证,也是自我对他者认识不断演变的必然结果。既然"他者"变迁是历史的必然,那么,需要进一步反思的是我们表征他者的"意义"是什么?反思历史,观照现实,他者变迁背后的意义对于未来大学英语教科书的文化选编又有哪些启示?本章将借助霍尔的文化表征理论和阿普尔的教科书政治学,通过反思"他者"变迁的本质及其问题,以揭示"他者"变迁的深层"意义"并探讨其对未来大学英语教科书文化选编的启示作用。

---

① 李有成. 他者 [M]. 杭州:浙江大学出版社,2013.

## 5.1 大学英语教科书中的他者变迁反思

一本英语教科书，为何在不同的历史时期会产生不同的文化与意义？对于陌生的事物，特别是异己文化，我们总是不自觉地以我们熟悉和现存的认知框架去定义它，在我们既定的认知模式下归类他，吸收他和表征他。正如西方世界对非西方世界存有的预见（preconceptions）[①]那样，小小的英语教科书实际承载了我们对他者的预见。既然预见似乎是无法规避的，那么，被预见后的他者文化究竟是如何进入到我们手中的教科书？预见的本质又是什么呢？

### 5.1.1 大学英语教科书中的他者变迁本质：国家权力主导下的唯我性"他者化"

在《西方世界和其他世界：话语与权力》[②]中，霍尔认为一系列欧洲中心主义的"西方概念"形成了一套套区分和比较西方和其他世界的标准或模型，逐渐使"the rest"（其他世界）变成了"the other"（他者世界）。借鉴霍尔对权力下的"其他世界"和"他者世界"论述，本书的"他者化"过程，指国家权力主体通过各种手段将大学英语教科书中的"他国文化"（other cultures）建构为特定时期的唯我性"他者"文化（"the other" culture）的过程。

根据霍尔的文化表征理论，本研究将大学英语教科书看作是特定知识权力体系下的有关他者的表征体系，它经由语言产生意义。因而，大学英语教科书中的他者则是特定时空语境下权力/知识体系实施控制和建构的对象。特定的权力/知识通过教科书的表征实践产生特定的他者内涵。从权力主体来看，一般而言，教科书知识选择的权力主体可以是教科书编者，

---

[①] Stuart Hall. The West and the Rest: Discourse and Power[M]. In Stuart Hall and Bram Gieben(eds.). Formation of Modernity. Polity Press and Open University,1992:294.

[②] Stuart Hall. The West and the Rest: Discourse and Power[M]. In Stuart Hall and Bram Gieben(eds.). Formation of Modernity. Polity Press and Open University, 1992: 276-318.

也可以是国家和政府等。那么，国家权力主导就意味着教科书知识选择的权力主体主要是国家和政府，教科书中的从其他到他者的"他者化"表征实践过程是在国家和政府的主导下完成的。

所谓"唯我性"的他者文化存在于两种模式的自我与他者关系中。一种为以自我为主体，他者为客体的主体性关系；另一种是自我和他者同为主体的主体间性关系。第一种关系中的自我将他者看作认识的对象，自我是他者的主宰，不仅决定着他者的内容选择，也决定着表征他者的方式，这里的他者处于自我的对立面，并在自我支配下的依附地位；第二种关系中的主体间性关系超越了主体性关系中自我和他者的对立关系，主体间性关系将他者看作与自我同样的主体。冯建军教授进一步借鉴雅思贝尔的观点将主体间性分为外在和内在两类[①]。其中，外在主体间性是基于双方主体之间的利益关系而共在，反映是主体间的利益互惠关系，而内在主体间性是基于移情、对话、理解和关怀等精神交往，反映的是主体间的精神同一性[②]。由此可见，主体间性关系中的自我与他者作为平等的利益主体进行交往。主体间性相对于主体性，在实现自我与他者的平等关系上是一种进步。然而，列维纳斯批判主体间性仍然是一种向我回归的"唯我论"[③]。主体间性中的"唯我性"的他者"虽与自我同为平等的主体，但这种平等蕴含的是一种基于自我利益的平等"[④]，主体间性从一开始就是一种平等和互惠的利益关系。由此可以说，两种关系模式中的"唯我性"的他者文化均以保护自我利益为目标，自我通过他者化过程实现他者文化向自我文化的还原并使他者文化表现出与自我文化的同一性，反映的是自我与他者之间的利益关系。

纵观新中国成立以来大学英语教科书中的他者变迁，我们总是将他

---

① 冯建军.从主体间性、他者性到公共性——兼论教育中的主体间关系[J].南京社会科学，2016（09）：123-130.
② 郭菁.列维纳斯对布伯对称的主体间性的批判[J].人文杂志，2014（11）：17-19.
③ 同上.
④ 冯建军.他者性：超越主体间性的师生关系[J].高等教育研究，2016，37（08）：1-8.

者建构成我们想要的样子，帮助我们实现同一个目标。正如米歇尔·苏盖（Michel Sauquet）的"皮箱概念"[①]，文化就好比是皮箱，每个人都可以在里面放入自己想放的东西，而皮箱本身是那些能够操纵社会游戏规则的人创造的。这些对于自我和他者的想象并不是凭空而来的。无论是从教科书社会、学科、育人背景的论述还是教科书中的他者文化分析，都能看出此时代的教科书对于他者的想象与构建。作为权力/知识体系下的表征实践，教科书中的"他者化"表征重要的不是客观真实西方世界的陈述和复制，而是西为中用，构筑对国家的政治认同和文化认同，反映出一个为国家利益和权力所用的圈文化过程。

综合看来，大学英语教科书中的唯我性"他者化"表征过程大致经历了两个历史阶段：第一阶段是"非我族类，其心必异"。此为社会主义政治意识形态下，以制度分歧为依据的民族中心主义的阶段，表现为自我对他者的排斥、压制与否定，并以"他者"的存在来确立自我的意识。这时的唯我性他者处在主体性的自我与他者关系中，与自我是对立的关系，处于依附于主体文化的地位。第二阶段是他者的想象与文化利用。此为在社会主义文化意识形态支配下的，以文化差异为依据的自我中心主义的阶段。体现为从自我认知他者，从他者汲取自我发展的营养，这是自我化的他者。这时的"唯我性"他者处在主体间性的自我与他者关系中，与自我形成互惠平等的利益关系。其中，恢复发展期自我与他者的对等关系，更趋向于外在主体间性关系，反映是主体间基于物的利益互惠关系；而稳定发展时期自我与他者的共在关系，更趋向于内在主体间性关系，是基于移情、对话、理解和关怀等精神交往，反映的是主体间的精神同一性[②]。从这两个历史发展阶段不难看出，自我始终是西方他者表征的主体和中心，且他者表征的意义根源始终在于满足自我的需求和认同。可以说，大学英语教科书中的他者文化表征系统就像一个装满共享文化信码的工具箱，大学英语

---

[①] 米歇尔·苏盖.他者的智慧[M].刘娟娟等，译.北京：北京大学出版社，2008：16.
[②] 郭菁.列维纳斯对布伯对称的主体间性的批判[J].人文杂志，2014（11）：17-19.

教科书中变化的是有关他者的文化表征，不变的是对他者的"唯我性"需求和欲望。

### 5.1.2 国家权力主导下的唯我性"他者化"表征实践

"他者"，也曾被译为"异己"，大抵为非我族类的意思[①]。"他者化"（othering），由他者衍生出来的名词，有学者认为"他者化"是指"人们通过将负面特点加诸他者（其他群体或其他个体）而获得的自我身份认同的过程"[②]。既然本研究的他者具体指异己文化在特定时空语境下为权力/知识体系建构产生的特定内涵，那么，本书的他者化尤指权力主体在特定语境下建构特定他者并获得自我身份认同的过程。他者作为相对于自我的差异存在，是如何在国家权力主导下完成唯我性的他者化过程？霍尔的文化表征理论早已阐明了表征差异与知识/权力、表征差异与认同之间的关系。下面将依据霍尔的文化表征理论从表征他者化知识与权力和他者化表征与认同两方面来论证大学英语教科书他者化过程的变迁本质。

（1）大学英语教科书中的"他者化"知识是国家权力的微观表达

正如阿普尔所言，教科书围绕将什么"排除"和将什么"选入"的合法化知识的争论，往往反映的是权力关系上更深层次的问题。它总是政治、经济和文化活动、斗争及相互妥协、相互作用的结果。教科书不仅参与决定了什么是"正式知识"的构建，也参与了意识形态和权力关系的建构。对于教科书而言，文化知识的最终呈现要经过准入和技术化处理两个基本环节。与之相应的是，教科书他者文化知识呈现背后的"权力"主要体现在外在的知识"准入权"[③]以及内在的知识技术化"处理权"两种形式[④]。我们将借鉴阿普尔关注教科书中"权力"的双层含义，即在理论上如何考

---

[①] 李有成. 他者[M]. 杭州：浙江大学出版社，2013：1.
[②] 单波，张腾方. 跨文化传播视野中的他者化难题[J]. 学术研究，2016（06）：39-45+73.
[③] 刘丽群. 论知识准入课程中的国家介入[D]. 湖南师范大学博士学位论文，2007.
[④] 吴小鸥. 教科书，本质特性何在——基于中国百年教科书的几点思考[J]. 课程·教材·教法，2012（2）：67.

虑合法的知识与权力的关系，在实践上教科书如何客观地体现这种关系，从理论和实践两个层面论述大学英语教科书他者变迁过程中到底是如何考虑和客观呈现知识与"准入权""处理权"的关系，并试着探讨这种权力关系可能产生的正负面意义。

1) 以国家整体利益为主导的"准入权"与他者的被取舍

"准入是原初文化信息进入教科书的外在力量，它蕴含着价值的判断，其中原初文化信息是否有价值，有多大价值，在哪些方面有价值，它总是相对于特定的主体、相对主体自身的需要而言的。"[①]可以说，准入权就是掌握着原初文化信息准入教科书的判断权。谈到准入权，就必然涉及教科书内容由"谁来选"的问题，也就是要回答阿普尔的"谁的知识最有价值"。吴小鸥认为教科书准入权的主体可以是"国家或个人"。一般而言，教科书的准入权最直接的主体应该是教科书编写者个人，但由于教科书所具有的"独特性"[②]，致使"表面上是编写者们在选择内容，其实质是意识形态在选，是强大的权利在选"[③]。这句话里有两点需要说明，其一，这里的"独特性"即是石鸥教授所提出的"教诲性"，但其根源是"意识形态性"[④]，也就是阿普尔所说的教科书"政治属性"。教科书的这种意识形态限定"总是在维护和张扬某些意识形态话语，同时也在反对和抑制另一些意识形态话语"，致使那些想要"'超越'或'摆脱'这套话语系统的叙述就往往变得非法或不允许"[⑤]。其二，用霍尔的差异政治学观点来看，这里的"权利"往往服务于特定的阶层利益（class interests），代表的是利益集团的"权力"。由此可说，教科书的准入权总是掌握在少数利益集团的手里，是教科书编写者背后的这只"意识形态"之手在始终操控着教科书的准入权。那么，问题的关键是这到底是谁的手呢？教科书的

---

[①] 吴小鸥. 教科书, 本质特性何在——基于中国百年教科书的几点思考 [J]. 课程·教材·教法, 2012（2）: 62-68.
[②] 石鸥, 石玉. 论教科书的基本特征 [J]. 教育研究, 2012, 33（04）: 92-97.
[③] 石鸥, 刘学利. 教科书文本内容的构成 [J]. 教育学术月刊, 2013（05）: 77-82.
[④] 石鸥, 石玉. 论教科书的基本特征 [J]. 教育研究, 2012, 33（04）: 92-97.
[⑤] 同上.

选择到底是代表着谁的利益呢？对于这个问题，目前学术界大致有两种观点[1]：第一种观点是以阿普尔为代表的批判教育理论派认为，教科书是完全再生"统治阶级"的意识形态。阿普尔的教科书政治学认为，教科书是统治阶级和主流意识形态的官方知识、合法化知识。通过将主流意识形态装入教科书，统治阶级的主流价值观也由此确立。第二种观点则"质疑统治阶级一定可以对教科书进行控制"[2]，认为教科书背后支配性的意识形态并非由统治阶级一手制成。如吴小鸥教授在分析中国百年教科书时发现，清末的传教士，而非清政府掌握着当时教科书的控制权，而传教士恰恰是欧美强国在中国的利益代理人。尽管有学者认为第二种观点证据并不十分充分[3]，且目前大多数学者仍持阿普尔的观点。但这一观点的出现至少提醒我们，教科书的准入权可能并非由单一的支配集团所左右。

从实践层面来看，一方面，大学英语教科书中的他者变迁确实客观呈现了国家的利益需求。第一，大学英语教科书中他者的"排除"和"选入"总是与国家政治、外交事件紧密相连。纵观每一次大学英语教科书中他者的被取舍，都和一定的社会变革相联系。无论是新中国初期的被"排除"，还是中苏友好时期的被"选入"，抑或是"文革"时期的被"排除"，皆是如此。第二，教科书的编写主体往往是国家和政府的代言人。"知识分子是阶级冲突在意识形态层面被'演出'的战场上的重要演员。"[4] 国家和政府作为支配集团往往并不亲自"上阵"，它们总是借助于以科学、知识为中心操作规则的"专家们"的论证与认同，纵观每一时期的代表性主流大学英语教材，大都为国家的统编教材和国家教育部推荐的"十一五"

---

[1] 赵长林，孙海生.教科书与意识形态再生产——对 1949—2018 年相关研究的回顾与省思[J].课程.教材.教法，2019，39（01）：34-39.

[2] 吴小鸥.教科书，本质特性何在——基于中国百年教科书的几点思考[J].课程·教材·教法，2012（2）：62-68.

[3] 赵长林，孙海生.教科书与意识形态再生产——对 1949—2018 年相关研究的回顾与省思[J].课程.教材.教法，2019，39（01）：34-39.

[4] 斯拉沃热·齐泽克，泰奥德·阿多尔诺.图绘意识形态[M].方杰，译.南京：南京大学出版社，2002：314.

或"十二五"等优秀教材,所以基本都经历了非常相似的流水线操作:从新时期外语教育政策的制定到新时期大学英语课程大纲的颁布,再到依据大纲编写的新一批大学英语教材的诞生。同时,基本上市面上流行的和高校使用的主流大学英语教材大都由国家教育部指定成立的大学英语教学指导委员会的代表院校和成员组织编写而成。如1960理科版大学英语的主编上海交通大学的凌渭民教授,不仅是理工科公共外语教材编审委员会主任委员,还是中国公共外语教学研究会会长,1980版理工科大学英语教材主编上海交通大学吴银庚教授是中国公共外语教学研究会的秘书长,同时,中国公共外语教学研究会的会址就设在上海交通大学。可见,上海交通大学编写团队分别在20世纪60年代和80年代的科技公共外语界占据举足轻重的地位。此外,20世纪80年代综合大学的文科非英语专业公共英语教学由外语专业教材编审会主任委员董亚芬教授兼管,红极一时的1986文理版大学英语教材就出自复旦大学董亚芬教授编写团队。

另一方面,外语学科专家也在左右着他者文化知识的"排除"与"选入"。由于大学英语教科书的主编团队往往是由外语学科的英语专家所组成,他们的学科理念和语言文化观念往往会在教科书他者文化知识的取舍上得到呈现。最明显的体现至少有两点。其一,体现在文科和理科教科书他者文化知识差异化呈现上。在"文理工科打通"理念盛行之前,我国大学英语基本按照非英语专业的学科来划分和编写教材。因此诞生了一系列文科、理科公共英语教材。以本书中60年代代表性的文科和理科公共英语教科书为例,由于教学对象的专业学科背景差异和编写团队的教学理念不同,文科教材仅"选入"政治主题的他者文化内容,而理科教材仅"选入"科技主题的他者文化内容,其他文化主题均被排除在外。其二,在文理工科打通、综合版教科书印行后,以上海交通大学编写团队和以上海复旦大学编写团队对语言共核的不同理解上。上海交通大学编写团队因为有理工科大学英语教材编写背景,始终将"科技英语"作为语言的共核,偏重选择科技主题和与专业紧密结合的他国篇目,致力于培养懂英语的科技专业人才；而有文科大学英语教材编写背景的上海复旦大学编写团队则认为过于专业的学术文章大多平铺直叙，缺乏思想性和趣味性，偏向选择百读不厌的文学作品，致力于培养有较高文化素养的受教育者[①]。可见，由于教科书编者的编写理念和语言文化观的差异，在"选入"一定文化主题的同时就意味着对其他文化主题的"排除"和放弃。但总体而言，上海交通大学和复旦大学编写团队编写的教科书均依据当时由国家教育部颁布的大学英语课程大纲编写而成，均为培养当下国家所需的外语专业人才服务。

综上，无论是他者文化知识的排除还是选入，都是围绕整个社会的共同育人目标和国家的整体利益而展开的。

2）以政治权力合法性为内核的"处理权"与他者的定型化

原初他者文化内容被确定选入教科书后，教科书并不是直接呈现被选入的内容，而是要经过技术化的"处理"过程后再呈现出来。教科书"处理"这个名称目前并不固定，有的学者称之为"研制"[②]等。本书借鉴吴小鸥教授的观点，认为权力在主动介入中，"教科书利用技术手段处理原初文化信息"[③]的过程可称之为"处理"。这里的"技术化处理手段"具体表现为本书所定义的大学英语教科书处理他者文化信息时所采用的霍尔文化表征理论中的系列"他者表征策略"或可称为"定型化"过程。因此，本书的"处理权"特指对已"准入"的原初文本信息所实施的系列定型化处理过程所涉及的权利，也可以称之为"定型权"。定型化过程可以涉及他者文化内容的结构编排、内容的精致化或加工等处理过程中各种他者化策略的使用，包括二元对立、简化、否定、本质化、约化等，其目的是将有关他者的形象和特征固定下来。正如霍尔所言，定型化就是福柯所谓的一种"权力/知识"游戏，它根据某个标准区分自我与他者，并将他者构

---

[①] 董亚芬.《大学英语教学大纲（文理科本科用）》实施三年后的思考[J]. 外语界，1990（02）：20-23.

[②] 石鸥，张美静. 被低估的创新——试论教科书研制的主体性特征[J]. 课程·教材·教法，2019（11）：59-66.

[③] 吴小鸥. 教科书，本质特性何在？——基于中国百年教科书的几点思考[J]. 课程·教材·教法，2012（2）：67.

造出来。为了保持自我文化的稳定性和边界的纯粹性，差异所代表的"他性"往往遭到主流文化符号的分类和驱逐。权力和意识形态的介入利用各种他者化策略将事物的差异加以夸大和简化并最终将这种差异固定化和本质化下来，使语言符合系统和一个权威定义之间的关系固化下来，这一定型化过程的完成也意味着权力干涉表征的意义的完成。与"准入权"类似，一般而言，教科书"处理权"的实施主体是教科书编写者或研制者，但编写者的背后始终有一只"支配集团"的"意识形态"之手在控制着教科书的处理过程。

从实践层面来看，总结本书四个时期代表性大学英语教科书所使用的他者化策略，大学英语教科书编写者实施他者化"处理权"具体表现在：初步形成期的"二元结构"策略、严重破坏期的"否定"策略、恢复发展期的"约化"和"简化"策略以及稳定发展期的"本质化"策略。经过一系列的定型化策略，大学英语教科书中的他者总是被固化为我们"预见"的他者模样，而定型化就像是一座桥梁将表征、差异和权力联系了起来。从此种意义上来说，大学英语教科书定型化策略的使用实际上体现了政治权力的合法性。政治权力是权力的一种类型，是政治主体为实现某种利益或原则，依靠特定的强制力对政治客体对象的一种支配和制约能力[1]。通常，政治权力的主体是代表国家（民族国家）的政府[2]。政治权力的合法性基础一般包括三个方面：意识形态基础、宪政制度基础和有效性基础[3]。其中，政治权力"根本"的合法性基础是"规则"，也就是国家的宪政制度基础。利普塞特认为长期保持效率的政治制度可以得到政治权力的合法性[4]。

一方面，不同时期大学英语教科书定型化策略的使用往往是在"遵从

---

[1] 赵建国. 政治权力自限论[M]. 郑州：河南人民出版社，2017：4.
[2] 马宝成. 试论政治权力的合法性基础[J]. 天津社会科学，2001（01）：49-52.
[3] 马宝成. 有效性：现代政治合法性的政绩基础[J]. 天津社会科学，2002（05）：52-56.
[4] 利普塞特. 政治人——政治的社会基础[M]. 北京：商务印书馆，1993：57.

已建立的规则"。比瑟姆在论述一般意义的权力的合法性时，首先强调的就是"遵从已建立的规则"。规则实际是对服从权力的客体加以约束，而权力的对象对规则的遵从实际就是在体现政治权力的合法性。大学英语教科书编写者往往是在遵从国家已建立的制度规则范围内对他者的文化内容实施他者化策略。无论是改革开放时期约化、简化策略的使用，抑或是全球化时期本质化策略的操作；无论是改革开放时期，在引进先进科技、吸收外资，与英美建交的政治格局基础上将他者定型为科技化的英美他者，还是全球化时期新型国际化竞争格局下中国坚持文化自信的道路基础上将他者本质化为人文化的美国他者，这些都是基于中国自己在世界政治格局中的定位而做出的对他者文化的选择，并将其变成自己的构成性要素的过程。

另一方面，特定时期大学英语教科书定型化策略的使用是保证政治权力有效性和巩固政治权力合法性的重要途径。这里的特定时期是指当宪政制度还处于初创或改革调整时期，政治制度规则基础还比较弱且自身还带有多种不确定性因素的情况下，政治权力的有效性基础对于政治权力合法性则更具重要意义。这里的大学英语教科书定型化策略主要包括：初步形成期文理版大学英语教科书"二元对立"内容结构的编排与"文革"时期对原初他国文化知识的"否定"策略的使用。

由此可说，生产教科书文化的国家权力主体往往隐身于教科书的背后，借助于教科书编者、学科专家作为代言人，通过教科书的"准入权"和"处理权"的实施把自身的利益和目的糅进语言后形成类型化和定型化的知识，并使之变成社会的"正常的"和"常态的"东西，成为我们看到的事实，并具有合法性地位。至此，大学英语教科书他者文化定型化的话语体系成为国家权力的微观表达，其所产生的"知识构筑了权力的篱笆，向需要了解的人们显示了出来"。

（2）大学英语教科书中的"他者化"表征是国家认同的产物

"在西方思想中，他者由认同产生。"[1] 在后殖民主义、文化多元主义的后现代理论与实践中，聚焦他者的表征发展了"他者化"的概念。在西方思维中，认同又称同一性。正如美国社会学家耐尔森·福特所言，认同就是对某一特定身份或一系列的身份的占有和承诺……是一个命名的过程[2]。为了确立自我的满足感与优越感，他者往往被视为"我们"的现代理性秩序与价值的对立面，他者往往是"异己、不同、奇怪、肮脏、陌生"[3]的代名词。因而，获得自我身份认同的过程制造了他者及其他者化。正如霍尔所言："身份总是被建构出来的表征体系，正是通过否定的视角确立了其肯定的成分，必须通过他者的视角才得以建构自身"[4]，自我身份的建构和认同往往是通过他者的表征来完成的。借助美国著名汉学家、历史学家史景迁在《文化类同与文化利用》中提出的文化利用（Culture Use）观点：西方人建构他者的目的不是为了异文化的现实而是出于西方自身的需要和问题。大学英语教科书中的他者化表征也同样可以说是出于中国自身的需要和问题。这里的自身需要和问题主要是指对国家的认同。

认同的含义往往与国家、社会和自身紧密相连。泰勒认为，认同有现代的内在性，是作为带有内部深度存在的我们自身的感受，以及我们是"我们自己"的联结性概念。采用"确认与归属"的基本含义，结合泰勒的"我们自己"的联结性概念，本书需要探讨的是"我们的"自我概念及其集体或群体身份认同问题，即"我们是谁"的问题。"身份依靠的是差异的标

---

[1] 单波，张腾方. 跨文化传播视野中的他者化难题[J]. 学术研究，2016（06）：39-45+73.

[2] Nelson N. Foote. Identification as the Basis for a Theory of Motivation[J]. American Sociological Review, 1951, 16(1):14-21.

[3] Fredric Jameson. The Political Unconscious: Narrative as a Socially Symbolic Act[M]. New York: Cornell UP, 1981:115.

[4] Stuart Hall.The Local and the Global: Globalization and Ethnicity[M]. In Anthony D. King (eds.). Culture, Globalization and the World-System: Contemporary Conditions for the Representation of Identity, Macmilian in Association with Department of Art and Art History. Binghamtou: State University of New York, 1991:21.

记，每一个我们的形成必须排除一个他们。"① 只有区分我们与他们的差异，才能确认自我（我们）的身份。可见，认同是一个动态的过程，而身份是认同的对象和结果。简言之，对"我们的"自我认同就是对群体身份的确认与归属过程。

一般而言，群体的身份认同指向的是民族和国家的认同。李太平教授认为，"国家认同是一国公民确认自己对国家这一政治共同体的心理归属意识和情感融合活动……按照内容分，国家认同包括文化性国家认同和政治性国家认同"②。其中，文化性国家认同就包括文化身份的认同，而政治性国家认同则指对国家的基本政治制度、政治系统、指导思想等方面所形成的共识。教材关系国家事权，是学生形成国家认同的重要媒介，大学英语教科书是如何通过他者的差异化表征来构建群体身份及其国家认同的呢？以下将分别围绕教科书他者化表征与对国家的政治认同和文化认同两部分的关系展开论述。

1）通过"对立"与"不在"的他者化表征实现对国家的政治认同

《中国大百科全书·政治学》对"政治认同"的定义为"人们在社会政治生活中产生一种感情和意识上的归属感"。③ 可见，政治认同可以理解为一种政治上的心理归属感。因而，在我国，对于国家的政治认同，就是对中国特色社会主义的政治制度、意识形态的心理归属感，代表对国家政治制度的认可、接受和支持。教材作为灌输民族核心价值观和树立公民观念的重要载体，是形成学生国家认同的重要途径。作为高等学校受众面最广，影响最深远的教材之一，大学英语教科书对大学生形成国家认同，特别是政治认同同样具有十分重要的意义。

从实践上来看，政治认同的建构离不开对我国核心政治经济制度的认

---

① Kathryn Woodward (ed.). Identity and Difference[M]. London: Sage Publications Ltd. / Open University, 1997:302.
② 李太平，王俊琳. 教材建设与国家认同 [J]. 国家教育行政学院学报, 2019（09）: 23-30.
③ 中国大百科全书·政治学 [Z] 北京：中国大百科全书出版社，1992: 501.

可和对现行政治经济制度的合法性和优越性的认同。大学英语教科书中对现行政治经济制度的认同主要体现在初步形成期和严重破坏期的社会主义意识形态和革命意识形态下的"对立"以及"不在"的大学英语教科书他者表征过程中。新中国成立初期，新中国的社会主义意识形态以及与资本主义阵营对立的社会政治背景致使全国教育进入了全面学苏时期，新中国成立初期的大学英语课程也随之几乎绝迹，更别提大学英语教材。英语作为主要西方资本主义国家的语言，是西方国家政治、经济、文化的载体，于是被当作西方敌对势力的象征成为被压制和被排挤的对象。1949—1956年可谓是中国俄语教育最为迅猛的七年，俄语作为社会主义苏联国家的语言备受爱戴，教育部颁布了各项教育法令和条例以保证我国俄语教育的蓬勃发展。与之相反的是，教育部同时颁布了诸如《关于高等师范学校英语、体育、政治等系科的调整设置的决定》等系列教育政策以排挤英语教育。致使各校的英语系陆续停办、很多英语教师改行或下岗、英语人才规模大幅度缩减。可以说，对大学英语的忽视和排挤恰恰是新中国巩固社会主义政治制度、与资本主义阵营划清界限、形成新中国社会主义政治认同的制度安排。

直到中苏关系破裂，中国开始与世界多国发展外交关系，中西政治关系有所缓和后才出现了新中国的第一批统编大学英语教材。这一时期的大学英语教科书中的他国文化依然沿袭了与资本主义对立的社会主义意识形态模式，作为帝国主义斗争的武器和敌对资本主义国家的语言，"对立的资本主义他者"出现在了这一时期的教科书中。特别是初步形成期的文科版大学英语教科书中涌现了大量以资本主义国家被压迫阶级和受歧视种群体为主要人物形象，并描述他们的悲惨命运的课文，以此来批判资本主义政治经济制度。与此同时，这一时期的大学英语教科书所呈现的西方文化主题极为单一，极易导致学生形成对西方国家片面甚至负面的认识。具体来看，1960版的文科教材超过70%为负面的政治篇目，而1960理科版大学英语教科书中100%为科技篇目。对西方国家单一专题化内容的介绍极易造成学生对西方认识的碎片化和单一性，尤其是当其中大量充斥负面的批判资本主义政治经济制度的他国篇目时，很容易引发学生对资本主义受压迫民众的同情，煽动大学生对西方资本主义国家对立和敌视的情绪。显然，当时的新中国政府利用教材中对资本主义政治经济制度的批判性内容表征他者，并通过否定他者从而确立自我的政治地位，帮助学生树立社会主义制度自信形成国家认同。

"文革"时期激进的革命意识形态更是将对立的他者直接推向了缺席和不在的状态。大学英语教科书中均以中国文化为主体，他国篇目被认作是资产阶级毒草被再一次扫地出门，仅存的他国篇目要么在赞颂无产阶级革命家，要么以无产阶级人物形象为主体，也同样是符合革命意识形态的合法性知识，教科书成为宣扬无产阶级优越性的媒介。显然，这一时期的教科书利用这种极端的"去西方化"编排手段来切断学生与西方文化的联系，割裂学生对西方文化的认知与了解，更重要的是，大学英语教科书第一次成为中国国家政治文化的载体，教科书中不仅以中国文化为主体，且多以积极、正面的政治主题为主要内容，宣扬社会主义制度和无产阶级统治的优越性。可见，这一时期的教科书再一次通过排除和否定的表征策略，制造出了一个缺席的他者，并通过否定甚至消灭他者，确证自己的存在。

纵观初步形成期和严重破坏期大学英语教科书表征实践当中的他者，实则是国家权力主导下形成的主体性关系中的唯我性他者。他者被放在与自我的二元对立的关系中。不但如此，准确地说，正如黑格尔在《精神现象学》中关于主奴关系的分析，这段时期教科书中他者与自我也同样存在于这样的主奴关系冲突中。主人将他者放置在自己的权力支配之下，通过对他者的加工改造间接地与物发生关系，享受了物[①]。新中国成立初期和"文革"时期，帮助学生树立制度自信和政治认同是历史的必然选择。因此，大学英语教科书中的他者文化被否定，或排除也是历史的必然选择。

2）通过"对等"与"共在"的他者化表征实现对国家的文化认同

文化认同，就是指对人们之间或个人同群体之间的共同文化的确

---

[①] 黑格尔. 精神现象学[M]. 北京：商务印书馆，1979：127-129.

认[1]。文化认同是国家认同的起点和结果,更是民族认同的核心。拥有共同的文化,往往是民族和国家认同的基础。指向国家认同的文化身份认同可以包括对一个国家的特定的文化理念、思维模式和行为规范的认可、接受和热爱程度。因为文化本身就是一个价值观念体系。因此可以说,文化认同的核心是价值认同和价值观认同[2]。卡斯特认为"发展成熟的语言是自我认同的根本要素,是建立一条比地域性更少专横性,比种族性更少排外性的民族边界的根本要素"[3]。作为语言教材,大学英语教科书中的文学作品所传达的文化符号、文化观念和文化精神形成共享文化信码,传达着对中华民族的核心价值观和中国特色社会主义的共同文化内涵和内容,是社会主义文化观的显性化。在大学英语教科书中融入中华民族的共同文化,有利于形成大学生的文化共同感,增强中华民族凝聚力,从而实现国家认同。

从实践上看,大学英语教科书中对国家共同文化的认同主要体现在恢复发展期和稳定发展期的社会主义经济和文化意识形态下的"对等"与"共在"的大学英语教科书他者表征过程中。伴随着改革开放的开放政策,我国意识形态、文化观念不断开放,我们不但开始意识到他者与自我的差异不必然是制度上的差异,同时,我们对于自我和他者在世界中的位置也有了更清晰的认识。随着中国主体意识的不断增强,西方文化逐渐进入到"我"的视野。这一时期的大学英语教科书不仅突破了文化主题的单一性,从以"政治现象与问题"和"科学与技术"为主导开始转向与"人性与价值观"和"社会现象与问题"等文化主题并重的多元他国文化内容。同时,他国篇目中首次出现了以批判辩证主义的价值取向来讨论"他者"文化观的文章,其否定了承认他者即为否定自我的绝对二元对立关系,肯定了对等他

---

[1] 崔新建.文化认同及其根源[J].北京师范大学学报(社会科学版),2004(04):102-104+107.
[2] 同上.
[3] 曼纽尔·卡斯特.认同的力量(第2版)[M].曹荣湘,译.北京:社会科学文献出版社,2006:56+297.

者的存在价值及其对自我文化的意义。对等多元的他者表征一方面是改革开放时期"开放"意识形态作用的结果；另一方面，"他者或异质文化的出现是文化身份主体意识觉醒的根本原因"[①]。通过确认对等他者的存在及其意义，自我身份认同也由此确立。具体来看，大学英语教科书通过积极正面的科学家、家庭成员和职业身份等人物形象表征来宣扬社会主义主流文化价值观和道德观，如热爱思考、善于质疑、追求真理、爱探究的科学家精神，善良、诚信、坚持不懈、自尊自强、拼搏进取、乐于助人的高尚品德，等等。可见，这一时期的教科书利用选择和编排系列符合社会主义主流文化价值观的积极正面的他国篇目，以其内隐的价值内涵来传达社会主义主流文化价值观，将学生的个人价值追求与国家的主流文化价值观同频共振，引领学生形成和坚定良好的价值观取向和思想信念，从而树立民族国家意识。

进入全球化时代，在新型国际竞争格局的情势下，我国提出以"和谐文化"和"文化自信"为内核的中国特色社会主义文化，以期重塑具有凝聚力和引领力的中国特色社会主义文化，不断提升中国的国家文化软实力和国际竞争力。特别是自十九大报告提出"把社会主义核心价值观融入社会发展各方面，转化为人们的情感认同和行为习惯"[②]，将社会主义核心价值观融入教材，成为形成学生民族文化认同和情感认同的重要举措。这一重要举措不仅被写入了这一时期的大学英语课程标准，通过融入社会主义核心价值观帮助学生实现国家文化认同和文化自信也成为这一时期大学英语教材文化选编的核心价值取向。这一时期的大学英语教科书不仅呈现出以积极取向的"人性与价值观"为主导的多元他国文化内容；出现人文性内容一统天下的局面；同时，教科书中的他国篇目从突破自我的认知框架、认识他者文化对自我的意义以及建立"对话"式他者文化观三个层面

---

① 吴慧芳. 文化全球化视野下的文化身份问题研究[J]. 中共天津市委党校学报，2016（1）：52-58.
② 社会主义核心价值观：文化自信的灵魂[EB/OL].（2018-03-21）. http://www.wenming.cn/ll_pd/llzx/201803/t20180321_4626909.shtml.

深入完整地表达出新时代的他者文化观。中西文化不再是单子化的孤立存在，西方文化与自我文化共在，在彼此的语言沟通理解中共享文化交流的成果。他者不仅以共在的姿态开始展现，他者与自我之间的文化差异也越来越成为确认自我和成就自我文化价值和价值观的重要参照物。这一时期共在人文他者的表征不仅是社会主义文化意识形态作用的结果，更重要的是，通过共在人文他者的呈现来传达社会主义核心价值观。具体来看，大学英语教科书倾向于选择呈现符合社会主义核心价值观中对个人行为品质要求的名人和普通人形象，如频繁出现自尊、正直、诚实、乐观的企业家和艺术家形象；出现一系列在平凡的工作和生活中做出不平凡事迹的"平民英雄"形象，包括尽职尽责的职员、英勇救人的警察、坚持传统工匠精神的修鞋师傅、舍己救人的丈夫、用母爱消除恐惧的母亲、为将死的老人充当假儿子的善良士兵形象。他们多以敬业、勤奋、诚信、乐观、感恩、乐于助人、善良等积极正面的内在精神品质出现，充分体现了社会主义核心价值观中个人行为层面的基本理念"爱国、敬业、诚信、友善"。同时，书写弱势群体形象的他国篇目常常关注他国弱势群体的平等问题，引导性别平等、种族平等、阶级平等、人权平等的"平等""民主"的核心价值观。如选择积极正面的女性形象，如打破世俗、成就自我的女工程师形象、女学生、中年女人形象以引导社会对性别平等的关注与重视。此外，人与自然主题的他国篇目也常常以自然环保主义者和动物环保主义者的人物形象呈现来宣扬人与自然，人与动物"和谐相处"的自然观。可见，大学英语教科书通过系列文化主题他国篇目中社会主义核心价值观的融合和传达，帮助学生在文化差异中找到自我归属的文化底色和身份定位。

　　"对等"是和谐的前提，"共在"是对话的前提，在文化多样性和文化民族性并存的文化价值观影响下，我国的大学英语教科书中所体现的自我与他者的对等和共在关系，恰恰是文化自觉，走向文化认同与文化自信的必由之路。正如古希腊哲学的"存而不论"，我们越是明白自我主体的价值，越是有对他者的自知之明，越是能够更加理性地对待他者的存在与价值，不轻易对他者及其文化下判断。这不但是承认他者的智慧，更是在他者之境中找到自我存在的价值，让他者成为自我认同的助推器，实乃自我智慧的彰显。

纵观教科书中他者文化变迁与国家认同的关系，始终可以看到中国自我意识与身份认同的不断觉醒。从为实现自我的国家道路自信与制度认同而对西方他者的对立、排除与否认，到为实现自我的文化身份与价值认同而与西方他者对等与共在。对于西方他者，我们始终保持着以自我为中心的自我中心主义，无论是制度的分歧还是文化的差异，西方他者始终是国家身份构建和认同的产物。

### 5.1.3 国家权力主导下的唯我性"他者化"表征实践可能带来的"不平等"问题

通过对大学英语教科书中的"他者化"表征实践的本质及其表征实践的阐释，我们已经可以看到大学英语教科书就像一个装满共享文化信码的工具箱，以国家利益为本的国家权力总是通过各种代言人将其对他者在脑中的观念和预见转化为合法性知识，并达成对国家需要的满足和国家群体身份的构建与认同。这其中对他者永恒的"唯我性"需求和欲望将可能带来一系列不平等问题。本小节将从教科书知识选择权力主体间的不平等和教科书中文化间的不平等两个方面进行论述。

（1）大学英语教科书知识选择权力主体间的不平等

从权力主体来看，借鉴刘丽群[1]的说法，对知识准入课程有最终决定权和话语权的教科书知识选择权力主体主要包括政治精英、学术精英和学生三个群体。需要说明的是，教科书知识选择的权力主体包括但不限于这三个群体，出版社、企事业团体代表、非专业市民代表等其他社会相关利益群体也可能从各自的利益诉求出发，对教科书的选编产生影响[2]。权力主体就是权力的载体，这里主要从教科书知识选择所涉及的国家权力、社

---

[1] 刘丽群.论知识准入课程中的国家介入[D].湖南师范大学博士学位论文，2007.
[2] 姜俊和，孙启林.当代美国中小学教科书编选的合法性分析[J].外国教育研究，2012，39（12）：46-53.

会权力和个人权力三种类型的权力出发重点考察这三个群体间的不平等。政治精英指统治阶层和支配集团的代表,如政府官员,教育机构决策人员等,而学术精英是指直接左右课程政策和课程标准制定、教科书编写和审定的教育专家、学科专家、课程理论研究工作者以及教师等。

所谓教科书知识选择权力主体间的不平等,就是指不同权力主体在教科书知识选择权力分配间存在着较大差异。这种权力主体间的不平等,主要表现在政治精英和学术精英群体与学生群体间的不平等。通过阐释大学英语教科书中的他者文化变迁本质与根源,我们已经可以清晰地看到,"值得"的法定知识被传递给下一代[1]。政府精英作为国家和政府的代表,在教科书知识选择的决策阶段维护国家利益,把握政治方向。从国家的利益审视、规定教科书知识选择的相关教育法规与政策活动。政治精英对规定什么知识可以准入教科书和最终什么知识可以"合法性知识"面貌在教科书中予以呈现具有重要的支配作用。作为学术精英,特别是教科书的编写主体往往成为国家意志的执行者,合法性知识的中转站,将有限的合法性知识从有支配权的一方(国家、政府)传授给相对无支配权的一方(学生)。利用对他者的排除与选入以及一系列定型化他者表征策略,完成他者化表征实践的同时,他们对教科书知识进行价值赋予,将特定的法定知识和文化观念传递给学生。因此,在此种意义上,这三个群体实际可以合并为两类,分别是支配主体和被支配主体。以政治精英和学术精英为代表的支配主体使被支配主体接受法定知识,形成国家认同,完成人的社会化过程。支配主体和被支配主体的权力不平等现状,易造成被支配主体成为合法性思想观念的另一种形式的载体,也可能带来学生对合法性知识的不理解和不接受,甚至对教材本身的厌恶情绪。有记者曾经调查大学生毕业时最想带走的书和最想遗忘的书[2],大学英语教材赫然出现在最想遗忘的书籍榜

---

[1] M. W. 阿普尔. 国家权力和法定知识的政治学 [J]. 马和民,译. 华东师大学报教科版,1992(2).

[2] 毕业最想遗忘书排行榜大学英语教材夺魁 [EB/OL]. (2013-05-30). http://roll.sohu.com/20130530/n377496796.shtml.

首。尽管调查给出的理由是扔掉教材，终于可以摆脱英语考级的压力，但考试/审查（examination）正是福柯眼中的现代知识权力和规训控制方式中的最精髓的体现[1]。特别是20世纪80年代后期大学英语四六级考试开始走进大学校园，并逐渐演化为每一位非英语专业在校大学生毕业取得学位和应聘入职的敲门砖。

  另一种教科书知识选择权力主体间的不平等，表现在支配主体间权力的不平等。这里指政治精英和学术精英两个群体之间的不平等。政府精英往往身处教育行政部门要职，对大学英语教科书的审定和规划具有相当重要的决策权。他们通过颁布相关政策条例，特别是课程标准，来为大学英语教科书知识选编提供依据和方向。而往往政府精英主导下的相关教科书政策、课程标准的出台直接规定了学术精英，特别是教科书编写主体在教科书知识选编过程的"应为"和"可为"。教科书编者的权力因而受到极大的约束，甚至丧失自己的主体性。学界常常有一个潜在的共识，认为"所谓教科书编写是'戴着镣铐跳舞'[2]。与此同时，很多学术精英实际有双重身份，他们一面是学科专家和教育专家，一面受聘于政府部门，担任一定的行政职务，成为政府决策层的一分子，以政府精英和学术精英的双重身份参与到教科书知识选编的过程中。因此，他们往往是政府权力的附庸，与政府形成依赖关系，成为国家政府行使权力的代言人和国家意志的身体力行者[3]。例如，1960理科版大学英语的主编上海交通大学的凌渭民教授同时是国家教育部理工科公共外语教材编审委员会主任委员，1986版文理科大学英语教材主编华东师范大学董亚芬教授同时是国家教育部外语专业教材编审会主任委员，等等。从这个意义上说，学术精英很可能成为葛兰西眼中的"统治集团的管家"，学者林贤治眼中的"幕僚知识分子"，为

---

[1] 华勒斯坦. 学科·知识·权力 [M]. 刘健芝等，译. 北京：生活·读书·新知三联书店，1999：52-58.

[2] 石鸥，张美静. 被低估的创新——试论教科书研制的主体性特征 [J]. 课程·教材·教法，2019（11）：59-66.

[3] 高水红. 课程知识的合法性问题——对《基础教育课程改革纲要（试行）》的社会学分析 [J]. 学科教育，2002（8）：1-4+14.

国家政府的权力所吸附，极易失去自身的主体权力。

（2）大学英语教科书中不同国家文化间的不平等

不同国家文化间的不平等指大学英语教科书中不同国家的文化知识选择的失衡所造成的文化间的差异。通过大学英语教科书中的他者文化分析，特别是对主要西方他国的文化内容分析，我们可以清晰地看到 70 年大学英语教科书中不同国家文化知识选择间的不均衡很可能造成对文化的偏见。

一方面，所谓不同国家文化间的不平等，主要表现在他国文化知识与本国文化知识选择的失衡所造成的文化不平等。通过统计各时期不同版本中的他国篇目数量及其百分比（见表3-1），可以明显看到不同时期版本的大学英语教科书中的他国文化知识与中国文化知识比例不是一成不变的。相反，以"文革"为分界线，1960年版和"文革"期间出版的4套大学英语教科书中的中国篇目均超过了他国篇目，使中国文化成为"文革"时期及其以前大学英语教科书中的主体文化。此时的大学英语教科书实际是在用英语宣扬中国文化。例如，我们会看到大量有关中国神话、中国寓言故事、中国英雄人物事迹、中国外交事件等自编英文篇目的呈现。它们要么宣扬中国传统文化，要么讲述中国革命文化，要么倡导先进的中国政治制度文化，可以说是中国文化的载体。回顾本书第三章的他者文化变迁历程，我们已经清晰地阐释了这四套教科书表征体系分别制造了初步形成期的对立的资本主义他者和严重破坏期的资产阶级他者。他国文化不但不是这四套教科书中的主流文化，而且成为与中国社会主义文化对立甚至被消灭的他者。可见，中国自我和西方他者之间的绝对二元对立的关系，造成了"文革"及其以前的大学英语教科书中他国文化的被压迫和不平等。

仍以"文革"为线（见表3-1），"文革"后的大学英语教科书中的中国文化缺失造成了中国文化被忽视的地位。"文革"后80年代和全球化时代的8套大学英语教科书横跨恢复发展期和稳定发展期两个历史阶段。这段时期的他国篇目及其百分比远远超过了中国篇目的数量，除1980理科版外，他国篇目占比均超过 75%。这说明，这时期的他国文化成为大学英语教科书中的主体文化，可以说，自此，大学英语教科书成为西方文化的载体。然而，同时期的中国篇目却逐渐成为被忽视的文化。8 套教科书仅有中国篇目 15 篇，占比仅有 2%。南京大学教授从丛指出，中国文化含量在我国英语教学中几近空白，作为交际主体一方的文化背景其英语表达，基本上处于忽视状态，中国文化普遍存在失语现象[1]。而"教材是'中国文化缺失'的重要原因"[2]。可见，西方他国文化在教科书中的强势地位造成了中国文化"失语"的弱势地位。另一方面，所谓不同国家文化间的不平等，还表现在他国之间的文化知识选择失衡所造成的文化不平等。通过统计 40 册 465 篇他国篇目中的国别出现频次，我们发现尽管有 51 个不同的他国和地区的文化内容被提及，但其中 7 个主要的西方强国出现频次竟高达 83%，成为大学英语教科书中他国文化的主要代表。而其余 44 个国家和地区可以忽略不计。7∶44 是个悬殊巨大的比例。与此同时，七国文化主题主要以科技文化为主导，内容主要涉及以美国为代表的内圈国家和扩展圈国家文化。可见，他国文化间的知识选择比例严重失衡，基本忽视外圈国家（以英语为第二语言国家）的文化。英语作为一门国际通用语，文化内容的安排不仅应考虑传统的内圈国家文化，或者"标准英语"国家文化，也应考虑外圈和扩展圈国家的文化，例如"一带一路"国家的文化。以免高度同质化的文化内容安排僵化和限制大学英语学习者对他国文化的认知，将大学英语教材中的他国文化窄化为以英美为代表的西方强国文化，从而忽视对其他文化的认知和理解，不利于学生跨文化交际能力的培养。

与此同时，通过统计四个历史时期 7 个主要西方文化归属国篇目所占百分比（见表 4-1）可以看出，美国篇目占比高达 66.6%，超过了其他六国占比数的总和。这毫无疑问地使美国文化成为大学英语教科书中最主要的西方文化代表。从此种意义上说，大学英语教科书实际上是美国文化的载

---

[1] 从丛. "中国文化失语"：我国英语教学的缺陷 [N]. 光明日报，2000-10-19.
[2] 任平. 审视英语教材传统中国文化价值缺失的现状 [J]. 外语艺术教育研究，2010（3）：53-57.

体。同时，回顾70年他者化表征实践，我们常常用约化和本质化的表征策略来表征西方文化，制造英美化，特别是美国化的强势他者，使其他西方国家文化处在了相对弱势的文化地位。可见，文化的同质化和一元化的文化不仅造成了大学英语教科书成为强势美国文化的载体，还导致了教科书中他国之间文化的不平等。此外，单一的美国模式及其文化价值观极易造成学生对他国文化的偏见，出现要么过分崇拜和美化，要么过分丑化和抵触的现象。外语教科书中文化间的不平等问题或许可以作为事件发生背后的一种有力解释。总之，国家文化间的不平等既表现在他国文化与本国文化间的不平等，也表现在他国文化间的不平等。他者化过程一方面可以制造对立和消失的他国文化与美国强势文化的诞生，导致对他者的歪曲；另一方面也在制造单一片面的中国革命和政治文化与失语的中国文化。可见，对他者歪曲的另一面往往也是对自我的扭曲。

## 5.2 大学英语教科书中的他者变迁启示

### 5.2.1 大学英语教科书文化选编需要处理好的几对关系

想要解决大学英语教科书中的他者化难题，必须从他者化可能带来的问题入手，尽量避免可能的问题产生。因此，在构建理想的大学英语教科书文化选编路径之前，必须首先厘清如下几对关系。

（1）处理好社会需求与人的主体性关系

国家权力主体间的不平等问题实际隐含着他者化表征实践中的一对重要的矛盾关系，即如何处理社会需求与人的主体性的关系。这里的社会需求主要指以国家利益为本的社会需求，而人的主体性指教科书知识选择和文化选编的两大权力主体，包括学术精英，特别是教科书编写者，和学生群体。需要说明的是，借鉴刘再复先生《论文学的主体性》中有关"文学中的人的主体性"①的观点，这里的人的主体性还包括文本对象的主体性。处理好社会需求与人的主体性关系就是要平衡社会需求和人的主体性需要，注重教科书文化选编中的人的主体性发挥。

借鉴刘再复先生《论文学的主体性》中有关"文学中的人的主体性"②的观点，我们认为注重大学英语教材文本选编中"人的主体性"，就是要以人（学生、编者、文本对象）为中心，以人为目的，尊重人的主体价值、发挥人的主体力量，在大学英语教材编写的各个环节中恢复人的主体地位。具体来说，对于学生而言，作为教科书他者文本的主要接受主体，教科书应以育人为目标，摆脱以往语言教学的工具性和功利性、客体论，突出大学英语教科书的"教育属性"，实现"人之自觉"③的教育旨归。"人是教育的原点"，教育的对象是具体的和有生命的人。在新时代中国特色社会主义的文化背景下，大学英语教科书应摆脱学生作为学习内容的被动接收者和合法性知识的载体角色，注重学生的主体自觉性，尊重学生在教科书知识选编中的主体性地位。以发展学生核心素养，关注人性的丰富为教科书文化选编的宗旨，帮助学习者在自觉的状态下，通过外语学习接受和欣赏语言的美和文化的价值，树立"一种积极乐观的人生态度和人性表征"④，成为真正意义上的"生命人、自由人和个性人"⑤。

对于教科书编者来说，必须承担起编者的主体责任，成为"文化主题的制造者甚至知识的创造者"⑥。正如石鸥教授所言，编撰教科书本质上是一种创造和自主行为。尽管这种创作从来都不是一种无度无限，势必会有国家意识形态的干预。但在这种巧妙的创作中，教科书编者需要摆脱"戴

---

① 刘再复.论文学的主体性[J].文学评论，1985（6）：11-26.
② 同上.
③ 冯建军."人之自觉时代"的教育使命[J].人民教育，2019（01）：30-34.
④ 夏永庚，彭波，贺晓珍.核心素养理念"落地"之困及其支撑[J].大学教育科学，2019（2）：35.
⑤ 胡弼成，周珍.教育的元价值探析[J].高教探索，2017（6）：41-46.
⑥ 石鸥，张美静.被低估的创新——试论教科书研制的主体性特征[J].课程·教材·教法，2019（11）：59-66.

着镣铐跳舞"的观念，以教科书研制者的主体身份，在教科书文化内容的确定、文化内容的结构化组织、文化内容的精致化改编、文化内容支架系统的创编等方面，充分发挥教科书编者研制的主体性和创新性。

对于文本对象而言，大学英语教科书应摆脱那些物化人、阶级人、环境人等以人为工具描写社会现象和事件的他者文本，选择以还原他国文化中"人的真实世界和现实生活为目的"的他国篇目。回顾大学英语教科书中的人物形象表征，我们总可以看到因社会需求而被刻意安排的"工具人"形象。典型的有，严重破坏期他国篇目中的无产阶级革命家和工人等"阶级人"形象，初步形成期他国篇目中的以科学家精神为主体的"科技人"形象，等等。此外，笔者在对时下流行的大学英语教科书的跨文化真实性进行考察时发现，现行的大学英语教科书总是通过各种改编方式和手段模糊人物形象表征、弱化社会环境表征、偏离作者意图、简化跨文化表征，以致产生了许多物化人和环境人的教科书文本[1]。因此，应主动选择那些以活生生的人为对象，以描写人的精神主体性为主要内容，以还原他者文化中"人的真实世界和现实生活为目的"的他国篇目。正如 Byram 所言，跨文化理解不仅是让教科书通过呈现和谐完美的异国文化形象以树立学生积极的世界观，更重要的是要求教科书所呈现出来的文化就像"它是活生生的，讲出来就像可信且可辨认的真人一样"[2]。

（2）处理好一元化与多元化的关系

基于大学英语教科书中不同国家文化间的不平等所造成的要么以中国文化为主体，要么以美国文化为主体的文化单一性问题，需要处理好一元化与多元化之间的关系。所谓一元化，是指大学英语教科书知识选择的失衡所导致的以单一文化为主宰的教科书文化。所谓多元化，指一种与一元化相对应的秉持文化多样性观点的文化选择价值取向。我们将费孝通先生

---

[1] 肖岚，贾永堂. 大学英语教科书文本改编的跨文化真实性考察[J]. 西安外国语大学学报，2020，28（01）：67-72.
[2] Byram M. & Esarte-Sarries V. Investigating Cultural Studies in Foreign Language Teaching: A Book for Teachers[M]. Clevedon: Multilingual Matters,1991:179-182.

的"和而不同"以及"多元一体"观点引入大学英语教科书文化选编领域，认为，处理好一元化与多元化的关系就是要平衡好民族文化和世界文化的关系，构建教科书"文化多样、世界一体"的文化多元一体化格局。

"文化多样、世界一体"的大学英语教科书文化多元一体化格局中的"多元"指文化的多元，世界各民族各有其文化形成和发展的历史特点而区别于其他民族；"一体"指世界各民族相互依存、休戚与共，成为一个你中有我、我中有你的文化共同体。"多元一体"的教科书文化体系的核心思想就是将世界各国文化的共性特点、共同的价值理想作为多元一体中的"体"。各国文化在保有自身文化差异的基础上"和而不同"，寻求并认同人类的"普世文化"。各个国家的文化都是"一体"中的"一元"，不能只强调一体，忽视多元，反之亦然。更不能视"多元"为"一元"的简单相加堆砌。因此，如果站在多元一体的视角来看待教科书中的文化问题，我们认为以任何单一文化来取代世界文化的做法，其实是一种文化民族主义的表现形式，不值得提倡。大学英语教科书中无论是以中国文化为主体的文化选择，抑或以美国强势文化为主体的文化选择都不是理想的教科书文化形态。

需要说明的是"文化多样、世界一体"的多元一体是一种辩证统一的多层次文化论。各国的多元文化是基层，世界的共同文化是高层。一方面，高层的共同一体化状态为各国文化多元化的发展融合提供了必要的凝聚力和保障；另一方面，基层文化的多元化发展也为高层文化一体化提供了源泉与活力。无论是何种历史语境下的大学英语教科书文化选编都需坚持高层文化的一体化。这种高层文化的一体化表现在，大学英语教科书应倾向于选择世界不同民族文化共同关注的诸如人类生存的幸福、自由文化，人的内心精神世界文化，以及社会公正秩序价值追求上的共同价值理想等，此类一体化文化将成为多元文化的凝聚力，避免全球化浪潮冲击下的多元文化冲突，实现多元文化的统一和融合。与此相对应的，不管是何种社会历史境遇下的大学英语教科书文化选编都应坚持基层文化的多元化。这种基层文化的多元化表现为，作为大学英语教科书应维护各民族所独有的地域、历史人文、风俗习惯等文化特色，呈现文化的多样性和差异性，特别是帮助学生在教科书多元一体化的文化格局中探寻本民族文化的独特性和文化归属感。

### 5.2.2 走向"他者性"的大学英语教科书文化选编之路

想要真正解决"他者化"难题，化解他者化可能带来的系列不平等问题，在着手处理好大学英语教科书他者文化选编所面对的几对矛盾的同时，更为关键的是"要反思和超越认同，回到主体间、文化间平等交流的意义上"①。本书就是要探寻大学英语教科书文化选编过程中的他者与自我的关系模式以达成文化间真正"平等"的交流、对话和理解。准确地说，这里的他者与自我的关系可以是外来文化与本国文化，更多的是西方文化与中国文化之间的关系模式。

"他者性"为何必要？从他者变迁的本质分析，我们明确了他者化就是国家权力主导下建构"唯我性"他者文化的过程。同时，"唯我性"的他者文化随着社会历史的变迁，先后存在于以自我为主体的主体性关系模式和自我与他者同为主体的主体间性关系模式中。然而，在列维纳斯看来，尽管主体间性摆脱了主体性模式中的主客体的不对等性，并将他者看成是此在的自我，并与自我"共在"于世界中。但无论是以利益关系建构的外在主体间性，抑或是以对话、理解等精神交往建构的内在主体间性，都始终未摆脱"唯我性"或自我中心主义的同一性哲学，以实现自我与他者的同一化为目的，从而忽视了自我与他者的差异，消解了他者的他者性（otherness）或他性。此外，尽管列维纳斯肯定主体间性通过主体间的对话与理解来消解主体性关系模式中自我与他者的对立和冲突，但他也意识到想要自我与他者主体间完全以中立的姿态去相互回应并达成彼此理解是一种理想主义。列维纳斯认为，想要真正实现他者与自我的平等，以"他

---

① 单波，张腾方. 跨文化传播视野中的他者化难题[J]. 学术研究，2016（06）：39-45+73.

者性"为核心的非对称的伦理关系反而更为现实[①②③]。

因此,本小节将在列维纳斯的"他者性"理论的基础上,从"肯定西方他者性""确立对他者负责的非对称关系"和"面对他者,建构'差异与共生'并存的文化共生有机体"三个层面,以论述他者性何以可能,尝试为未来的大学英语教科书的文化选编提供一条走向"他者性"的文化选编改进之道。

(1)肯定西方他者的他者性,将小写的唯我性他者(the other)转变为大写的绝对他者(the Other)

所谓他者性/他性(otherness),相对于自我中心主义的主体性和主体间性存在,可以说是"唯我性"的相对体。他者相对于自我的差异是他者根本的他性。他者之所以为他者,就在于异于自我的差异性。正如霍尔所言"差异是意义的根本,没有它,意义就不存在"[④],"深刻而重要的差异才构成了真正的现在的我们"[⑤]。肯定西方他者的他性就是要肯定西方他者不是与自我同一的主体。相反,西方他者是异于自我的主体。正所谓"他者不是他我,不是总体的一部分,而是我所不是"[⑥]。他者性是对同一性和唯我性的解构,只有具备他者性的他者才构成真正的主体性。在大学英语教科书的文化选编过程中,肯定西方他者的他者性,就是要将西方国家及其文化视为差异的、独特的,不能为自我左右的另一个主体来对待,尊重西方文化的差异性。这是帮助西方他者摆脱唯我性困境的基础与前提,是保证"他是他,不是我"的根本。

---

① 郭菁.列维纳斯对布伯对称的主体间性的批判[J].人文杂志,2014(11):17-19.
② 冯建军.他者性:超越主体间性的师生关系[J].高等教育研究,2016,37(08):4.
③ 刘要悟,柴楠.从主体性、主体间性到他者性——教学交往的范式转型[J].教育研究,2015(2):102-109.
④ 斯图亚特·霍尔.表征——文化表象与意指实践[M].徐亮,陆兴华,译.北京:商务印书馆,2003:236.
⑤ 罗钢,刘象愚.文化研究读本[M].北京:中国社会科学出版社,2000:211.
⑥ 陈永章.差异·他者·宽容:当代公共行政的伦理沉思[J].华中科技大学学报(社会科学版),2014(1):93-99.

列维纳斯的他者性哲学区分出两种类型的他者。一者为小写的他者（the other），表现为主体性关系中自我吸收、利用、物化和同一的对象，是自我的附属品。一者为大写的他者（the Other），也就是绝对的他者，表示的是具有不被自我同化和吸收的他者性，具有绝不能还原为自我或同一的他者。可见，基于他者性，西方他者成为外在于自我的绝对他者，是有别于存在的超越。正如列维纳斯用face隐喻他者的可见性和不可见性。他者的脸仅是绝对他者与自我相遇的出场方式，自我与他者面对面（face to face）相遇，但"面对面是一种最终的和不可还原的关系，任何概念都不能替代它"[1]，可见的脸具有不可见性，脸并不是自我认知的对应物。相反，"脸的意义使脸逃离存在，逃离作为认知的对应物"[2]。他者之脸不仅抵御着自我的统摄与占有，也抵抗了差异的消解。这样的"他者"是不可还原的陌生者，是完全不同于我的存在，是绝对的他者地位。因此，肯定西方他者的他者性也可以说是要实现小写他者（the other）向绝对他者（the Other）的转变。

落实到大学英语教科书中的自我与他者关系构建上，表现为尊重西方他者差异性的基础上，承认其不为"我"所预见的绝对他者地位。从大学英语教科书的他者变迁本质，我们清楚地看到了自我对他者的唯我性需求和欲望。想要真正摆脱教科书中以自我为中心的他者化过程和想象，达成真正"平等"的对话和实现跨文化理解，就必须摆脱教科书中以自我为中心对西方他者利用定型化、约化、同质化等系列他者化表征策略或手段对西方物化、利用的工具性行为，超越自我对西方他者的占有和同化的预见和欲望，肯定西方他者的差异性、独特性，用他者性代替唯我性，承认绝对他者在中西文化间的主体地位，让小写的唯我性他者（the other）成为大写的绝对他者（the Other）。可以说，文化之间的平等对话和理解是以

---

[1] Emmanuel Levinas.Totality and Infinity[M]. Pittsburg: Duquesne University Press, 1969: 291.

[2] Emmanuel Levinas.Totality and Infinity[M]. Pittsburg: Duquesne University Press, 1969: 87.

自我的隐退和绝对他者的显现开始的。大学英语教科书想要走出以国家利益为本的唯我性他者的唯我论，就必须首先肯定西方他者的他者性，用他者性代替唯我性，承认他者在中西文化间的绝对主体地位，从而在西方他者与自我之间建构一种突破唯我论视阈下的文化关系。

（2）确立对西方他者负责的非对称性伦理关系

列维纳斯认为"人类在他们的终极本质上不仅是为己者，而且是为他者"[①]。列维纳斯眼中的主体，不同于传统的同一性哲学，是从他者而非自我出发，强调的是主体从他者那里获得规定。换言之，自我的主体性要以对他者的责任（responsibility）和对他者做出回应（response）得以体现。自我对他者的责任体现在：对他者的责任源于他者而非自我或自我意识；对他者的责任也不以任何利己的目的为目的；对他者的责任是无限的和无条件的。落实到大学英语教科书的文化选编，就是要改变以往从自身出发的思维定式，尝试从西方他者出发，不仅尊重西方他者的差异性和独特性，更要以对他者负责的态度来选编大学英语教科书中的西方文化，让西方文化的差异性以其活生生的真实面貌呈现在大学英语教科书中，并以此作为对西方他者的真诚回应。笔者认为，唯有无条件的真诚回应和真实呈现他者的差异性，才能成就自我的文化归属感，达成文化彼此间的理解和认同。

在自我通向他人，跳出自我中心主义困境的努力中，出现了构建自我与他者的对称关系与非对称关系两种路径。马丁·布伯（Martin Buber）作为"我–你"关系的提出者和主体间性对称关系路径的代表人物，希冀实现由"我–他"到"我–你"的转向以构建自我与他者的平等对应关系。相比于主体性关系中的"我–他"不对等关系，"我–你"关系从自我出发，尊重他者的差异，以我与你的相互回应使自我通向他人，并成就我与你，可以说是一种相当大的进步。然而，"我–你"关系把我和你视为共在的同一性主体，在列维纳斯看来，"共在"只是一种主体存在的形式，这种建立在"自我同一性"基础上的自我主体，追求一种绝对的同一性，

---

① 列维纳斯. 塔木德四讲 [M]. 关宝艳, 译. 北京：商务印书馆, 2002：121.

必然造成对他者的压制。因此，在他眼里，"我"和"你"有可能终究无法抵挡"同一"的暴力，被新的同一体所吞噬。因此，想要抵制同一的暴力，就必须承认绝对他者的地位，使他者外在于自我，成为超越自我之外的存在。而这样的他者势必要求自我与他者的非对称关系。

与此同时，布伯同样也肯定列维纳斯对他者负责的非对称关系的现实性。他说"完整的相互关系并非为人际生活所固有，它本来是一种神赐"①，布伯承认"我－你"对称式关系，完全以"我－你"对对方整体性存在的相互回应为基础，是一种非常理想的精神状态，具有一定的局限性。他将列维纳斯的这种自我对他者负责的非对称关系作为"我－你"关系中完满的相互性回应的一种补充范畴，称其为不完满的相互性，肯定很多情境下的"我－你"关系，需要我去回应他人，而并不要求他人同时回应我。因此，尽管"我－你"关系从主体间性出发，用我与你的关系来成就主体，想要破除唯我论的困境，但过于完满的相互性存在一定程度的理想主义。

与布伯不同的是，列维纳斯倡导自我对他者负责的非对称性的伦理关系作为完成自我走向他人的路径。这种关系是以承认他者的绝对差异为基础，确立自我对他者的绝对责任，他者高于自我的非对称关系。非对称性的关键在于"自我对他者具有绝对的责任，自我需要对他者作出回应，但并不意味着自我要从他者那里期待回报"②。也就是布伯眼中的现实性更强的"不完满的相互性关系"。

落实到本书大学英语教科书的文化选编中，我们首先赞同列维纳斯对布伯"我－你"对称性关系过于理想主义的评价，将马丁·布伯的"我－你"关系看作是大学英语教科书文化选编中自我与他者关系的一种极为理想的状态。在这种状态中，西方他者与自我，西方文化与中国文化之间基于双方完全的对称关系，以双向、互惠、开放的姿态，采用移情、对话、理解、关怀等方式达成文化交流之间的民主和平等。然而，在这种对称平等的理

---

① 马丁·布伯.我与你[M].陈维纲，译.北京：生活·读书·新知三联书店，2002：113，114.
② 同上.

想关系中，他者的差异性难以得到完整保全，同时，这种具有对称性的同时回应、关怀和理解并不总能实现。在更多的情境下，我们需要抱着一种"我只能要求自己为他人负责，而并不能强求他人对我们发生一种相互性关系"①，同时"并不期待从他人那里得到回报"②的态度去对待他者和选编他者文化。事实上，如果每一国家和社会都能承担起对他国及其文化的绝对责任，为他者负责，就能在更高的层面上达成文化间的平等和正义。这样一种对绝对他者负责的人道性和伦理性，反证出我们的不可消解性和为他人的主体性，恰恰是主体性高扬的体现③。因此，在教科书文化选编的过程中，国家主体权力的执行者、教科书编者等教科书文化选编主体都应承担起对西方他者的绝对责任，将西方他者视为高于我们的存在，不以任何自我所预见的事物为内容，内心真诚地从他者的差异性和独特性出发来选编他者的文化，从而承担起相应的非对称性伦理责任，彰显我们自身的主体性，实现主体间和文化间的平等交流。

（3）面对他者，建构"差异与共生"并存的文化共生有机体

正如于连所言，他者问题的根源是东西文化的相遇困难，是传统中根深蒂固的漠不关心（indifference）。用他的话说："这两种文化独立发展了这么久，从一开始就没有相互注视，没有'交谈'。"④"面对他者"是列维纳斯他者性理论的核心思想。作为基于他者的主体存在，"面对他者"就是要走出自我中心主义，超越主体间的利益联合，与具有他者性的绝对他者"相遇"，成为共生主体。在列维纳斯看来，真正意义上的他者是不能被对象化的东西，他者与自我的"面对面"是某种伦理性的相遇。他者之脸身后的绝对他者激起了自我对他者的"言说"与"欲望"，而绝

---

① 郭菁. 列维纳斯对布伯对称的主体间性的批判 [J]. 人文杂志, 2014（11）: 17-19.
② 马丁·布伯. 我与你 [M]. 陈维纲, 译. 北京: 生活·读书·新知三联书店, 2002: 113, 114.
③ 孙庆斌. 勒维纳斯: 为他人的伦理诉求 [M]. 哈尔滨: 黑龙江大学出版社, 2009: 175.
④ 杜小真. 思考他者——围绕于连思想的对话 [M]. 北京: 北京大学出版社, 2011: 3.

对他者也以他者之脸为媒介与自我回应。回应以"言说"（saying）的方式展开，是以一种面向他者的谦卑姿态去通向他者，是履行自我与他者的伦理关系和对他者责任的具体方法（见图2-3）。在这种面对面的相遇中，言说或表达先于理解，他者之脸使他者成为自我不能完全被理解和占有的绝对他者。

共生的焦点在于"共"与"生"，自我与绝对他者的共生就是具有差异性的主体之间通过对他人的负责与关怀寻求主体之间的共生。换言之，就是差异性主体之间的"一起"相互关怀，相互负责，从而共"生"。冯教授将这种自我与绝对他者的主体间关系称为"共生主体的公共性"[1]。在这种关系中，每个主体都是共生体的一员，每个成员都对他人负责，成员之间形成无条件的关怀与责任。共生主体间的有机融合，构成了公共性。笔者认为，自我与他者共生主体之间的有机融合不仅促成了共生主体的公共性，更重要的是，直接生成了"共生有机体"。在这个共生有机体中，每一个成员即是整体的"一"，又是个体的"多"。各成员主体间以承认他者的差异性为前提，尊重差异、包容他者、相互分享、形成共识。因而，这样的共生主体间关系既保持了主体的独立性与差异性，又保持了主体之间的关系性与统一性。

落实到大学英语教科书的文化选编，在处理中西文化关系和外来文化与本土文化关系时，也应树立人类文化共生的意识，建构"差异与共生"并存的文化共生有机体。认清每一种文化的一体两面，即每一种文化既是人类文化有机体中的独立体和差异体，也是人类文化有机体生成的重要组成部分。每一种差异的文化主体在文化共生有机体中交互共生，促使人类文化有机体的形成。文化共生体意识下的大学英语教科书文化选编，绝不允许任何形式的压制、排斥和否定，每一种文化作为独特的差异文化，不断与其他文化相互对话和交往，在差异中形成共识，增进文化的共生与团

---

[1] 冯建军. 从主体间性、他者性到公共性——兼论教育中的主体间关系 [J]. 南京社会科学, 2016（09）: 123-130.

结，创造更具包容性的人类文化有机体。正如哈贝马斯所言"每一个人都应怀着普遍的、团结互助的责任心……团结他人，把他人视作我们中的一分子，是我们共同体中每个人的责任"[①]。正是文化间的相互责任和相互关爱，形成了对他者文化负责的伦理共生体，这将比基于互惠关系的利益共同体更加具有凝聚力。总之，基于他者性的大学英语教科书文化选编，将每一种文化视为人类文化有机体中的差异体和共生体，追求文化间的对话、分享、理解与共识，形成文化之间的"和而不同"。更进一步说，我们所追求的文化间的理解或者跨文化理解，不是一种追求同一性的完全性的理解和认同，更不是一种使他人同化为自我的异化过程，而是一种尊重他者性，尊重文化差异，在差异中对话、分享、关爱、互识，以建立理解并实现共生的过程。

总之，本书通过论述70多年大学英语教科书中的"他者"变迁历程和特征，认清了大学英语教科书将他国文化（other cultures）变成"他者"文化（"the Other" culture）的"他者化"表征实践本质，提出了想要化解大学英语教科书中的"他者化"难题，就必须确立"自我"与"他者"的平等关系。这里的他者是具有他者性的绝对他者或大写的他者（the Other），这里的平等关系则体现在自我对他者负责的非对称性伦理关系。只有在此基础上建构"差异与共生"并存的人类文化共生有机体，才能最终实现由他国文化（other cultures）走向大写的"他者"文化（"the Other" culture）的"他者性"大学英语教科书文化选编之路。

---

[①] 冯建军.从主体间性、他者性到公共性——兼论教育中的主体间关系[J].南京社会科学，2016（09）：123-130.

# 6 结语

## 6.1 主要结论

本研究通过内容分析、历史考察、比较分析和理论探讨，探索新中国成立 70 年大学英语教科书中的他者变迁历程、特征和本质，以及构建大学英语教科书文化选编的理想路径。以下为本研究的主要结论。

### 6.1.1 大学英语教科书中的"他者"是一种历史的存在

自新中国成立，我国的正统英语教育已有 70 多年的历史。这段短暂的历史不仅见证着中西方文明的交流、碰撞和变革，也是中国近现代史上"西学东渐"的一段重要历史时期。中国英语教育的变迁是在"自我"与"他者"、"中国文化"与"西方文化"相互交融和碰撞的场域中进行的。作为学习西方文化的窗口和重要载体，大学英语教科书是一国建构他者的主阵地，随着社会历史环境的变革而变迁，成为历史的一分子。

基于他者的建构性，本书中的"他者"实指在历史变迁语境中，为特定的知识权力话语体系所建构出来的他者的独特内涵及其与自我的关系模式。基于文化表征理论，本书构建了大学英语教科书他者文化分析框架，将大学英语教科书视为有关他者的文化表征系统。通过对新中国 70 多年来，社会变革、学科教育变迁、育人标准变化，三大教科书的外部环境影响因素分析以及代表性大学英语教科书内部的"他者"文化分析后得出，从新中国成立以来第一部统编大学英语教科书的诞生到 2017 年《教学指南》颁布后最新一批教科书的印行，70 多年来，随着社会变革、学科教育变迁、育人标准的变化，大学英语教科书先后建构出四种不同内涵的"他者"：一是初步形成期，中国社会主义意识形态下的"对立的资本主义他者"；二是严重破坏期，中国无产阶级斗争意识形态下的"不在的资产阶级他者"；三是恢复发展期，改革开放政策下的"对等的英美化科技他者"；四是稳定发展期，中国特色社会主义文化意识形态下的"共在的美国化人文他者"，如图 6-1 所示。从四个时期他者内涵的变迁历程可见，西方他者不是一个既定的概念，而是在特定历史条件下形成的概念。

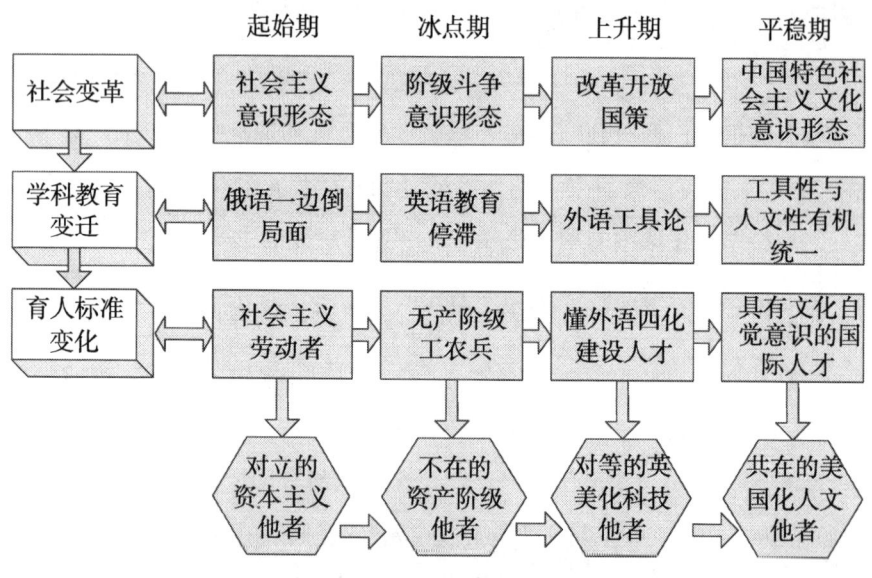

图 6-1  大学英语教科书中的"他者"变迁

## 6.1.2 大学英语教科书利用各种他者表征策略构建"唯我性"他者

结合霍尔、阿普尔以及萨义德的相关表征策略理论，对不同时期的教科书文本进行他者表征策略分析后发现，在特定的他者表征策略建构下，教科书呈现出四种不同的他者与自我的关系模式。分别是：初步形成期，二元对立策略下的"对立的"关系，产生了资本主义他者与社会主义自我；严重破坏期，否定策略下的否定关系，及其所产生"不在的"或缺席状态的资产阶级他者与无产阶级自我；恢复发展期，约化和简化策略下的"对等的"关系,产生了科技的英美化他者与经济建设为中心的自我;稳定发展期,本质化策略下"共在的"关系,产生了美国化的人文他者与中国特色社会主义文化自我。可见,正如李有成在《他者》中的感慨:"我们如何对待他者,将会决定我们是什么样的人,我们如何看待他者的文化,也将决定我们自己的文化。"[①]不同社会历史变迁背景下"对立的、不在的、对等的、共在的"四种不同自我与他者关系模式下的他者内涵,就好比中国看待西方他者的四棱镜,照见的不仅是自我想象中的他者,也同时看清了自己。

综合来看,大学英语教科书中的他者总是处于自我中心主义的"唯我性"自我与他者关系中,即要么处于主体性的自我与他者关系中,与自我是对立的关系,他者处于依附于主体文化的地位;要么处于主体间性的自我与他者关系中,与自我形成互惠平等的利益关系。两种关系模式中的"唯我性"的他者文化均以保护自我利益为目标,自我通过他者化过程实现他者文化向自我文化的还原并使他者文化表现出与自我文化的同一性,反映的是自我与他者之间的利益关系。

### 6.1.3 大学英语教科书中的"他者"变迁本质是权力主导下的"他者化"过程

借助霍尔文化表征理论中的有关表征差异与权力、表征差异与认同之间的关系理论观点,反思大学英语教科书中的他者文化变迁,从本质上反映出权力主导下的唯我性"他者化"过程。本书将权力和认同看作是表征的一体两面,从理论和实践两个层面,分别对大学英语教科书中的他者化知识与权力的关系,以及大学英语教科书中他者化表征与认同的关系进行具体论述,以此来论证大学英语教科书在权力主导下完成的唯我性"他者化"表征实践过程的本质。

我们发现,权力总是和教科书中的他者化知识关联以行使支配他人

---

① 李有成. 他者[M]. 杭州:浙江大学出版社, 2013.

的力量。这包括通过对他者知识的排除和选入来行使以国家整体利益为主导的"准入权",以及通过对他者知识的定型化来行使以政治权力合法性为内核的"处理权"。这样一来,知识成为权力的工具,而权力促使教科书中合法性知识的生成。总之,知识和权力的组合促成了他者化的表征实践和他者文化("the other" culture)的诞生。

与此同时,他者化表征实践还表现在通过制造不同的自我与他者的关系模式来形成对国家的政治和文化认同。这包括通过"对立"以及"不在"的大学英语教科书他者化表征形成大学生对我国核心政治经济制度的认可和对现行政治经济制度的合法性和优越性的认同;也包括通过"对等"与"共在"的大学英语教科书他者化表征形成大学生对国家共同文化,特别是社会主义核心价值观的认同。身份是认同的对象和结果。教科书通过制造对国家的政治与文化认同,不仅促成了他者化的表征实践,也使教科书成为学生形成国家认同的重要媒介。

总之,在权力和认同的共同作用下,大学英语教科书中的他国文化(other cultures)成功转化为"他者"文化("the other" cultures),形成了"他者化"的表征实践本质。

### 6.1.4 "他者化"表征实践可能产生教科书知识选择权力主体间的不平等以及国家文化间的不平等问题

通过理论探讨,本书发现他者化表征实践的唯我性本质可能带来两方面的不平等问题。一方面是教科书知识权力主体间的不平等。主要表现在政治精英和学术精英群体与学生群体间的不平等,以及政治精英和学术精英群体间的不平等两种形式。权力主导下的他者化表征过程不仅使学术精英群体成为权力的代言人从而失去自身的主体权力,同时他者化过程通过对他者的排除与选入等一系列定型化他者表征策略,完成他者化表征实践和教科书知识的价值赋予,将特定的合法性知识传递给学生,使学生群体成为合法性思想观念的载体,从而造成学生群体教科书知识选择权力的丧失;另一方面是不同国家文化间的不平等。主要表现在他国文化知识与本国文化知识间的文化不平等,以及西方国家之间的文化不平等两种形式。

### 6.1.5 面对他者是突破大学英语教科书他者变迁中的"他者化"困境的关键

想要突破他者化的困境,真正实现文化间的平等交流,就必须"面对他者"。基于列维纳斯的他者性观点,本书主张"面对他者"的前提是要将西方国家及其文化视为差异的、独特的,不能为自我左右的另一个主体来对待,尊重西方文化的差异性。承认他者在中西文化间的主体地位,不以任何自我所预见的事物为内容,内心真诚地从他者的差异性和独特性出发来选编他者的文化,从而承担起相应的非对称性伦理责任,彰显我们自身的主体性,实现主体间和文化间的平等交流。

进一步而言,想要与具有他者性的绝对他者面对面"相遇",就必须走出自我中心主义,超越主体间的利益联合,成为"自我"与"他者"的文化共生主体。具体而言,就是在西方他者与自我之间建构一种突破唯我论视阈下的文化关系,认清每一种文化既是人类文化有机体中的独立体和差异体,也是人类文化有机体的重要组成部分。帮助每一种独特的差异文化,不断与其他文化相互对话和交往,在差异中形成共识,增进文化的共生与团结,创造更具包容性的人类文化有机体。只有如此,才能突破"他者化"的困境,形成文化之间的"和而不同"。

## 6.2 创新点

### 6.2.1 形成了基于文化表征理论的他者文化分析框架和阐释他者变迁本质的权力与认同分析维度

借助霍尔文化表征理论,本书将大学英语教科书视为一个有关他者的语言文化表征系统和文化指意实践载体,其在共享文化信码的作用下随着历史的变迁而产生特定的文化意义。一方面,本书利用文化表征理论,结合整体分层分析类型的外语教科书文化内容评估分析框架，建构了本书独创的他者文化分析框架。本框架成为本书分析特定权力/知识语境下大学英语教科书如何书写他者的重要工具。其中，以表征理论为基础相关的"他者表征策略分析"维度也成为本书他者文化分析的重要特色。另一方面，文化表征理论中对表征差异与权力、表征差异与自我认同的相关论述是分析大学英语教科书中"他者"变迁的"意义"，即他者变迁本质的重要理论基础。本研究应用霍尔的文化表征理论中有关表征差异与权力、表征差异与认同的关系理论观点来建构服务于阐释和论证大学英语教科书中的他者变迁本质两个重要维度，即他者化知识与国家权力和他者化表征与国家认同。在批判性历史考察的研究过程中检验上述理论在大学英语教科书批判研究的适用性，对文化表征理论应用的拓展有一定借鉴启示作用，同时也为该理论提供了新的经验证据，具有一定创新价值。

### 6.2.2 确定了大学英语教科书中他者变迁的"他者化"本质及其不平等问题

本研究通过内容分析法辅以历史考察法、比较分析法，对70年来代表性大学英语教科书中的"他者"及其变迁历程、特征进行了深入探究和考察，在此基础上，以霍尔的表征差异与权力以及表征差异与认同的相关理论观点和阿普尔的教科书政治学理论为依据，论证了大学英语教科书中的他者变迁本质——国家权力主导下的唯我性"他者化"表征实践，以及他者化表征实践可能带来的教科书知识选择权力主体间的不平等和不同国家文化间的不平等问题。大学英语教科书中的他者化本质及其不平等问题的相关阐释具有创新性，为深入了解大学英语教科书文化变迁的实质，改变大学英语教科书的文化选编现状，为大学英语教师创造性地使用教科书均提供了客观依据。

### 6.2.3 提出了基于他者性理论的大学英语教科书文化选编路径

从突破大学英语教科书中的"他者化"困境入手，基于列维纳斯的他者性理论，本书从"肯定他者性"、"确立对他者负责的非对称性伦理关系"和"面对他者，建构'差异与共生'并存的文化共生有机体"三个层面，论述了以承认西方他者的差异性和独特性为基础，本着对他者负责的态度来选编大学英语教科书中的西方文化，不以任何自我所预见的事物为内容，从他者的差异性和独特性出发真实呈现和真诚回应西方他者的差异，以便构建"差异与共生"并存的文化共生有机体，实现在差异中对话、分享、关爱、互识，并实现文化理解和共生的大学英语教科书文化选编的改进之道，为未来大学英语教科书的文化选编实践提供了一套可借鉴的思路与方法，具有一定的原创性。

## 6.3 研究不足

本研究以新中国成立以来的代表性大学英语教科书作为研究对象，以他者为切入点，基于批判教科书研究的范式，从与教科书密切相关的社会历史为背景出发，重点剖析 70 年代表性大学英语教科书文本内部的"他者"具体内涵及其与自我的关系变迁，并据此来理解和诠释教科书文本中的"他者"变迁轨迹及其深层本质。总体来说，是一个以教科书文本本身为对象，以他者为焦点，探究大学英语教科书中"他者"的"变与不变"的批判性历史考察。然而，文章在比较分析方面仍然存在一定的局限。在历史和现实之间，文本与文本之间，文本与文本之外的人和事之间的平衡仍常有顾此失彼之处。限于篇幅，本书重于对教科书文本的纵向历史考察，对历史与现实的横向比较，同时代文本与文本之间的横向比较仍有比较大的可挖掘空间。此外，限于研究精力的有限，本书缺乏现实教材使用者的评价，使本书在分析评价上缺少了一些旁证。

在教科书文本史料挖掘和运用方面仍有不足之处。纵观大学英语教育的历史长河，70 年光阴弹指一挥间，但此间颁布和流传在世间的教科书文本可谓汗牛充栋。笔者先后花费两年的时间，翻阅各种史料，跑遍中国各大图书馆、档案馆，搜遍各大二手图书收购中心和网站，其间也曾向其他大学英语教科书研究者、老一辈大学英语教师求助，利用各种途径和手段搜集到目前的教科书研究素材。但由于历史等原因，有些时期，如"文革"时期的教科书文本极难寻觅，造成本研究"文革"时期教材研究素材极其有限的困境。此外，由于篇幅有限，本研究主要以70年来不曾间断的两大高校团队编写的大学英语教科书为主线来呈现本研究中的教科书文化变迁，并且教科书的内容研究主要以教科书中独立成篇的课文为主要分析对象，并未涉及手头上所有的教科书史料。因此，本研究中所使用的的教科书研究素材还有许多可待挖掘和研究的空间。

在构建走向他者性的大学英语教科书文化选编的建议中，笔者认为要以对西方他者和西方文化负责的态度来真诚选编教科书中的西方文化，让西方文化以其活生生的真实面貌呈现在大学英语教科书中。然而，这里的真诚选编和真实呈现的具体内涵及其现实有效性，均需要开展进一步的大学英语教科书文化选编的相关实践研究，在教师、教材和学生三者互动关系当中进行教学实证研究来给予深入的阐释和解读。这也将成为笔者后续研究的努力方向之一。

# 参考文献

## 一、著作

[1] 蔡基刚. 大学英语教学：回顾、反思和研究 [M]. 上海：复旦大学出版社，2006.

[2] 蔡俊生. 文化论 [M]. 北京：人民出版社，2003.

[3] 曾琼，曾庆盈. 认识"东方学" [M]. 北京：北京大学出版社，2014.

[4] 陈国强. 简明文化人类学词典 [M]. 杭州：浙江人民出版社，1990.

[5] 陈雪芬. 中国英语教育变迁研究 [M]. 杭州：浙江大学出版社，2011.

[6] 程晓堂. 英语教材分析与设计 [M]. 北京：外语教学与研究出版社，2002.

[7] 大学英语教学大纲修订工作组编. 大学英语教学大纲（高等学校理工科本科用）[M]. 北京：高等教育出版社，1985.

[8] 杜小真. 思考他者——围绕于连思想的对话 [M]. 北京：北京大学出版社，2011.

[9] 方晓东，李玉非. 中华人民共和国教育史纲 [M]. 海口：海南出版社，2002.

[10] 付克. 中国外语教育史 [M]. 上海：上海外语教育出版社，1984.

[11] 龚育之. 中国二十世纪通鉴（1901—2000）[M]. 北京：线装书局，2002.

[12] 韩民青. 文化论 [M]. 南宁：广西人民出版社，1991.

[13] 何新. 中外文化知识辞典 [M]. 哈尔滨：黑龙江人民出版社，1989.

[14] 胡安顺. 说文部首段注疏义下册 [M]. 北京：中华书局，2018.

[15] 胡亚敏. 西方文论关键词与当代中国 [M]. 北京：中国社会科学出版社，2015.

[16] 胡壮麟. 一个英语教师的独白 [M]. 束定芳主编. 外语教育往事谈第二辑——外语名家与外语学习. 上海：上海外语教育出版社，2005.

[17] 黄忠敬. 知识·权力·控制 [M]. 上海：复旦大学出版社，2003.

[18] 季羡林. 季羡林谈文化 [M]. 北京：人民日报出版社，2011.

[19] 简明不列颠百科全书（第8册）[M]. 北京：中国大百科全书出版社，1991.

[20] 剑桥国际英语词典 [M]. 上海：上海外语教育出版社，2001.

[21] 金观涛. 在历史的表象背后：对中国封建社会超稳定结构的探索 [M]. 成都：四川人民出版社，1984.

[22] 联合国教科文组织总部. 教育——财富蕴藏其中 [M]. 北京：教育科学出版社，1996.

[23] 李传松，许宝发. 中国近现代外语教育史 [M]. 上海：上海外语教育出版社，2006.

[24] 李箭. 建国以来大学英语教学研究 [M]. 南京：东南大学出版社，2011.

[25] 李良佑. 中国英语教学史 [M]. 上海：上海外语教育出版社，1988.

[26] 李有成. 他者 [M]. 杭州：浙江大学出版社，2013.

[27] 罗钢，刘象愚主编. 文化研究读本 [M]. 北京：中国社会科学出版社，1992.

[28] 马云鹏. 教育科学研究方法导论 [M]. 哈尔滨：东北师范大学出版社，2002.

[29] 裴梯娜. 教育科学研究方法 [M]. 沈阳：辽宁大学出版社，1999.

[30] 钱穆. 民族与文化 [M]. 北京：九州出版社，2016.

[31] 秦晖. 文化无高下，制度有优劣（一）. 凤凰周刊编. 中国意见书：

百位著名学者国是论衡 [M]. 北京：中国发展出版社，2011.

[32] 秦晖. 走出帝制 [M]. 北京：群言出版社，2015.

[33] 束定芳，庄智象. 现代外语教学——理论、实践与方法 [M]. 上海：上海外语教育出版社，2008.

[34] 孙春英. 跨文化传播学导论 [M]. 北京：北京大学出版社，2008.

[35] 孙庆斌. 勒维纳斯：为他人的伦理诉求 [M]. 哈尔滨：黑龙江大学出版社，2009.

[36] 孙向晨. 面对他者：莱维纳斯哲学思想研究 [M]，上海：上海三联书店，2015.

[37] 上海外国语学院院史编写组. 上海外国语学院简史 1949—1989[M]. 上海：上海外语教育出版社，1989.

[38] 叶取源，王永章，陈昕主编. 中国文化产业评论（第5卷）[M]. 上海：上海人民出版社，2007.

[39] 汪家熔. 民族魂：教科书变迁 [M]. 北京：商务印书馆，2008.

[40] 王铭铭. 西方作为他者——论中国"西方学"的谱系与意义 [M]. 北京：世界图书出版公司，2007.

[41] 王守仁. 高校大学外语教育发展报告（1978—2008）[M]. 上海：上海外语教育出版社，2008.

[42] 王先霈，胡亚敏主编. 文学批评导引（第二版）[M]. 北京：高等教育出版社，2014.

[43] 王晓路. 文化批评关键词研究 [M]. 北京：北京大学出版社，2007.

[44] 武桂杰. 霍尔与文化研究 [M]. 北京：中央编译出版社，2009.

[45] 习近平. 决胜全面建成小康社会夺取新时代中国特色社会主义伟大胜利——在中国共产党第十九次全国代表大会上的讲话 [M]. 北京：人民出版社，2017.

[46] 习近平. 习近平谈治国理政 [M]. 北京：外文出版社，2014.

[47] 许建兵，李艳荣，宋喜存主编. 社会学教程 [M]. 长春：吉林大学出版社，2016.

[48] 叶澜. 教育概论 [M]. 北京：人民教育出版社，1991.

[49] 张隆溪. 非我的神话——西方人眼里的中国 [M]. 史景迁. 文化类同与文化利用：世界文化总体对话中的中国新形象. 北京：北京大学出版社，1990.

[50] 郑金洲. 教育文化学 [M]. 北京：人民教育出版社，2000.

[51] 周德昌主编. 简明教育词典 [M]. 广东：广东高等教育出版社，1992.

[52] 政协古蔺县委员会文史资料编委会. 古蔺文史资料第七辑 [M].1999.

[53] 中共中央文献编辑委员会编辑. 邓小平文选第三卷 [M]. 北京：人民出版社，1993.

[54] 许慎撰，徐铉校定，愚若注音. 注音版说文解字 [M]. 北京：中华书局，2015.

[55] 安斯加·纽宁，维拉·纽宁. 文化学研究导论：理论基础·方法思路·研究视角 [M]. 闵志荣，译. 南京：南京大学出版社，2018.

[56] 海德格尔. 存在与时间 [M]. 陈嘉映，王庆节，译. 北京：生活·读书·新知三联书店，1987.

[57] 赫尔巴特. 赫尔巴特文集：教育学卷一 [M]. 李其龙，郭官义等，译. 杭州：浙江教育出版社，2002.

[58] 黑格尔. 精神现象学（上卷）[M]. 贺麟，译. 北京：商务印书馆，1979.

[59] 黑格尔. 逻辑学（下卷）[M]. 杨一之，译. 北京：商务印书馆，1976.

[60] 加达默尔. 真理与方法（上卷）. 洪汉鼎，译. 上海：上海译文出版社，1999.

[61] 马克思，恩格斯. 马克思恩格斯全集（第三卷）[M]. 北京：人民出版社，1960.

[62] 马丁·布伯. 我与你 [M]. 陈维纲，译. 北京：生活·读书·新知

三联书店，2002.

[63] 斯拉沃热·齐泽克，泰奥德·阿多尔诺等.图绘意识形态[M].方杰，译.南京：南京大学出版社，2002.

[64] 沃尔夫冈·弗里茨·豪格.文化差异[M].杨俊杰，译.郑州：河南大学出版社，2017.

[65] 丹尼斯·库什.社会科学中的文化[M].张金岭，译.北京：商务印书馆，2016.

[66] 迪迪埃·埃里蓬.权力与反抗——米歇尔·福柯传[M].谢强，马月，译.北京：北京大学出版社，1997.

[67] 列维纳斯.塔木德四讲[M].关宝艳，译.北京：商务印书馆，2002.

[68] 米歇尔·苏盖.他者的智慧[M].北京：北京大学出版社，2008.

[69] 汪晖，陈燕谷主编.文化与公共性[M].北京：生活·读书·新知三联书店，2005.

[70] 查尔斯·泰勒.自我根源：现代认同的形成[M].韩震等，译.南京：译林出版社，2001.

[71] M. W. 阿普尔.国家与知识政治[M].黄忠敬等，译.上海：华东师范大学出版社，2006.

[72] M. W. 阿普尔.教科书政治学[M].侯定凯，译.上海：华东师范大学出版社，2005.

[73] 爱德华·W.萨义德.东方学[M].王宇根，译.北京：生活·读书·新知三联书店，2007.

[74] 弗朗兹·博厄斯.人类学与现代生活[M].刘莎等，译.北京：华夏出版社，1999.

[75] 弗雷德里克·詹姆逊.快感：文化与政治[M].王逢振等，译.北京：中国社会科学出版社，1998.

[76] 华勒斯坦.学科·知识·权力[M].刘健芝等，译.北京：生活·读书·新知三联书店，1999.

[77] 露丝·本尼迪克.文化模式 [M].何锡章，黄欢，译.北京：华夏出版社，1987.

[78] 利普塞特.政治人——政治的社会基础 [M].刘钢敏，聂蓉，译.北京：商务印书馆，1993.

[79] 罗伯特·沃斯诺尔.文化分析 [M].李卫民，闻则思，译.上海：上海人民出版社，1990.

[80] 乔纳森·卡勒.论解构 [M].陆扬，译.北京：中国社会科学出版社，1998.

[81] 塞缪尔·亨廷顿.文明的冲突与世界秩序的重建 [M].周琪等，译.北京：新华出版社，1998.

[82] 于连·沃尔夫莱.批评关键词：文学与文化理论 [M].陈永国，译.北京：北京大学出版社，2015.

[83] 曼纽尔·卡斯特.认同的力量（第2版）[M].曹荣湘，译.北京：社会科学文献出版社，2006.

[84] 葛兰西.狱中札记 [M].葆煦，译.北京：人民出版社，1983.

[85] 阿雷恩·鲍尔德温.文化研究导论 [M].陶东风，译.北京：高等教育出版社，2004.

[86] 安德鲁·埃德加，彼得·赛奇维克.文化理论：关键概念 [M].张喜华，祝晶，译.郑州：河南大学出版社，2016.

[87] 保罗·杜盖伊等.做文化研究——随身听的故事(第二版)[M].杨婷，译.北京：中国传媒大学出版社，2017.

[88] 弗雷德·英格利斯.文化 [M].韩启群，张鲁宁，樊淑英，译.南京：南京大学出版社，2008.

[89] 雷蒙·威廉斯.关键词：文化与社会的词汇 [M].刘建基，译.北京：生活·读书·新知三联书店，2016.

[90] 斯图亚特·霍尔，保罗·杜盖伊.文化身份问题研究 [M].庞璃，译.郑州：河南大学出版社，2010.

[91] 斯图亚特·霍尔.表征——文化表象与意指实践 [M].徐亮，陆兴华，

译．北京：商务印书馆，2003.

[92] 斯图亚特·霍尔．通过仪式抵抗：战后英国的青年亚文化 [M]．孟登迎等，译．北京：中国青年出版社，2015.

[93] 陶东风主编．文化研究精粹读本 [M]．北京：中国人民大学出版社，2006.

[94] 庄锡昌等编．多维视野中的文化理论 [M]．杭州：浙江人民出版社，1987.

[95] 泰勒．原始文化 [M]．连树声，译．上海：上海文艺出版社，1992.

[96] 维特根斯坦．哲学研究 [M]．北京：生活·读书·新知三联书店，1992.

## 二、期刊论文

[1] 蔡基刚，唐敏．新一代大学英语教材的编写原则 [J]．中国大学教学，2008（04）：85-90.

[2] 蔡基刚．试论大学英语课程教学要求的基本原则和精神 [J]．外语与外语教学，2004（01）：20-22.

[3] 蔡基刚．转型时期的大学英语教材编写理念问题研究 [J]．外语研究，2011（05）：5-10+112.

[4] 岑建君．我国高校外语教学现状 [J]．外语教学与研究，1999（01）：4-7+79.

[5] 陈博，王守仁．文学批评伦理转向中的他者伦理批评 [J]．南京社会科学，2018（02）：120-126.

[6] 陈坚林．大学英语教材的现状与改革——第五代教材研发构想 [J]．外语教学与研究，2007（05）：374-378.

[7] 陈珍珍．论我国大学英语教材的编写历史与发展规律 [J]．宁波大学学报（教育科学版），2010（03）：119-123.

[8] 崔新建．文化认同及其根源 [J]．北京师范大学学报（社会科学版），

2004（04）：102-104+107.

[9] 戴炜栋. 立足国情，科学规划，推动我国外语教育的可持续发展 [J]. 外语界，2009（05）：2-9+17.

[10] 戴炜栋. 我国外语教育 70 年：传承与发展 [J]. 外语界，2019（04）：2-7.

[11] 单波. 跨文化传播的基本理论命题 [J]. 华中师范大学学报（人文社会科学版），2011（1）：103-113.

[12] 单波，张腾方. 跨文化传播视野中的他者化难题 [J]. 学术研究，2016（06）：39-45+73.

[13] 董亚芬.《大学英语（文理科本科用）》试用教材的编写原则与指导思想 [J]. 外语界，1986（04）：20-24.

[14] 董亚芬.《大学英语》系列教材第二次修订的思考与设想 [J]. 外语界，2006（01）：77-79.

[15] 董亚芬.《大学英语教学大纲（文理科木科用）》实施三年后的思考 [J]. 外语界，1990（02）：20-23.

[16] 董亚芬.《大学英语教学大纲》（高等学校本科用）修订说明 [J]. 外语界，1999（4）：17.

[17] 董亚芬. 大学英语教学的回顾与展望 [J]. 外语界，1992（03）：23.

[18] 董亚芬. 我国英语教学应始终以读写为本 [J]. 外语界，2003（01）：2-6.

[19] 董亚芬. 修订《大学英语》，为大学英语教学上新台阶作贡献 [J]. 外语界，1997（02）：20-22+34.

[20] 范可. 全球化语境下的文化认同与文化自觉 [J]. 世界民族，2008（2）：1-8.

[21] 冯建军. 从主体间性、他者性到公共性——兼论教育中的主体间关系 [J]. 南京社会科学，2016（09）：123-130.

[22] 冯建军. 他者性：超越主体间性的师生关系 [J]. 高等教育研究，

2016（08）：1-8.

[23] 冯建军."人之自觉时代"的教育使命 [J]. 人民教育，2019（01）：30-34.

[24] 冯向东. 我们在如何"选编"思想文化：一个审视教育自身的视角 [J]. 高等教育研究，2010，31（11）：4-8.

[25] 冯玉柱. 全面理解和深入贯彻《大学英语教学大纲（高等学校理工科本科用）》[J]. 外语界，1990（01）：20.

[26] 傅建明，陈宜挺. 内地与香港小学语文教科书内容结构比较 [J]. 课程教学研究，2012（3）：68-73.

[27] 高德胜."文化母乳"：基础教育教材的功能定位 [J]. 全球教育展望，2019（4）：92-104.

[28] 高水红. 课程知识的合法性问题——对《基础教育课程改革纲要（试行）》的社会学分析 [J]. 学科教育，2002（08）：1-4+14.

[29] 郭菁. 列维纳斯对布伯对称的主体间性的批判 [J]. 人文杂志，2014（11）：17-19.

[30] 韩艳. 文化全球化的现代性诉求及其后果 [J]. 深圳大学学报（人文社会科学版），2015（3）：92-96.

[31] 赫怀明. 周扬与大学文科教材选编 [J]. 社会科学战线，1994（04）：190-194.

[32] 胡弼成，周珍. 教育的元价值探析 [J]. 高教探索，2017（6）：41-46.

[33] 胡文仲. 新中国成立六十年外语教育的成就与缺失 [J]. 外语教学与研究，2009，（5）：163-169.

[34] 胡亚敏，肖祥."他者"的多副面孔 [J]. 文艺理论研究，2013（04）：168-174.

[35] 季伟. 大学英语教材中的文化霸权 [J]. 译林（学术版），2011（01）：89-96.

[36] 贾永堂，肖岚. 基于教育性视角的大学英语教材文本改编分析——

以"全新版"大学英语教材为例[J].大学教育科学,2019(06):29-36.

[37] 姜俊和,孙启林.当代美国中小学教科书编选的合法性分析[J].外国教育研究,2012,39(12):46-53.

[38] 姜添辉.教师是专业或是观念简单性的忠诚执行者:文化再制理论的检证[J].教育研究集刊,2003(4):93-126.

[39] 蒋柳.断裂的"他者":美国当代社会历史教科书中的中国形象[J].电子科技大学学报(社会科学版),2015,17(1):95-100.

[40] 金钊.中国共产党对中国特色社会主义的探索[J].北京教育学院学报(社会科学版)2011(03):6-11.

[41] 康志鹏.高中英语文化素材分析及教学策略[J].山东师范大学外国语学院学报(基础英语教育),2009(1):40-43.

[42] 李太平,王俊琳.教材建设与国家认同[J].国家教育行政学院学报,2019(09):23-30.

[43] 李荫华.继承、借鉴与创新——关于《大学英语》系列教材(全新版)的编写[J].外语界,2001(05):2-8+57.

[44] 李荫华.依靠广大教师,修订好《大学英语》教材[J].外语界,1997(04):19.

[45] 李泽厚.漫说"西体中用"[J].孔子研究,1987(4):15-28.

[46] 廖承志.为实现四个现代化加紧培养外语人材——在全国外语教育坐谈会上的讲话(摘要)[J].人民教育,1978(10):13-14.

[47] 凌渭民.漫谈大学公共英语教学[J].外语界,1986(03):43-45.

[48] 刘利琼,徐松.新时代全球治理视域下的国际化人才职业道路拓展探讨[J].外语学刊,2019(02):81-85.

[49] 刘铁芳.重申教学的教育性:走向生命论的教学哲学[J].吉首大学学报(社会科学版),2019(3):78-82.

[50] 刘晓明.发挥本族文化在外语教学文化导入中的参照作用[J].华南师范大学学报(社会科学版),1998(2).

[51] 刘艳红.基于国家级规划大学英语教材语料库的教材文化研究[J].

外语界，2015（6）：85-93.

[52] 刘要悟，柴楠. 从主体性、主体间性到他者性——教学交往的范式转型 [J]. 教育研究，2015（2）：102-109.

[53] 刘再复. 论文学的主体性 [J]. 文学评论，1985（6）：11-26.

[54] 柳华妮. 大学英语教材研究二十年：分析与展望 [J]. 外语电化教学，2013（02）：66-71.

[55] 柳华妮. 国内英语教材发展150年——回顾与启示 [J]. 山东外语教学，2011（6）：61-66.

[56] 罗益民. 外语教育"工具论"的危害及其对策 [J]. 外语与外语教学，2002（3）：50-51.

[57] 马宝成. 试论政治权力的合法性基础 [J]. 天津社会科学，2001（01）：49-52.

[58] 马宝成. 有效性：现代政治合法性的政绩基础 [J]. 天津社会科学，2002（05）：52-56.

[59] 吕福松. 正确理解毛泽东提出的"三育两有"的教育目的 [J]. 上饶师专学报（社），1990（4-5）：47-49.

[60] 欧阳旭东. 高校扩招背景下的外语教学策略——大学英语通过减课时实现任务型小班教学的可行性研究 [J]. 教育理论与实践，2009，29（33）：59-61.

[61] 钱俊瑞. 大力推广学习俄文运动 [J]. 俄文教学，1952（5）.

[62] 钱敏贤. 对我国高校大学外语教育的历史总结与思考——《高校大学外语教育发展报告》评介 [J]. 中国科教创新导刊，2009（29）：6-7.

[63] 任平. 审视英语教材传统中国文化价值缺失的现状 [J]. 外语艺术教育研究，2010（3）：53-57.

[64] 上海外国语学院. 加强外语教育的几点意见 [J]. 人民教育，1978（11）：28-30.

[65] 石鸥，张美静. 被低估的创新——试论教科书研制的主体性特征 [J]. 课程·教材·教法，2019（11）：59-66.

[66] 石鸥，刘学利. 教科书文本内容的构成 [J]. 教育学术月刊，2013（05）：77-82.

[67] 石鸥，石玉. 论教科书的基本特征 [J]. 教育研究，2012，33（04）：92-97.

[68] 孙建军. 近代新词"教科书"的生成与传播 [J]. 日语学习与研究，2012（5）：44-51.

[69] 孙其明，沈培，张四海，肖宗志. 党的十一届三中全会以来邓小平对中国外交政策的调整及其影响 [J]. 上海党史研究，1998（01）：4-8.

[70] 孙智昌. 教科书的本质：教学活动文本 [J]. 课程·教材·教法，2013（10）：16-21.

[71] 陶东风. 日常生活的审美化与文化研究的兴起——兼论文艺学的学科反思 [J]. 南阳师范学院学报（社会科学版），2004（5）：71-77.

[72] 王世伟. 论教师使用教科书的原则：基于教学关系的思考 [J]. 课程·教材·教法，2008（5）：13-17+22.

[73] 王守仁.《大学英语教学指南》要点解读 [J]. 外语界，2016（03）：2-10.

[74] 王守仁. 坚持科学的大学英语教学改革观 [J]. 外语界，2013（06）：9-13+22.

[75] 王守仁. 进一步推进和实施大学英语教学改革——关于《大学英语课程教学要求（试行）》的修订 [J]. 中国外语，2008（01）：6.

[76] 王妍. 跨文化传播学研究的三个维度 [J]. 传媒，2018（14）：94-96.

[77] 王永贵. 不断开辟中国特色社会主义意识形态建设的新境界——新中国70年意识形态建设的历程、经验和新时代前景 [J]. 当代世界与社会主义，2019（05）：88-96.

[78] 吴驰，何莉. 新中国外语教科书60年之演进 [J]. 湖南师范大学教育科学学报，2011（3）：13-16.

[79] 吴慧芳. 文化全球化视野下的文化身份问题研究 [J]. 中共天津市

委党校学报，2016（1）：52-58.

[80] 吴小鸥.教科书,本质特性何在?——基于中国百年教科书的几点思考[J].课程·教材·教法，2012（2）：62-68.

[81] 夏永庚，彭波，贺晓珍.核心素养理念"落地"之困及其支撑[J].大学教育科学，2019（2）：34-42.

[82] 肖岚，贾永堂.大学英语教科书文本改编的跨文化真实性考察[J].西安外国语大学学报，2020，28（01）：67-72.

[83] 肖岚，李筱滢.初中英语教材对中华优秀传统文化的传承研究[J].中小学教材教学，2019（5）：17-21.

[84] 徐锦芬，肖婵.《大学英语》听力教材教学内容的评估[J].外语界，2001（02）：52-55.

[85] 杨爱程.略论选择课程内容的标准[J].教育研究与实验，1993（3）：16-21.

[86] 杨港，陈坚林.2000年以来高校英语教材研究的现状与思考[J].外语与外语教学，2013（02）：16-19.

[87] 杨惠中.外语教学要科学化和精密化[J].现代外语，1983（01）：1-5.

[88] 杨惠中.正确理解、全面贯彻教学大纲——全国大学英语教学研讨会总结[J].外语界，1995（01）：58-63.

[89] 杨自俭.关于外语教育的几个问题[J].中国外语，2004（01）：14-16.

[90] 叶琳，王令坤.《新世纪大学英语系列教材》的评估[J].南京航空航天大学学报，2002（4）：75-79.

[91] 佚名.语重心长谈外语学习——记陈毅副总理对外语学生的一次谈话[J].外语教学与研究，1962（1）：3-5.

[92] 应惠兰.大纲设计的理论依据和社会基础[J].外语界，1996（2）：41-45.

[93] 云杉.文化自觉文化自信文化自强——对繁荣发展中国特色社会主义文化的思考（中）[J].红旗文稿，2010（16）：4-8.

[94] 张锋.新中国国家人才观的演进路线及基本特征.武汉工程大学学报，2009（4）：14-17+25.

[95] 张革承，张洪岩.英语全球化语境中的高中英语文化教学[J].课程·教材·教法，2007（6）：49-52.

[96] 张华.论课程选择的基本取向[J].外国教育资料，1999（5）：25-31.

[97] 张良村.慎"谈"文化相对主义[J].中国人民大学学报，1998（6）：79-83+100.

[98] 张伟，代钦."教科书"词探源[J].内蒙古师范大学学报（教育科学版），2011（2）：88-89.

[99] 张彦斌，吴银庚.试论科技英语[J].外语教学与研究，1980（01）：56-62+75.

[100] 张尧学.关于大学本科公共英语教学改革的再思考[J].中国高等教育，2003（12）：21-23.

[101] 张尧学.加强实用性英语教学提高大学生英语综合能力[J].中国高等教育，2002（08）：5-7+10.

[102] 赵永青，李玉云，康卉.近十年我国大学英语教学研究述评[J].外语与外语教学，2014（01）：27-35.

[103] 赵勇，郑树棠.大学英语教材中的核心词汇的关注[J].外语与外语教学，2003（06）：21-24.

[104] 赵长林，孙海生.教科书与意识形态再生产——对1949—2018年相关研究的回顾与省思[J].课程·教材·教法，2019，39（01）：34-39.

[105] 郑树棠，卫乃兴.面向21世纪开发新一代大学英语教材——大学英语教学现状研究之二[J].外语界，1997（01）：31-36.

[106] 郑晓红.跨文化交际视角下的教材评价研究——与Michael Byram教授的学术对话及其启示[J].外语界，2018（2）：80-85.

[107] 周银珍.社会主义核心价值观：文化自信的灵魂[J].红旗文稿，2018（5）：39.

[108] 庄智象. 构建具有中国特色的外语教材编写和评价体系 [J]. 外语界，2006（6）：49-56.

[109] 米歇尔·福柯. 主体和权力（上）[J]. 汪民安，译. 美术文献，2011（04）：100-103.

## 三、学位论文

[1] 白明亮. 文化、政治与教育 [D]. 南京师范大学博士学位论文，2014.

[2] 鲍海敏. 关于"非存在"问题的研究 [D]. 华东师范大学硕士学位论文，2007.

[3] 陈宜挺. 大陆与香港小学语文教科书结构比较研究 [D]. 浙江师范大学硕士学位论文，2008.

[4] 傅建明. 我国小学语文教科书价值取向研究 [D]. 华东师范大学博士学位论文，2002.

[5] 韩美群. 和谐文化论 [D]. 武汉大学博士学位论文，2008.

[6] 季伟. CDA 视域下大学英语教材中文化霸权的研究 [D]. 南京师范大学硕士学位论文，2011.

[7] 姜维端，柏拉图在《智者篇》中对巴门尼德存在论的批判与发展 [D]. 复旦大学硕士学位论文，2014.

[8] 刘惠玲. 话语维度下的赛义德东方主义的研究 [D]. 华中师范大学博士学位论文，2011.

[9] 刘丽群. 论知识准入课程中的国家介入 [D]. 湖南师范大学博士学位论文，2007.

[10] 刘莉. 马克思主义与后殖民理论视域——以葛兰西为切入点的观察 [D]. 华南师范大学博士学位论文，2005.

[11] 柳华妮. 基于体例演变影响因素分析的大学英语教材编写研究 [D]. 上海外国语大学博士学位论文，2013.

[12] 时丽娜. 意识形态、价值取向与大学英语教科书选材——一种教育社会学的分析 [D]. 复旦大学博士学位论文，2013.

[13] 徐敏娜. 大陆香港小学语文教科书人物形象比较 [D]. 浙江师范大学硕士学位论文，2009.

[14] 杨森. 英语学习对大学生文化认同影响研究 [D]. 山东师范大学博士学位论文，2016.

[15] 于文秀. "文化研究"思潮中的反权力话语研究 [D]. 黑龙江大学博士学位论文，2002.

[16] 赵海英. 走向他者之途 [D]. 吉林大学博士学位论文，2010.

[17] 赵亮.1978—1992党的理论发展逻辑研究 [D] 中共中央党校博士学位论文，2018.

[18] 曾敏. 外语教育中的文化安全研究 [D]. 华中师范大学博士学位论文，2015.

[19] 周骞. 基于语料库的当代中国大学英语教材词汇研究 [D]. 上海师范大学博士学位论文，2012.

## 四、互联网及其他资料

[1] 毕业最想遗忘书排行榜 "大学英语教材夺魁" [EB/OL].http://roll.sohu.com/20130530/n377496796.shtml.

[2] 从丛. "中国文化失语"：我国英语教学的缺陷 [N]. 光明日报，2000-10-19.

[3] 国家数据 [DB].http://data.stats.gov.cn/easyquery.htm?cn=C01.

[4] 黄林. 大学英语呼唤第五代新教材 [N]. 教材周刊，2005（81）.

[5] 黄玉顺. 中国传统的"他者"意识—古代汉语人称代词的分析 [EB/OL].http://www.confuchina.com/09%20xungu/tazhe%20yishi.htm.

[6] 任剑涛. 中国对"西方"的建构 [EB/OL].http://www.aisixiang.com/data/41126-2.html.

[7] 十九大代表张晓宏：培养具有国际视野和中国情怀的青年人才 [EB/OL].https://www.sohu.com/a/201158967_118392.

[8] 王向远."西学"还是"西方学"——中国的欧美研究辨名 [EB/OL].http://www.chinawriter.com.cn/n1/2018/0312/c404038-29863145.html.

[9] 王向远."西学"还是"西方学"[N].中国社会科学报，2018-03-12（004）.

[10] 王志珍.近十年弥补了"文化大革命"时期的人才缺口 [EB/OL].http://cppcc.people.com.cn/GB/8707429.html.

[11] 文秋芳.中国外语教育70年发展的特点与面临的挑战 [EB/OL].http://192.168.73.130/www.sohu.com/a/294784343_528969.

[12] 萧南.学俄文 [N].人民日报，1949-9-26（8）.

[13] 哲学大辞典 [Z].上海：上海辞书出版社，2001：1194-1195.

[14] 中国的和平崛起与全球化时代的中国国家安全 [EB/OL].http://news.sina.com.cn/w/2004-03-27/11032154765s.shtml.

[15] 托马斯·弗里德曼：世界是深的 [EB/OL].http://finance.sina.com.cn/china/gncj/2019-09-07/doc-iicezueu4053621.shtml.

[16] 社会主义核心价值观：文化自信的灵魂 [EB/OL].http://www.wenming.cn/ll_pd/llzx/201803/t20180321_4626909.shtml.

## 五、外文文献

[1] Ananta Ch. Sukla. Art and Representation: Contributions to Contemporary Aesthetic[M].Westport: Praeger, 2001.

[2] Anwei Feng. Authenticity in College English Textbooks–An Intercultural Perspective [J]. Relic Journal, 2002, 33(2):58-81.

[3] Apple M. W. The text and cultural politics[J]. Educational Researcher, 1992, 21(5): 4-11.

[4] Apple M. W. Cultural Politics and Education[M]. New York: Teachers

College Press, 1996.

[5] Bennett J. & Allen W. Culture as the Core: Perspective on Culture in Second Language Learning[M]. Greenwich: Information Age Publishing, 2003.

[6] Byram M. & Esarte-Sarries V. Investigating Cultural Studies in Foreign Language Teaching: A Book for Teachers[M]. Clevedon: Multilingual Matters,1991.

[7] Byram M. Language and Culture Learning: The Need for Integration [M]. In Byram M. (ed.). Germany: Its Representation in Textbooks for Teaching German in Great Britain. Frankfurt am Main: Diesterweg, 1993:3-16.

[8] Demetri Sevastopulo. Trump labels China a strategic "competitor" [EB/OL]. Financial Times, December 19,2017, https://www.ft.com/content/215cf8fa-e3cb-11e7-8b99-0191e45377ec.

[9] Derrida Jacques. Différance[M]. In Alan Bass (trans.). Margins of Philosophy. Chicago, IL: University of Chicago Press, 1982: 1-28.

[10] Emmanuel Levinas. Ethics and Infinity[M]. Pittsburg: Duquesne University Press, 1985.

[11] Emmanuel Levinas. Totality and Infinity[M]. Pittsburg: Duquesne University Press, 1969.

[12] Eoyang E. The worldliness of the English language: a Lingua Franca past and future[J]. ADFL Bulletin,1999, 31(1): 26-32.

[13] Foster S. Dominant traditions in international textbook research and revision[J]. Educational Inquiry, 2011, 2(1): 5-20.

[14] Foucault M. Discipline and Punish: The Birth of the Prison[M]. Penguin, 1991.

[15] Foucault M. Power/Knowledge[M]. Brighton: Harverster, 1980.

[16] Foucault M. Politics, Philosophy, Culture, Interviews and Other Writings 1977—1984[M]. New York: Routledge, 1988.

[17] Foucault M. The Essential Works of Michel Foucault 1954—1984[M].

New York: The New Press, 1997.

[18] Fredric Jameson. The Political Unconscious: Narrative as a Socially Symbolic Act[M]. New York: Cornell UP, 1981.

[19] Incho Lee. Globalization, Nationalism, and the English Language: Korean High School English Textbook Analysis[D]. Washington: Univeristy of Washington, 2004.

[20] Jay Walker. The World's English Mania[EB/OL]. http://blog.ted.com/2009/05/26/the_worlds_engl/, 2009-05-26.

[21] Kachru B. B. Standards, codification and sociolinguistic realism: The English language in the outer circle[M]. In R. Quirk & H. G. Widdowson (ed.). English in the World: Teaching and Learning the Language and Literatures. Cambridge: Cambridge University Press, 1985: 11-30.

[22] Kathryn Woodward (ed.). Identity and Difference[M]. London: Sage Publications Ltd. /Open University, 1997: 302.

[23] Luke A. Text and discourse in education: An introduction to critical discourse analysis[J]. Review of Research in Education, 1995(21): 3-28.

[24] Luke A., & Luke C. A situated perspective on cultural globalization. In N. Burbules & C. Torres (ed.). Globalization and education: Critical perspectives[C]. New York: Routledge, 2000: 275-297.

[25] Nelson N. Foote. Identification as the Basis for a Theory of Motivation [J]. American Sociological review, 1951, 16(1): 14-21.

[26] Pennycook A. The cultural politics of English as an international language[M]. New York: Longman,1994.

[27] Pennycook A. English in the world/The world in English[M]. In J. Tollefson (eds.). Power and inequality in language education. Cambridge: Cambridge University Press, 1995: 34-58.

[28] Risager K. Cultural references in European textbooks: an evaluation of recent tendencies [M]. In Buttjes. D & Byram. M (ed.), Mediating Languages

and Cultures [C]. Clevedon: Multilingual Matters, 1990: 182-183.

[29] Samuel P. Huntington. The clash of civilizations? [J]. Foreign Affairs, 1993, 72(3): 22-49.

[30] Stuart Hall. Culture Studies and Its Theoretical Legacies[M]. In David Morley and Kuan-Hsing Chen (eds.). Stuart Hall: Critical Dialogues in Cultural Studies. London: Houtledge, 1996:237-260.

[31] Stuart Hall. What is this black in popular culture?[M]. In Raiford Guins, Omayra Zaragoza Cruz (eds.). Popular Culture: A Reader. London: Sage Publications, 2005:286.

[32] Stuart Hall. Introduction, Formation of Modernity[M]. London: Polity Press and Open University, 1992.

[33] Stuart Hall. The local and the global: globalization and ethnicity[M]. In Anthony D. King (ed.). Culture, Globalization and the World-System: Contemporary Conditions for the Representation of Identity. University of Minnesota Press, 1997: 19-40.

[34] Stuart Hall. The West and the Rest: Discourse and power. In Stuart Hall and Bram Gieben (ed.). Formation of Modernity. Polity Press and Open Universtity, 1992: 276-318.

[35] Stuart Hall. The Work of Representation—Representation, Meaning and Language[J]. 东吴学术, 2016(2): 79-82.

[36] Tollefson W. J. Planning language, planning inequality: Language policy in the community[M]. London: Longman, 1991.

[37] Tollefson W. J. (ed.). Power and inequality in language education[M]. Cambridge: Cambridge University Press, 1995.

[38] Tollefson W. J. (ed.). Language policies in education: Critical issues[M]. Mahwah: Lawrence Erlbaum, 2002.

[39] The Oxford English Dictionary. 2nd, Vol. X[M]. Oxford: Clarendon Press, 1989: 982.